생명과학도를 위한

漢字

한자 교실

教室

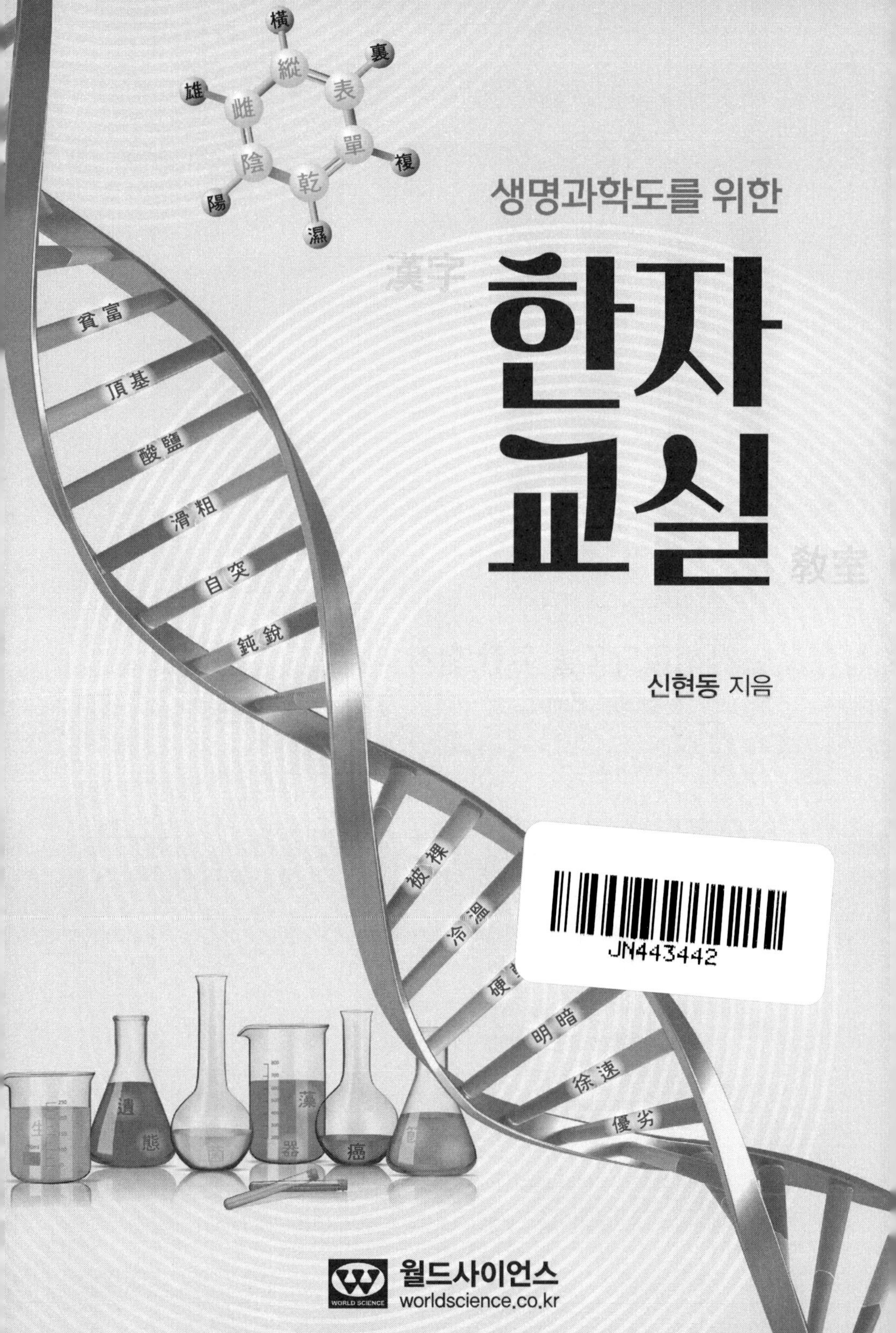

신현동 지음

월드사이언스
WORLD SCIENCE
worldscience.co.kr

생명과학도를 위한 한자 교실

인 쇄 | 2025년 5월 20일
발 행 | 2025년 5월 30일

저 자 | 신현동
발 행 인 | 신정숙
발 행 처 | (주)도서출판 월드사이언스

주 소 | 서울특별시 서초구 도구로 115(방배동, 월드빌딩 3층)
등록일자 | 1988년 2월 12일
등록번호 | 제 16-1601호
대표전화 | (02) 581-5811~3
팩 스 | (02) 521-6418

E-mail | worldscience@hanmail.net
U R L | http://www.worldscience.co.kr

정 가 | **13,000원**
I S B N | 978-89-5881-326-2

머릿말

생명과학은 물론 어떤 학문이라도 학습 과정의 대부분은 전문용어를 익히는 것이라고 해도 과언이 아니다. 생명과학의 전문용어를 올바르게 이해하고 제대로 활용하기 위해서는 전공지식뿐만 아니라 인문학 소양과 문자학 지식도 필요하다. '국어기본법의 위헌성에 관한 연구: 한글전용의 강제를 중심으로'(2014, 최대권)에 따르면, 일상 한국어 어휘의 70%가, 그리고 전문용어의 90% 이상이 한자어이다. 전문용어의 상당수를 우리말로 순화하여 보급하였으나 쓰임새는 여전히 제한적이다.

필자는 대학에서 생명과학의 한 분야인 균학(균류학)을 강의하고 연구하면서 전문용어의 중요성을 강조하였고, 전문용어의 올바른 사용에 대하여 비판과 개선을 요구하기도 하였다. 1998년『식물병연구』에 발표한 '식물병원곰팡이와 관련된 학술용어: 반성과 비판'을 통하여 무분별한 일본 학술용어의 사용에 대하여 의견을 개진한 바 있다. 특히 한자의 글자 쓰임새가 다소 다른 한국어와 일본어의 특성을 고려하여 올바른 용어 사용에 보탬이 되고자 노력하였다. 또한 여러 권의 전공서적을 집필하거나 번역하면서 전문용어의 올바른 사용에 일조하였다. 2007년에는『균류학 용어집』(한국균학회, 344쪽, 공저)을 출판하면서 모든 용어에 한자를 병기하여 용어의 뜻이 제대로 전달되도록 하였다.

돌이켜 보면, 개인적으로는 한자를 열심히 공부할 기회가 두 번 있었다. 첫 번째는 중학교를 졸업할 때 부상으로 받은 옥편(한자사전)을 고등학교 새 교과서를 받을 때까지 겨우내 마르고 닳도록 읽고 또 읽었다. 1971년 겨울이었다. 두 번째는 강릉대학교 교수로 근무할 때 중국과학원 미생물연구소에 교환교수로 파견되었던 1995~1996년이었다. 중국어 간체자를 익히며 번체자를 다시 공부하는 기회가 되었다. 그때 공부한 자료를 정리하여 2001년『中英韓 農學用語集』(농촌진흥청, 797쪽)을 출판하였다. 그런 연유로 전공 강의에서 한자로 된 학술용어를 풀어서 해설해 주었고, 전공과목 시험에 주요 학술용어를 한자로 쓰고 뜻을 풀이하라는 문제를 낸 경우도 많았다. 그때의 강의 자료를 정리하여 한 권의 책으로 엮어야겠다는 생각과 임무가 어느 날 기차여행에서 떠올랐다.

막상 자료를 정리하면서 단행본 책의 체제를 갖추자니 어려움이 한두 가지가 아니었다. 전공분야의 학자들 사이에서는 한자를 잘 아는 교수라는 말은 들었지만, 한자 지식은 그야말로 일천하기 그지 없었다. 그래도 한자와 문자 전문가들이 보기 어려운 '생명과학의 시각'으로 한자를 이해하고 해설하는 것은 충분한 가치를 가질 수 있다고 자부하고 있다. 이러한 용감무쌍한 시도는 늘 오류와 실수가 있어 민낯이 드러나기 마련이다. 그래도 'Errare humanum est' 경구처럼 개선과 성장을 위한 단계라고 위안하려고 한다. 많은 격려와 비판을 통해 수정증보판을 찍을 기회가 주어지기를 기대하고 있다.

아무쪼록 이 책이 생명과학도들의 학습에 도움이 되기를 기대하고, 생명과학의 발전에도 작은 거름이 되기도 희망한다. 어려운 여건에서 선뜻 출판을 허락해 주신 신정숙 사장님과 꼼꼼하게 원고를 검토하고 애쓴 임직원 여러분께 깊은 감사의 말씀을 드린다.

고려대학교 생명과학대학 명예교수실에서
菌友 신 현 동

001

가(假)

假는 '거짓 가'로 읽으며, 거짓·가짜·임시·일시 등을 뜻한다. 假(가)는 人(사람 인)과 叚(빌 가)가 결합한 모습이다. 叚자는 원래 물건을 빌리거나 빌려주는 것을 표현한 글자이다. 여기에 人자가 더해지면서 '물건을 빌려주는 사람'이라는 뜻이 만들어졌다. 그래서 假(가)는 '물건을 빌려주다'를 뜻했지만, 후에 진짜로 주는 것이 아니라는 의미가 확장되어 '거짓'이나 '가짜'라는 뜻으로 정착되었다. 참고로, 중국어에서는 간체자 없이 假로 쓰므로 우리와 글자체가 같지만, 일본어 신자체에서는 仮로 쓰기 때문에 혼동되기도 한다.

과학에서는 흔히 가정(假定, approximation)을 설정하기도 하고 가설(假說, hypothesis)을 제시하기도 한다. 여기서 假(가)는 '믿을만한 임시'의 뜻이 있으며 僞(거짓 위)와는 다르게 '속임·거짓·가짜'의 의미는 없다. 식물을 임시로 심어두는 것은 가식(假植)이며 정식(定植)을 앞두고 있음을 의미한다. 수확한 농산물 따위를 임시로 쌓아 두는 일은 가적(假積)이고, 임시로 저장하는 일은 가저장(假貯藏)이고, 임시로 묻어두는 것은 가매장(假埋葬)이다.

假(가)가 '진짜와 다름 또는 유사함'의 의미로 쓰이기도 한다. 거미줄곰팡이에는 식물뿌리처럼 생긴 가근(假根, rhizoid)이 있다. 식물이나 곰팡이에서 진짜 축(軸, axis)과 유사한 구조를 가축(假軸, sympodium)이라고 한다. 식물의 가도관(假導管, 헛물관, tracheid)은 도관(導管, 물관, vessel)과 기능은 같지만 구조가 다르다. 식물의 가종피(假種皮)·가정아(假頂芽)·가인경(假鱗莖)·가웅예(假雄蕊)·가엽병(假葉柄)·가엽(假葉) 등 여러 용례가 있다. 의학에서도 가성근시(假性近視, pseudomyopia), 가성콜레라(假性-, pseudocholera), 가성빈혈(假性貧血, pseudoanemia)을 비롯하여 수많은 질병명에 '가성'이 붙는데, 이는 증상은 거의 같지만 원인은 다르다는 의미이다.

002

각(角)

角은 '뿔 각'으로 읽으며, (짐승의)뿔·(곤충의)더듬이·모퉁이·구석·각도 등 비교적 다양한 뜻을 가진다. 角(각)은 짐승의 뿔을 그린 것인데, 뾰족한 뿔과 주름이 잘 묘사되어 있다. 뿔은 짐승의 머리에 돌출되어 있으므로 角(각)에는 '모나다'나 '각지다'라는 뜻이 생겼고, 한편으로는 동물들이 뿔로 힘겨루기를 한다는 의미에서 '겨루다'나 '경쟁하다'라는 뜻도 가지게 되었다.

생명과학 용어로서 식물의 각피(角皮, cuticle)와 관련하여 각피감염(角皮感染)·각피증산(角皮蒸散)·각피질(角皮質)·각피층(角皮層)·각피침입(角皮侵入)·각피화(角皮化)·식물각피(植物角皮) 등의 용어가 있다. 동물의 각질(角質, horny substance)과 관련하여 각질린(角質鱗=각질비늘)·각질판(角質板)·각질해면(角質海綿)·각질형성물(角質形成物)·각질화과정(角質化過程) 등의 용어가 있다. 의학용어에 각막(角膜, cornea)과 관련하여 각막건조증(角膜乾燥症)·각막경(角膜鏡)·각막계(角膜計)·각막궤양(角膜潰瘍)·각막변성(角膜變性)·각막사상균증(角膜絲狀菌症)·각막연화증(角膜軟化症)·각막염(角膜炎) 등이 있다. 이들 용어에서 角(각)은 '뿔처럼 단단함'이란 의미이다.

맥각(麥角, ergot)은 맥각균의 감염으로 인하여 호밀의 낟알에 생긴 균핵이며, 검정색의 균핵이 뿔처럼 솟아있다. 여기서 角(각)은 '뿔처럼 솟음'이란 의미이다. 촉각(觸角)은 주위에서 일어나는 각종 변화를 감지하는 능력을 비유적으로 이르는 말이다.

식물의 후각세포(厚角細胞, collenchyma cell)와 후각조직(厚角組織, collenchyma)은 세포의 모퉁이가 특히 두꺼우므로, 여기서 角(각)은 '모퉁이·귀퉁이'라는 뜻이다. 다각형(多角形, polygonal)을 비롯하여 삼각형(三角形), 사각형(四角形), 오각형(五角形), 육각형(六角形), 팔각형(八角形)에서는 각(角)이 '모퉁이'라는 의미이다.

003

각(殼)

殼은 '껍질 각'으로 읽으며, 껍질·(매미의)허물·(거북의)등껍데기 등을 뜻한다. 殼(각)은 소리와 뜻을 동시에 나타내는 売(껍데기 각)과 뜻을 나타내는 殳(몽둥이 수)가 결합한 모습이다. 그래서 본래 殼(각)은 껍데기[売]를 두드리며[殳] 나는 소리를 뜻하는 글자였으나, 의미가 확장되면서 껍질을 널리 지칭하게 되었다. 한편, 중국어에서는 殼을 대신하여 간체자로 壳을 쓴다.

게나 새우처럼 단단한 껍데기나 껍질을 가진 갑각류(甲殼類, crustacea), 지구의 땅을 이루는 껍데기 부분의 지각(地殼, crust), 계란껍질을 가리키는 난각(卵殼), 매미의 허물을 이르는 탈피각(脫皮殼), 물리학 용어로서의 전자각(電子殼)과 원자각(原子殼) 등 수많은 과학용어가 있다. 도토리·밤·은행·호두처럼 단단한 껍데기와 깍정이에 싸여 하나의 씨앗만 들어 있는 나무 열매를 통틀어 각과(殼果) 또는 각두과(殼斗果)라고 한다. 각과의 껍질을 벗기는 탈각(脫殼)과 인삼종자의 껍질을 벌리는 개각(開殼)이 있다. 도토리를 싸고 있는 술잔 또는 빵모자 모양의 받침을 각두(殼斗)라고 한다.

곰팡이에서는 자낭을 품고 있는 자낭과(子囊果, ascocarp)의 한 부류로서 자낭각(子囊殼, perithecium), 분생포자를 품고 있는 분생포자과(分生胞子果, conidioma)의 한 부류로서 분생포자각(分生胞子殼, pycnidium)이 있다. 여기서 殼(각)은 '자낭포자나 분생포자가 배출될 수 있는 머릿구멍[孔口]을 가진 둥근 구조체'를 의미한다.

깍지벌레를 가리키는 개각충(介殼蟲)과 패각충(貝殼蟲), 조개껍질 모양의 형태를 지칭하는 형용사로 패각형(貝殼形, conchiform)도 있다. 한편, 殼과 유사한 형태의 글자로 穀(곡식 곡)이 있다. 穀(곡)은 禾(벼 화)와 殼(각)자가 결합한 모습이다. 곡물창고(穀物倉庫)·화곡류(禾穀類)·숙곡류(菽穀類)·탈곡기(脫穀機) 등의 용어가 있다.

004

간(桿)

桿은 '몽둥이 간'으로 읽으며, 몽둥이·막대·방망이 등을 가리킨다. 그런데, 원래 桿(간)은 '건물의 가장자리 등 떨어질 위험이 있는 곳에 설치하는 구조물'을 뜻하는 난간의 의미로 쓰일 때는 '간'으로 읽고, '몽둥이 또는 막대'의 의미로 쓰일 때는 '한'으로 읽는다고 한다. 그런데, 실제로는 모든 경우에 桿은 '간'으로 읽는데, 일본어 발음 カン과 중국어 발음 gǎn의 영향도 있을 듯하다.

세균을 형태에 따라 구균(球菌)·간균(桿菌)·나선균(螺旋菌)으로 부르는 용어는 한중일 3국이 모두 같다. 중국은 간체자를 채택하면서 桿菌을 杆菌으로 쓰지만, 번체자를 쓰는 대만에서는 桿菌으로 쓴다. 일본은 桿菌을 표준으로 하고, 약자로서 杆菌을 쓰는 경우가 늘어나는 추세이다. 한자의 번체자를 '표준'으로 삼는 우리나라에서는 桿菌이 옳은 것이 당연한 일인 데도 불구하고, 국립국어원의 『표준국어대사전』에는 杆菌만 올라있다. 『우리말샘』에도 유산간균(乳酸杆菌)·폐렴간균(肺炎杆菌)·간균혈증(杆菌血症)·간균뇨증(杆菌尿症)·항산성간균(抗酸性杆菌)·질간균(膣杆菌)·쌍간균(雙杆菌) 등을 등재하였고, 桿菌은 전혀 없다. 그런 이유인지 유명 저술가들의 글이나 의학 자료에 杆菌으로 된 경우가 흔하여 안타깝다. 매우 다행스럽게도, 미생물학계의 전문 출판물에는 대부분 桿菌으로 되어 있다.

생명과학에서 막대형을 뜻하는 의미로 桿(간)이 들어간 용어는 여럿 있다. 간상돌기(桿狀突起, rod-like protrusion), 간형/간상(桿形/桿狀, bacilliform) 등이 있다. 의학에서는 눈에 있는 막대 모양의 망막간체(網膜桿體, retinal rod), 시각 세포의 한 종류인 간세포(桿細胞, rod cell) 등이 있다. 여담으로, 간에 있는 간세포(肝細胞), 사이세포로도 불리는 간세포(間細胞), 줄기세포를 뜻하는 간세포(幹細胞)도 있으므로 한자에 대한 올바른 이해가 꼭 필요하다.

005

간(幹)

幹은 '줄기 간'으로 읽으며, 줄기·몸·몸통·몸집·근본·본체 등을 뜻한다. 幹(간)은 倝(햇살빛날 간)과 干(방패 간)이 결합한 모습이다. 倝자는 풀숲 사이로 해가 떠오르는 모습을 그린 것이다. 여기에 木(나무 목)을 더하여 아침햇살로 뚜렷이 위용을 나타내는 나무줄기를 표현하는 글자가 되었다. 후에 木이 干으로 바뀌었을 뿐이므로 방패와는 직접적인 관련이 없다. 그래서 幹(간)은 나무줄기는 물론 어떤 물체나 상황의 중요 부분을 의미한다.

간부(幹部) · 간선도로(幹線道路) · 근간(根幹) · 기간산업(基幹産業) · 어간(語幹) · 백두대간(白頭大幹) 등의 일반어가 있다. 의학에서 여러 용어가 있다. 체간(體幹)은 척추동물의 몸 가운데 중축을 이루는 부분으로서 머리·목·가슴·배·꼬리의 다섯 부분으로 나눈다. 체간근(體幹筋)은 머리와 몸통의 축을 따라 분포하는 골격근이다. 신경간(神經幹)은 굵은 신경을 가리킨다. 뇌간(腦幹, brain stem)은 척수와 대뇌 사이에 줄기처럼 연결된 뇌의 부분이다. 줄기세포를 뜻하는 간세포(幹細胞, stem cell)는 배아 또는 성체에 있는, 여러 종류의 조직으로 분화할 수 있는 미분화 세포이다. 조혈간세포(造血幹細胞, hematopoietic stem cell)는 조혈모세포(造血母細胞)로도 불리며, 모든 혈액세포를 만들어내는 능력을 가진 세포이다.

임학에서 나무의 줄기를 수간(樹幹, trunk)이라고 하며, 수간주사(樹幹注射) · 수간주입(樹幹注入) · 수간직경(樹幹直徑) · 수간재적(樹幹材積) 등이 있다. 과수의 수형으로서 주간형(主幹型) · 변칙주간형(變則主幹型) · 단축주간형(短縮主幹型) 등이 있다.

참고로, 벼과식물의 줄기는 稈(볏짚 간)이며, 키 작은 벼나 밀을 短稈種(단간종)이라 한다. 그 외의 모든 풀과 모든 나무의 줄기는 幹(줄기 간)이며, 키 작은 국화나 백일홍을 短幹種(단간종)이라 한다.

006

강(剛)

剛은 '굳셀 강'으로 읽으며, 굳세다·억세다·단단하다 등을 뜻한다. 剛(강)은 岡(산등성이 강)과 刀(=刂, 칼 도)가 결합한 모습이다. 산등성이 자체가 우직함과 강직함을 상징하기 때문에 剛자의 의미와 통하지만, 산등성이와 칼의 관계는 이해할 수 없다. 그런데, 본래 剛자는 网(그물 망)자와 刀자가 결합한 형태였다. 칼[刀]에도 끊어지지 않는 그물[网]을 응용하여 '견고하다'는 뜻을 표현한 글자였다. 후에 网자가 岡자로 바뀌면서 지금의 剛자가 되었다. 그런 연유로 중국에서는 剛의 간체자를 刚으로 쓴다.

강건(剛健)·강단(剛斷)·강직(剛直)·금강석(金剛石)·금강산(金剛山)·금강송(金剛松)·금강비(金剛比)·금강반야경(金剛般若經) 등 일상어에서 剛(강)의 쓰임새는 그리 많지 않다. 생물에서 강모(剛毛, seta, bristle)는 뻣뻣하고 억센 털을 의미하며 식물·동물·곰팡이에서 기능과 형태 특성을 나타내는 중요한 형질이다. 오이나 가지에는 강모가 변형되어 끝이 뾰족하여 침처럼 찌르므로 강모침(剛毛針)으로 부른다. 굳이 剛毛의 상대어를 써야 할 경우에는 軟毛(연모)라고 한다. 의학에서 용례를 보면 경추강직(頸椎剛直, cervical stiffness)과 사지강직증(四肢剛直症, spastic quadriplegia)이 있다.

剛(강)과 비슷한 뜻을 가진 強(강할 강)이 있다. 強자는 弓(활 궁)과 虫(벌레 충)이 뜻을 전한다. 즉, 활대처럼 휘어져도 부러지지 않음과 벌레처럼 죽어도 없어지지 않음을 나타낸다. 그래서 剛(강)은 '휘어지지 않는 단단함'이고, 強(강)은 '끈질긴 강인함'이다. 따라서 剛(강)의 상대는 柔(부드러울 유)이기에 내유외강(內柔外剛)으로 쓴다. 強(강)의 상대는 弱(약할 약)이기에 약육강식(弱肉強食)으로 쓴다. rigor mortis를 오랫동안 사후강직(死後强直)으로 불렀으나 强이 옳지 않아 지금은 사후경직(死後硬直)으로 쓴다[☞ 14쪽].

007

강(腔)

腔은 '속빌 강'으로 읽으며, (속이)비다·공간·빈자리 등을 뜻한다. 腔(강)은 月(=肉, 육달월)과 空(빌 공)이 결합한 모습이다. 그래서 腔(강)은 몸에 비어 있는 공간을 나타내는 글자이다. 입 안쪽의 구강을 보는 구강경(口腔鏡, stomatoscope), 배 속의 복강을 들여다 보는 복강경(腹腔鏡, laparoscope), 가슴 안쪽의 흉강을 보는 흉강경(胸腔鏡, thoracoscope), 코 속의 비강을 보는 비강경(鼻腔鏡, rhinoscope) 등이 있다. 또한, 포유류를 제외한 대부분의 척추동물에서 볼 수 있는 배출기관으로서의 총배설강(總排泄腔)이 있다.

강장동물(腔腸動物, coelenterates)은 입과 항문의 구별이 없고 내배엽과 외배엽만으로 이루어진 이배엽성 동물로서 수중생활을 하는 해파리·산호·말미잘 등이 이에 속한다. 최근에는 강장동물 대신에 자포동물(刺胞動物)이 훨씬 더 흔히 쓰인다.

입안 조직에 생기는 염증을 이르는 구강염(口腔炎, stomatitis). 구강의 미생물과 치과질환의 관계를 연구하는 구강미생물학(口腔微生物學, oral microbiology), 입안이 마르는 구강건조증(口腔乾燥症, xerostomia) 등 구강과 관련된 의학용어가 수십 가지에 이른다.

균류학에서는 균사조직에 있는 작은 방을 locule 또는 loculus라고 하며, 이를 일본에서 小房(소방) 또는 小腔室(소강실)로 부른다. 자낭균류 중에서 자낭과(子囊果, ascocarp) 안쪽에 여러 개의 방을 가진 분류군을 Loculoascomycetes라고 한다. 각각의 방은 독립적으로 자낭 및 자낭포자를 형성하는 기관이다. 그래서 '아무것도 없이 비어 있다'는 의미의 腔(강)보다는 '무언가 들어있다'는 의미의 房(방)을 선택하여 우리나라에서는 소방자낭균강(小房子囊菌綱)을 표준으로 정하였다. 한편, 뽕나무버섯류의 근상균사다발(根狀菌絲束, rhizomorph)은 내부가 비어 있는데, 이를 내강(內腔, lumen)이라고 한다.

008

강(綱)

綱은 '벼리 강'으로 읽으며, 벼리·대강·밧줄·그물 등을 나타낸다. 綱(강)은 糸(가는실 멱)과 岡(산등성이 강)이 결합한 모습이다. 岡자는 산 위에 그물을 쳐놓은 모습을 그린 것으로 '산등성이'를 뜻하지만 다른 글자와 결합할 때는 주로 '강하다'라는 의미를 전달한다. 그러므로 岡자와 糸자가 결합한 綱(강)은 '튼튼한 밧줄'이라는 뜻이다. 綱(강)이 직접적으로는 벼리(그물코를 꿴 굵은 줄)를 뜻하고, 간접적으로는 벼리(일이나 글의 뼈대가 되는 줄거리)를 뜻한다. 그래서 '벼리 강'으로 읽는데, 생물학적 개념이 포함되어 있다. 綱은 중국어 간체자로 纲으로 쓴다.

대강(大綱)·기강(紀綱)·요강(要綱)·강령(綱領)·삼강오륜(三綱五倫)·군위신강(君爲臣綱) 등의 일상어가 있다. 생물 분류학상으로 綱(강, class)은 문(門, division) 아래이고 목(目, order) 위의 단계에 해당된다 [☞ 65쪽]. 균류의 전통적인 분류체계에서 난균강(卵菌綱, Oomycetes), 접합균강(接合菌綱, Zygomycete), 복균강(腹菌綱, Gasteromycetes), 반균강(盤菌綱, Discomycetes), 핵균강(核菌綱, Pyrenomycetes), 유각균강(有殼菌綱, Coelomycetes), 총생균강(叢生菌綱, Hyphomycetes) 등 여러 분류군이 있다.

본초강목(本草綱目)은 1590년 중국 명나라의 이시진(李時珍)이 지은 본초학의 연구서이다. 본초는 한의학에서 사용되는 약재를 가리킨다. 약의 올바른 이름을 강(綱)이라 하고 해석한 이름을 목(目)이라 하였다. 또한, 한의학에서 병증을 분석하고 진단하는 기본항목으로 음(陰)·양(陽)·허(虛)·실(實)·표(表)·이(裏)·한(寒)·열(熱)이 있는데, 이를 팔강(八綱)이라 한다. 다시 말해, '진단'이란 이름의 대문(大門)을 열고 들어가니 8가지의 벼리[綱]가 있다는 뜻이다. 그리고 각 벼리 아래에는 여러 항목(項目)이 있다. 그러니 크기와 소속으로 보아 門>綱>目의 단계인데, 이는 생물분류학의 분류단위에 해당한다.

009

개(開)

開는 '열 개'로 읽으며, 열다 · 열려 있다 · 시작하다 · (꽃이)피다 · 늘어놓다 등을 뜻한다. 開(개)는 문의 모양을 본뜬 門(문 문)자에다 빗장을 나타내는 一(한 일)자와 두 손을 나타내는 廾(받들 공)자를 합하여 만들어진 모습이다. 즉 문에 있는 빗장을 양손으로 잡은 모습에서 '열다'라는 기본 뜻을 갖게 되었다. 開를 중국어 간체자에서는 开로 쓴다.

개업(開業) · 개학(開學) · 개회(開會) · 개교(開校) · 공개(公開) · 재개(再開) · 개방(開放) · 개막(開幕) 등의 일상어가 있다. 생명과학에서 열개(裂開, dehiscence, cleavage)라는 용어가 자주 등장한다. 裂(렬)은 '찢어지다'는 뜻이고[☞ 135쪽], 開(개)는 '열다'의 뜻이다. 그래서 열개(裂開)는 멀쩡한 조직이 스스로 갈라지거나 물리적 힘으로 찢어지면서 안쪽이 노출됨을 가리킨다. 비 맞은 과실이 裂開되면 裂果(열과)라고 한다. 성숙한 자낭과가 裂開되면서 자낭이 노출되고 자낭포자는 비산한다.

의학에서도 개구장애(開口障礙) · 개두술(開頭術) · 개복수술(開腹手術) · 개안수술(開眼手術) · 담낭절개술(膽囊切開術) · 절개배농(切開排膿) · 절개생검(切開生檢) · 제왕절개분만(帝王切開分娩) · 포피절개술(包皮切開術) 등 대단히 많은 용례가 있다. 농업에서 개간(開墾) · 개갑처리(開匣處理) · 개방식돈사(開放式豚舍) · 개심형정지(開心形整枝) · 개화촉진(開花促進) · 비유개시(泌乳開始) · 차광막개폐기(遮光幕開閉機) · 농업용수개발(農業用水開發) 등이 있다.

開에 상대하는 글자는 閉(닫을 폐)이다. 閉자는 대문[門]에다 才(재주 재)자를 넣어 빗장을 표현했다. 개업-폐업, 개회-폐회, 개교-폐교, 개막-폐막, 개강-폐강처럼 일상어에서도 상대하지만, 과학용어에도 여러 용례가 있다. 기공의 개폐운동(開閉運動)을 관장하는 2개의 세포를 공변세포(孔邊細胞, guard cell) 또는 개폐세포(開閉細胞)라고 한다. 개화수정(開花受精)-폐화수정(閉花受精)도 있다.

010

건(乾)

乾은 '마를 건'으로 읽으며. 마르다·말라 있다·말리다 등을 뜻한다. 乾(건)은 倝(햇빛빛날 간)과 乙(새 을)이 결합한 모습이다. 倝자는 햇빛이 밝게 빛나는 모습을 그린 것이다. 乙자의 사전적 의미는 '새'이지만 여기에서는 '아지랑이'로 응용되었다. 하늘이 맑은 날 햇볕이 대지를 달구게 되면 아지랑이가 피어오른다. 乾자에 쓰인 乙자는 그러한 모습을 표현한 것이다. 한편 乙자를 땅 위에 자라는 마른 풀로 보는 해석도 있지만 소수 의견에 불과하다.

건조(乾燥)·건어물(乾魚物)·건배(乾杯)·건전지(乾電池) 등의 일상어가 있다. 미생물학에서 고온건조한 공기를 이용하여 대상을 멸균하는 건식멸균(乾式滅菌, heat sterilization), 수분이 제거된 상태의 대상을 측정한 무게는 건물중(乾物重, dry weight), 제빵에 이용되는 건조효모(乾燥酵母, dried yeast), 감자 썩음의 한 종류로 건부병(乾腐病, dry rot), 기둥처럼 습하지 않은 나무가 썩는 건부후(乾腐朽, dry rot), 실험실에서 유리기구를 말리는 건조기(乾燥器, oven dryer), 냉동하여 말리는 동결건조(凍結乾燥, freeze-drying), 건포도(乾葡萄, raisin)를 비롯한 여러 건과류(乾果類) 등 수많은 용어가 있다.

의학에도 건선(乾癬, psoriasis)을 비롯하여 건성안증후군(乾性眼症候群)·건성피부(乾性皮膚)·건초열(乾草熱)·각막건조증(角膜乾燥症)·구강건조증(口腔乾燥症)·비강건조증(鼻腔乾燥症)·피부건조증(皮膚乾燥症)·건성구토(乾性嘔吐) 등이 있다.

乾에 상대하는 글자는 濕(젖을 습)이다. 濕자는 氵(=水, 물 수)와 㬎(드러날 현)이 결합한 모습이다. 㬎자는 젖은 실[絲]을 햇볕[日]에 말리는 모습이다. 습윤(濕潤)·습기(濕氣)·습지(濕地)·습진(濕疹) 등 여러 단어에 쓰인다. 과학용어에도 식물의 건습운동(乾濕運動), 건습구온도계(乾濕球溫度計), 통풍건습계(通風乾濕計) 등 여러 용례가 있다.

011

격(隔)

隔은 '사이뜰 격'으로 읽으며, 사이가 뜨다 · 막다 · 떨어지다 · 간격(間隔) 등을 뜻한다. 隔(격)은 阜(=阝, 언덕 부)와 鬲(다리굽은솥 력)이 결합한 모습이다. 鬲자는 중국 고대의 취사도구를 본 뜬 상형자로서 불을 지피기 위해 세 다리가 바깥쪽으로 굽거나 벌어진 형태의 솥을 가리킨다. 그러므로 隔(격)은 언덕진 곳에 솥을 걸어서 사이가 뜨고 간격이 벌어진 모습을 그린 글자이다.

코로나바이러스 유행을 떠올리는 글자로 隔(격)을 꼽는다. 당시에는 사람들 간격(間隔)을 유지하고, 격리(隔離)시설을 만들고, 원격(遠隔)진료를 실시하고, 격일(隔日)근무도 시행하고, 교육 격차(隔差)를 우려하고, 이제는 격세지감(隔世之感)을 느낀다. 격리기간(隔離期間, quarantine period)을 비롯하여 격리병실(隔離病室) · 박동간격(搏動間隔) · 양안격리증(兩眼隔離症) · 원격심전도(遠隔心電圖) · 원격진료(遠隔診療) · 늑골종격동(肋骨縱膈洞) · 심방중격(心房中隔) 등의 용어가 있다.

곰팡이와 관련하여 무격균사(無隔菌絲, aseptate hypha), 유격균사(有隔菌絲, septate hypha), 무격담자기(無隔擔子器, holobasidium), 종격벽(縱隔壁, longiseptum), 횡격벽(橫隔壁, trans-septum), 위격벽(僞隔壁, pseudoseptum), 격벽공(隔壁孔, septal pore), 이격벽포자(異隔壁胞子, distoseptate spore) 등이 있다.

隔과 유사한 글자로 膈(가슴 격)이 있다. 胸(가슴 흉)은 가슴 자체를 전체적으로 의미하지만, 膈(격)은 가슴 속에서 서로 분리된 칸막이를 가리킨다. 격막(膈膜)은 신체의 기관이나 조직 따위를 가르고 있는 막으로서 격막(隔膜)[☞ 59쪽]과 유사하지만 개념이 조금 다르다. 인체의 배(腹部, 복부)와 가슴(胸部, 흉부)을 가로지르는 횡격막(橫膈膜, thoracic diaphragm)은 가로막으로 부른다. 양쪽 허파를 둘러싸는 가슴막 사이에는 종격동(縱膈洞, mediastinum)이 있다.

012

결(缺)

缺은 '이지러질 결'로 읽으며, 이지러지다·모자라다·빠지다 등을 뜻한다. 缺(결)은 缶(장군 부)와 夬(터놓을 쾌)가 결합한 모습이다. 원래는 '장군(액체를 담는 질그릇)이 깨지다'라는 뜻이지만, 여기서 파생되어 '모자라다·불완전하다·없다' 등 의미가 넓어졌다. 결례(缺禮)·결석(缺席)·결점(缺點)·결함(缺陷) 등의 일상어가 있다. 일본어 신자체에서는 缺을 欠(하품 흠)으로 대체해서 쓴다.

'어느 부분이 없거나 잘못되어서 불완전함'을 나타내는 결손(缺損)은 결손단백질(缺損蛋白質)·결손실험(缺損實驗)·결손파지(缺損phage)·시야결손(視野缺損)·치아결손(齒牙缺損)·말단결손(末端缺損)·호흡능결손(呼吸能缺損) 등 생명과학 용어에 자주 등장한다. '일부가 빠져 없어짐'을 나타내는 결실(缺失)은 염색체 이상으로 말단결실(末端缺失)·유전자결실(遺傳子缺失)이 있고, 항원결실(抗原缺失)·바이러스결실(-缺失) 등도 있다. '마땅히 있어야 할 것이 빠져서 없거나 모자람'을 뜻하는 결여(缺如)는 생명과학에서는 선천적인 경우에 쓰인다. 그래서 결여증(缺如症)은 생물의 발생 도중에 발육이 억제되거나 기관의 발생이 정지되는 등 생리 활동에 영향을 미치는 증상을 가리키면서 '발생(發生, genesis)'에 방점을 둔다. 그러나 몇몇 용어에서는 缺損-缺失-缺如의 명확한 구분이 어려운 경우도 있다.

결핍(缺乏)에서 乏(모자랄 핍)은 正(바를 정)을 좌우 뒤집어서 쓴 글자로서 '부족함'을 뜻한다. 농업의 양분결핍(養分缺乏)·질소결핍(窒素缺乏)·붕소결핍(硼素缺乏)과 의학의 면역결핍(免疫缺乏)·무기질결핍(無機質缺乏)·산소결핍증(酸素缺乏症)·색소결핍증(色素缺乏症)·엽산결핍빈혈(葉酸缺乏貧血)·영양결핍(營養缺乏)·유당분해효소결핍증(乳糖分解酵素缺乏症)·주의력결핍증(注意力缺乏症)·철결핍성빈혈(鐵缺乏性貧血)·치아결핍증(齒牙缺乏症) 등이 있다.

013

경(梗)

梗은 '줄기 경'으로 읽으면 줄기를 뜻하고, '막힐 경'으로 읽으면 막히다·막다·저지하다 등을 뜻한다. 한편, 桔梗에서 桔은 '도라지 길'에 梗도 '도라지 경'으로서 도라지를 나타내며, 한의학에서 苦梗(고경)은 쓴맛[苦]이 있는 약도라지[梗]를 가리킨다. 梗(경)은 木(나무 목)과 更(고칠 경)이 결합한 모습인데, 이 결합으로 어떻게 뜻의 다변화가 이루어졌는지 자료를 찾지 못했다.

梗(경)이 '줄기'의 뜻으로 쓰인 용례를 보자. 곰팡이의 분생포자경(分生胞子梗, conidiophore)은 분생포자를 만들어내는 줄기에 해당하므로 梗을 쓴다. 한때 쓰였던 분생포자병(分生胞子柄)은 추억의 용어이다. 梗(경)이 '막힘'의 뜻으로 쓰인 용례를 보자. 경색(梗塞)은 '소통되지 못하고 막힘'이란 뜻으로 인문사회학에서도 쓰고, 뇌경색(腦梗塞, cerebral infarction)이나 심근경색(心筋梗塞, myocardial infarction)처럼 혈전 따위의 물질이 혈관을 막아 생기는 질환에도 쓰인다. 이와 같이, 경(梗)도 막힘이고 색(塞)[☞ 103쪽]도 막힘이라 경색은 글자 그대로 '꽉 막힘'이란 강한 의미를 가진 단어이다.

梗(경)과 유사한 뜻을 가진 柄은 '자루 병'으로 읽으며 자루(끝에 달린 손잡이)를 뜻한다. 용례를 보자. 열매와 가지 사이의 열매자루(pedicel)를 '열매에 달린 꼭지'로 보면 果柄(과병)이 옳고, '열매를 달고 있는 줄기'로 보면 果梗(과경)이 옳다. 잎과 가지 사이의 petiole은 엽병(葉柄)이다. 잎이 petiole을 달고 떨어지듯이, 열매는 pedicel을 달고 떨어진다. 그래서 果柄(과병)이 더 옳아 보인다. 다만, pedicel은 꽃과 가지 사이의 '꽃자루'이기도 하다. 꽃만 떨어지고 꽃자루는 그대로 남아 있으므로 pedicel을 花梗(화경)이라 하고, 꽃에 따라 총화경(總花梗, peduncle)과 소화경(小花梗, pedicel)으로 구성되기도 한다. 이처럼 梗(경)과 柄(병)이 혼용되거나 혼동되는 경우가 많다.

014

경(硬)

硬은 '굳을 경'으로 읽으며, 굳다·단단하다·딱딱하다·완강하다 등을 뜻한다. 硬(경)은 石(돌 석)과 更(고칠 경)이 결합한 모습이다. 更자는 원래 '고치다'나 '개선하다'라는 뜻을 가지고는 있지만, 여기에서는 발음 역할만 한다. 硬자는 돌의 단단함을 표현하기 위해 만든 글자이다. 그러나 지금은 다양한 경우에서 단단한 돌의 이미지와 연관되는 뜻으로도 널리 쓰이고 있다.

강경파(強硬派)·경음화(硬音化)·경질단백질(硬質蛋白質) 등의 단어를 통해 硬(경)의 뜻을 파악할 수 있다. 과학에서도 무기물(미네랄)이 많이 녹아 있는 물을 경수(硬水·센물), 적게 녹아 있는 물을 연수(軟水·단물)라고 부른다. 이렇게 硬-軟이 짝을 이룬 학술용어는 경음-연음, 경사성-연자성, 경착륙-연착륙, 경골어류-연골어류, 경골조직-연골조직, 경재-연재, 경질고무-연질고무, 경질밀-연질밀, 경질치즈-연질치즈, 경질필름-연질필름, 경협종완두-연협종완두, 경화온도-연화온도, 경화제-연화제 등 대단히 많다.

물체의 단단한 정도를 이르는 경도(硬度, hardness), 껍질이 단단한 종자를 이르는 경실종자(硬實種子, hard seeds), 옥수수의 한 계통으로 경립종(硬粒種, flint corn), 액체 상태의 야자유를 고체 상태로 만든 야자경화유(hydrogenated coconut palm oil), 곰팡이 감염으로 누에가 뻣뻣해지는 경화병(硬化病, muscardine) 등이 있다.

한편, 의학에서도 죽은 후에 몸이 굳는 시후경직(死後硬直, rigor mortis), 피부가 굳어져 탄력이 없어지는 피부병을 가리키는 경피증(硬皮症, scleroderma), 간세포가 손상을 입어 섬유조직으로 대체된 간경화(肝硬化, liver cirrhosis), 동맥의 벽이 두꺼워지고 굳어져서 탄력을 잃는 동맥경화(動脈硬化, arteriosclerosis), 근육이 뻣뻣해지는 근육경직(筋肉硬直, muscular stiffness) 등이 있다.

015

계(系)

系는 '맬 계'로 읽으며, 매다 · 잡아매다 · 잇다 · 연결하다 · 핏줄 · 혈통 · 끈 · 실마리 등을 뜻한다. 系(계)는 糸(가는실 멱)과 ノ(삐침 별)이 결합한 모습이다. 본래 이 글자는 糸자 위에 爪(손톱 조)자가 그려져 있었지만, 후에 ノ자로 간략화 되면서 지금의 모습이 되었다. 이처럼 系(계)는 실타래를 묶는 모습을 그린 것이기 때문에 '매다'나 '잇다'라는 뜻으로 쓰이고 있다. 체계(體系) · 계열(系列) · 계통(系統) · 직계(直系) · 생태계(生態系) · 태양계(太陽系) · 중추신경계(中樞神經系) · 인문계(人文系) 등에서 系(계)의 뜻을 알 수 있다.

생명과학에서 系(계)의 쓰임새는 다양하다. 분자계통학(分子系統學, molecular phylogenetics), 계통수(系統樹, phylogenetic tree), 단계통(單系統, monophyly), 다계통(多系統, polyphyly), 측계통(側系統, paraphyly), 생태계(生態系, ecosystem), 영양계(營養系, clone), 순계(純系, line), 생물군계(生物群系, biome), 모계유전(母系遺傳, maternal inheritance), 조직계(組織系, tissue system), 기관계(氣管系, organ system), 신경계(神經系, nervous system), 면역계(免疫系, immune system), 내분비계(內分泌系, endocrine system), 소화계(消化系, digestive system), 순환계(循環系, circulatory system), 호흡계(呼吸系, respiratory system), 배설계(排泄系, excretory system), 생식계(生殖系, reproductive system), 골격계(骨格系, skeletal system) 등이 있다.

참고로, 係도 '맬 계'로 읽는다. 係(계)는 人(사람 인)이 있어 '사람과 사람을 이음'이며, '사람처럼 동등하고도 서로 영향을 주는 관계'를 뜻한다. 그래서 系는 system이고, 係는 interconnection이다. 과학에서도 관계(關係, relationship)와 계수(係數, coefficient)의 경우에 쓰인다. 중국어 간체자에서는 係를 系에 통합하였으므로 다소 혼동스러울 수 있지만, 두 글자의 원래 의미는 살아 있다.

016

계(界)

界는 '지경 계'로 읽으며, 지경(地境)·경계·둘레·한계·세상 등을 뜻한다. 界(계)는 田(밭 전)과 介(끼일 개)가 결합한 모습이다. 介자는 갑옷을 조여 입는다는 의미에서 '끼이다'나 '사이에 들다'라는 뜻을 갖고 있다. 여기에 田자를 결합한 界(계)는 밭과 밭 사이의 '경계'라는 뜻으로 만들어졌다. 그러니까 界자는 소유주가 다른 토지 사이의 경계선을 표현한 글자로서 어떤 것들의 '경계'나 '한계'라는 뜻으로도 쓰이고 있다.

각계각층(各界各層)·경계(境界)·군사분계선(軍事分界線)·동물계(動物界)·법조계(法曹界)·세계(世界)·시계(視界)·외계인(外界人)·자연계(自然界)·학계(學界) 등에서 界(계)의 뜻을 알 수 있다. 생물분류의 가장 큰 단위인 kingdom을 界(계)로 쓴 이유는 '건너갈 수 없는 경계'라는 뜻이다. 동물계(動物界, kingdom Animalia), 식물계(植物界, kingdom Plantae), 균계(菌界, kingdom Fungi), 원생생물계(原生生物界, kingdom Protista), 원핵생물계(原核生物界, kingdom Monera)의 5계는 서로 독립적이다.

범세계종(汎世界種, cosmopolitan species), 한계밀도(限界密度, critical density), 한계희석법(限界稀釋法, limiting dilution method), 임계점(臨界點, critical point), 초임계유체(超臨界流體, supercritical fluid), 계면활성제(界面活性劑, detergent), 경계성고혈압(境界性高血壓, prehypertension), 경계막(境界膜, limiting membrane) 등이 있다.

참고로, 界는 系(맬 계)[☞ 15쪽]와 용례가 상당히 비슷하지만 미묘한 차이가 있다. 系는 범주(system)를 의미하고, 界는 범주들을 구분 짓는 경계선(boundary)을 뜻한다. 예를 들어, 수학·물리학·화학·생명과학·지구과학·환경학·의학·약학의 학문 계통은 자연계(自然系)이다. 인간세계를 둘러싸고 있는 천체·산천·식물·동물·공기·물·흙의 모든 삼라만상은 자연계(自然界)이다.

017

고(固)

固는 '굳을 고'로 읽으며, 굳다 · 단단하다 · 완고하다 · 고집부리다 등을 뜻한다. 固(고)는 口(에운담 위)와 古(옛 고)가 결합한 모습이다. 口자는 성을 둘러싸고 있는 성벽을 그린 것이다. 古자는 '옛날'이나 '오래된'이라는 뜻을 가지고 있다. 성벽은 외부의 침입을 차단하는 역할을 하므로 단단하면서도 오래도록 유지되어야 했다. 固자는 그러한 의미를 담은 글자로서 성벽이 오래도록 견고하다는 의미에서 '굳다'를 뜻하게 되어 물체이든 생각이든 널리 쓰이게 되었다.

고유명사(固有名詞) · 고정관념(固定觀念) · 고집불통(固執不通) · 확고부동(確固不動) · 견고(堅固) · 완고(頑固) 등의 일상어와 함께 과학적 의미가 담긴 응고(凝固) · 고형(固形) · 고체(固體) · 고착(固着) 등의 용례가 있다. 생명과학에서는 어느 한 지역에만 서식하는 고유종(固有種, endemic species), 어떤 물선이나 나른 생물체에 붙어서 사는 고착생물(固着生物, sessile organism), 염색이나 관찰을 위해 생물의 대사와 형태를 정지시키는 고정액(固定液, fixative) 등이 있다. 환경학에서 고형폐기물(固形廢棄物, solid waste), 고형물부하(固形物負荷, solids loading) 등이 있다.

미생물학과 관련된 용어를 살펴보자. 뿌리혹세균에 의한 질소고정(質素固定, nitrogen fixation), 비교적 특별한 경우에 사용되는 반고형배지(半固形培地, semi-solid medium), 대부분의 세균과 곰팡이 배양에 이용되는 고체배양(固體培養, solid culture), 버섯 종균의 대부분을 차지하는 고체종균(固體種菌, solid spawn), 분상지의류(粉狀地衣類)로도 불리는 고착지의류(固着地衣類, crustose lichen) 등이 있다. 참고로, '굳다'는 의미의 글자로 堅(굳을 견)과 硬(굳을 경)도 있다. 堅果類(견과류, nuts)는 도토리 · 밤 · 잣 · 은행 · 호두 따위로서 단단한 껍질을 가진 부류이다. 硬은 14쪽에 설명하였다.

018

고(菇)

菇는 '버섯 고'로 읽으며, 주로 식용 버섯을 이른다. 중국에서 洋菇(양고)는 양송이버섯, 香菇(향고)는 표고버섯, 平菇(평고)는 느타리버섯, 金針菇(금침고)는 팽이버섯, 草菇(초고)는 풀버섯, 白玉菇(백옥고)는 만가닥버섯을 의미하듯이 식용버섯에 널리 쓰이는 글자이다. 蘑(마)는 蘑菇(마고)에서 보듯이 양송이버섯이나 식용버섯을 두루 이른다. 두 글자의 쓰임새가 뚜렷이 구분되지는 않는다.

표고버섯을 蔈菇·蘑菰·蔈古 등으로 표기한 문서도 있으나, 모두 차자표기(借字表記, 한자빌림표기)를 그 바탕으로 하고 있다. 차자표기법은 한자의 음과 훈을 빌려, 한국어를 기록하던 표기법을 말한다. 훈민정음이 창제되기 전 우리 민족 고유의 표기 체계인데, 한자 도입 시기부터 고려와 조선을 거쳐 19세기 말까지 사용되었다. 그래서 표고버섯의 경우는 버섯을 의미하는 菇(고)가 들어 있는 蔈菇(표고)가 옳은 한자인 것으로 오해되기도 한다.

한편, 蕈은 '버섯 심'으로 읽는다. 蕈(심)은 艸(풀 초)와 覃(깊을 담)이 결합한 모습이다. 버섯을 널리 이르러 蕈類(심류) 또는 菌蕈類(균심류)라고도 한다. 어떤 자료에서는 땅에서 나는 버섯을 菌(균), 나무에서 나는 버섯을 蕈(심)으로 구분하였는데, 반드시 그렇지는 않다. 香蕈(향심)은 향이 좋은 버섯이란 글자로 표고버섯을 가리킨다. 松蕈(송심)은 소나무[松] 밑에 나는 버섯으로서 송이버섯을 일컫는다. 竹蕈(죽심)은 대나무[竹]밭에서 자라는 버섯으로서 망대버섯을 이른다. 麥蕈(맥심)은 보리[麥] 줄기처럼 누른빛을 띤 버섯이란 의미로 알버섯을 가리킨다. 알버섯은 소나무[松]와 공생하여 생기는 균근성 버섯이며 보리[麥] 줄기처럼 누른빛이므로 麥松蕈(맥송심)으로도 불린다. 중국어에서 毒蕈(독심)은 독버섯을 널리 이르고, 蕈类中毒(심류중독)은 버섯중독을 가리킨다. 그래서 蕈(심)은 여러 버섯을 널리 이르는 글자이다.

019

과(科)

科는 '과목 과'로 읽으며, 과목·과정·법률·형벌 등을 뜻한다. 科(과)는 禾(벼 화)와 斗(말 두)가 결합한 모습이다. 斗자는 곡식을 담는 바가지를 그린 것으로서 十(열 십)자를 써서 '10되 = 1말'이란 용량의 단위를 나타낸다. 쌀의 분량을 알거나 품질을 알기 위하여 쌀을 바가지로 퍼내는 모습을 표현한 글자가 科자였다. 그래서 '(종류를)나누다' 또는 '(분량을)정하다'는 뜻으로도 확장되었고, 그렇게 정하는 규정이나 형벌까지 뜻하는 글자로 정착되었다.

과목(科目)·과정(科程)·과학(科學)·문과(文科)·이과(理科)·학과(學科)·백과사전(百科事典) 등의 일상어가 있다. 우선, science를 과학(科學)이라고 하는데, 이 두 단어의 어원과 유래에 대한 장황한 설명은 관련 자료를 참조하여 정확하게 이해해야 한다. 科(과, department)는 생명과학과(生命科學科)·법학과(法學科)·경영학과(經營學科)·행정학과(行政學科)·농학과(農學科)·체육학과(體育學科) 등 대학의 각 학문 분야를 가리킨다. 科(과, department)는 내과(內科)·외과(外科)·안과(眼科)·치과(齒科)·이비인후과(耳鼻咽喉科)·응급의학과(應急醫學科) 등 의학의 각 전문 분야를 지칭한다. 科(과, family)는 생물분류학에서 속(屬)의 위이고 목(目)의 아래이다[☞ 65쪽, 111쪽]. 즉, 科(과)는 하나 이상의 속을 묶어서 만든 인위적인 분류단위인데, 여러 개의 아과(亞科, subfamily)로 나누기도 한다.

科(과)와 유사한 뜻을 가진 課(과)를 살펴보자. 課는 '과정 과'로 읽으며, 조세·세금·부서·과정 등을 뜻한다. 課(과)는 言(말씀 언)과 果(열매 과)가 결합하여, 명령부서[言]에서 어떤 결과[果]를 얻음을 뜻한다. 그래서 행정단위에서는 課(과)를 쓴다. 과업(課業)·교육과정(敎育課程)·과제(課題)·과징금(課徵金)·공과금(公課金)·부과금(賦課金)·과세(課稅) 등에서 課(과)의 쓰임새를 알 수 있다.

020

관(官)

官은 '벼슬 관'으로 읽으며, 벼슬·벼슬아치·관리(官吏)·관청 등을 뜻한다. 官(관)은 宀(집 면)과 𠂤(언덕 부)가 결합한 모습이다. 𠂤자는 흙이 쌓여 있는 언덕이나 구릉을 그린 것으로서 높은 곳을 가리킨다. 여기에 宀자가 결합한 官자는 '높은 곳에 지어진 집'이라는 뜻이다. 그래서 본래 官자는 나랏일을 하던 '관청'을 뜻했었다. 후에 官자가 '벼슬아치'라는 뜻으로 쓰이게 되면서 지금은 여기에 食(밥 식)자를 더한 館(객사 관)이 '관청'이라는 뜻을 대신하고 있다.

경찰관(警察官)·법관(法官)·장관(長官)·소방관(消防官)·관공서(官公署)·관청(官廳) 등의 일상어가 있다. 인체의 생식기관(生殖器官)이나 소화기관(消化器官)의 경우처럼 기관(器官, organ)은 생물체를 이루는 조직의 집합체로서 어떠한 기능을 담당하는 집합 단위를 일컫는다. 여기서 器(기)[☞ 32쪽]는 여러 그릇에 해당하는 여러 세포를 뜻하고, 官(관)은 벼슬의 뜻에서 '특정한 기능을 하다'라는 의미로 전환된 것이다. 사람의 꼬리뼈나 귀를 움직이는 근육은 흔적기관(痕跡器官)이다. 세포 내에는 여러 세포소기관(細胞小器官, cell organelle)이 있다. 감각기관(感覺器官, sensory organ)을 이용하여 평가하는 검사법을 관능검사(官能檢査, sensory evaluation)라고 한다.

官과 유사한 뜻과 같은 소리를 가진 管(대롱 관)이 있다. 대롱은 tube이므로, tube 모양이나 기능을 가진 것에 管이 붙어서 모양을 나타낸다. 의학에서 혈관(血管, blood vessel), 기관지(氣管支, bronchi), 미세소관(微細小管, microtubule), 시험관(試驗管, test tube) 등이 있고, 식물학에서 관속식물(管束植物, vascular plant), 도관(導管, vessel), 가도관(假導管, tracheid) 등이 있다. 管은 '주관할 관'으로도 읽는데, 주관(主管)·질병관리청(疾病管理廳)·관장(管掌)·관제탑(管制塔)·관할(管轄)·소관(所管) 등의 용례가 있다.

021

괴(塊)

塊는 '흙덩이 괴'로 읽으며, 흙덩이·덩어리·뭉치 등을 뜻한다. 塊(괴)는 土(흙 토)와 鬼(귀신 귀)가 결합한 모습이다. 鬼자가 있지만 귀신과는 관련이 없고 발음 역할만 한다. 土자가 있지만 흙덩이만 가리키는 것은 아니고 어떤 덩어리이든 널리 적용되는 글자이다. 용례로서, 금덩어리를 가리키는 금괴(金塊), 은덩어리를 가리키는 은괴(銀塊), 망간·철·니켈·구리·코발트 따위를 함유한 검은 갈색의 덩어리로서 심해에서 발견되는 망간단괴(Manganese團塊) 등이 있다.

생명과학 분야에서 塊(괴)가 들어간 용어를 살펴보자. 우렁이·물고기·곤충·개구리 따위의 알이 얇은 막에 둘러싸여 하나의 커다란 덩어리로 된 것을 난괴(卵塊, egg mass)라고 한다. 감자는 덩이줄기이므로 괴경(塊莖, tuber), 고구마는 덩이뿌리이므로 괴근(塊根, tuberous root)이라고 한다. 통계학에서 실험설계법 중의 하나로서 난괴법(亂塊法, randomized block design)이 있다. 꽃가루[花粉]가 뭉쳐진 덩어리를 화분괴(花粉塊, pollinium)라고 한다. 바닷물 속에 녹아 있는 용존 산소의 농도가 낮은 물 덩어리를 빈산소수괴(貧酸素水塊, hypoxia water mass)라고 한다. 의학에서 응혈괴(凝血塊)는 굳은 핏덩이를 가리킨다.

곰팡이 분야에서 포자괴(胞子塊, spore mass)를 아직 쓰기는 하지만 '포자덩이'라는 용어가 더 보편적이다. 분아괴(粉芽塊, soredia mass)는 지의류의 번식체인 분아가 서로 엉겨붙어서 덩어리진 것을 이른다. 괴경형(塊莖形, tuberiform)은 감자 괴경을 닮은 모양이란 뜻으로 여러 형태 기재에 쓰인다. 식괴(食塊, bolus)는 반추동물이 반추위에서 입으로 게워내어 씹는 섭취물 덩어리이다. 참고로, 塊를 중국어 간체자에서는 块로 쓴다. 값비싼 식용버섯 트러플(truffle)을 일본은 서양송로(西洋松露), 한국은 덩이버섯, 중국은 块菌(괴균)으로 부르니, 한국명과 중국명은 실질적으로 일치한다.

022

괴(壞)

壞는 '무너질 괴'로 읽으며, 무너지다·무너뜨리다·물러앉다 등을 뜻한다. 壞(괴)는 土(흙 토)와 褱(품을 회)가 결합한 모습이다. 본래 褱(회)는 눈[目]에서 눈물[水]이 수의[衣]에 떨어지는 장례 모습을 그린 글자로서 '마음이 무너지다'의 뜻이다. 여기에 土자가 붙어 '흙이 무너져 내리다'는 뜻이 되었다. 붕괴(崩壞)·파괴(破壞)·괴멸(壞滅) 등의 단어에서 보듯이 壞(괴)는 무엇이든 무너져 내리는 경우에 쓰이는 글자이다. 꿀과 꽃가루를 채집하러 나갔던 일벌 무리가 벌집으로 돌아오지 않아 벌집의 벌들이 폐사하는 군집붕괴현상(群集崩壞現象, colony collapsc disorder)이 있다. 壞는 일본어 신자체로는 壊, 중국어 간체자로는 坏로 쓴다.

비타민 C 결핍증으로도 알려진 괴혈병(壞血病, scurvy)은 피하출혈·잇몸출혈·내출혈이 생겨서 혈액[血]이 흘러나오는[壞] 질병[病]이란 뜻이다. 세포자멸괴사(細胞自滅壞死, necroptosis)처럼 괴사가 들어간 학술용어가 많고, 의학용어에는 아주 많다. 괴사(壞死, necrosis)는 글자 그대로 생물의 조직 일부가 물러앉으며[壞] 죽는데[死], 대부분 환부의 변색이 동반된다. 괴저(壞疽)는 의학에서 gangrene, 식물의학에서 necrosis를 이르는 용어이다. 疽(저)는 '종기 저'로 읽지만 단순한 종기가 아니라 '조직 붕괴를 동반한 증상'을 이른다[☞ 166쪽]. 그래서 괴저는 '물러앉음'에 방점이 있다. 세균 감염으로 생기는 동물의 탄저와 곰팡이 감염으로 생기는 식물의 탄저병 모두 시커멓게[炭, 숯 탄] 물러앉는[疽, 종기 저] 증상을 갖는다.

괴(壞)와 궤(潰)를 혼동하기 쉽다. 의학에서 궤양병(潰瘍病)은 潰(무너질 궤)와 瘍(헐 양)이다. 그래서 위궤양(胃潰瘍, gastric ulcer)은 위 안쪽의 조직이 파이고 헌 상태를 뜻한다. 식물의학에서는 곰팡이나 세균에 의해 식물 조직이 움푹 들어가면서 국부적으로 죽어가는 질병을 궤양병(潰瘍病, canker)이라고 한다.

023

구(球)

球는 '공 구'로 읽으며, 공·옥·구슬·구체 등을 뜻한다. 球(구)는 玉(구슬 옥)과 求(구할 구)가 결합한 모습이다. 求자는 '구하다'라는 뜻이 있지만, 여기에서는 발음 역할만 하고 있다. 球(구)는 본래 둥글게 깎아 놓은 옥을 뜻하기 위해 만든 글자이다. 그러나 지금은 특별히 옥만 지칭하지는 않고 공이나 둥근 물체를 널리 이른다.

각종 구기 종목인 축구(蹴球)·농구(籠球)·배구(排球)·야구(野球) 등은 물론, 안구(眼球)·전구(電球)·지구(地球) 등의 일상어에서 球(구)의 뜻을 쉽게 알 수 있다. 의학을 포함한 생명과학에서의 예를 살펴보자. 쌍구균(雙球菌, diplococcus), 황색포도상구균(黃色葡萄狀球菌, *Staphylococcus aureus*), 장구균(腸球菌, *Enterococcus*), 자낭구(子囊球, cleistothecium), 혈구에 백혈구(白血球)·적혈구(赤血球)·호산구(好酸球)·호염구(好鹽球)·호중구(好中球) 등이 있다. 혈구계수기(血球計數器, haemocytometer, hemocytometer), 혈구모세포(血球母細胞, hemocytoblast), 사구체(絲球體, glomerulus), 사구체신염(絲球體腎炎, glomerulonephritis, glomerular nephritis), 안구(眼球, eyeball, eye globe), 안구건조증(眼球乾燥症, dry eye syndrome, ophthalmoxerosis) 등이 있다.

식물학에도 다양한 용례가 있다. 배추 잎이 여러 겹으로 속이 드는 결구(結球), 알뿌리를 가진 구근류(球根類), 비대한 잎이 비늘 모양으로 겹쳐 있는 인경구(鱗莖球), 구근식물에서 번식의 모체가 되는 모구(母球), 모구에서 새끼를 친 자구(子球), 브로콜리 따위에서 볼 수 있는 머리 부분의 꽃 덩어리를 이르는 화구(花球), 옥향나무처럼 둥근 공 모양으로 만들어진 구형수형(球形樹形), 구근식물의 번식을 위하여 심는 종구(種球) 등이 있다. 종자나 포자의 형태에서 구형(球形, globose)과 아구형(亞球形, subglobose)이 있다.

024

권(圈)

圈은 '우리 권'으로 읽으며, 우리·구역·바리·울타리 등을 뜻한다. 圈(권)은 囗(에워쌀 위)와 卷(말 권)이 결합한 모습이다. 囗자는 부수 외의 용도로는 쓰이지 않고 '에워쌀 위'로는 圍가, '나라 국'으로는 國이 대신 쓰인다. 卷자는 본래 '(죽간을)말다'는 뜻이지만, 뜻이 확장되어 '거두어 기르다'는 의미도 있다. 이런 두 글자가 결합하여 '가축을 가두어 기르는 용도의 울'을 뜻하였고, 차츰 뜻이 확장되었다.

수도권(首都圈)·금융권(金融圈)·문화권(文化圈)·상위권(上位圈) 등이 일상어에서 圈(권)이 '영역'의 뜻하는 접미사로 쓰임을 알 수 있다. 역세권(驛勢圈)을 빗댄 신조어로서 녹지를 품고 있는 숲세권, 백화점에 가까운 백세권, 대형병원에 인접한 병세권, 교육시설이 밀집한 학세권 등도 있다. 동물의 개체나 집단이 먹이활동과 생식을 위하여 다른 개체나 집단의 침입을 허락하지 않는 점유 구역을 세력권(勢力圈)이라 한다. 식물 뿌리가 영향을 받거나 줄 수 있는 공간을 근권(根圈, rhizosphere)이라고 한다. 근권미생물(根圈微生物, rhizosphere microbe), 근권효과(根圈效果, rhizosphere effect), 근권정착능력(根圈定着能力, rhizosphere competence), 식물생육촉진성근권세균(植物生育促進性根圈細菌) 등의 파생 용어도 있다.

마찬가지로, 기권(氣圈, atmosphere), 수권(水圈, hydrosphere), 지권(地圈, geosphere), 엽권(葉圈, phyllosphere), 생물권(生物圈, biosphere) 등은 생명과학에서 등장한다. 유네스코에서 지정한 생물권보선지역(生物圈保全地域, Biosphere Reserve)이 있다. 균사권(菌絲圈, hyphosphere)은 토양 속에서 균사, 특히 균근곰팡이의 균사가 영향을 미치는 공간을 뜻한다. 이와 유사하게, 균근권(菌根圈, mycorrhizosphere)은 균근곰팡이와 식물 뿌리가 서로 영향을 미치는 공간을 의미하므로 균사권보다 조금 넓은 개념이다.

025

귀(歸)

歸는 '돌아갈 귀'로 읽으며, 돌아가다·돌아오다·돌려보내다·따르다 등을 뜻한다. 歸(귀)는 𠂤(언덕 부)와 止(발 지)와 帚(비 추)가 결합한 모습이다. 본래 𠂤자와 帚자를 결합하여 구석구석[𠂤] 청소[帚]를 한다는 뜻을 표현한 글자였다. 후에 여기에 止자가 더해지면서 집안[청소 구역]을 벗어나 '멀리 돌아가다'나 '먼 곳에서 돌아오다'라는 뜻을 갖게 되었다. 歸자는 중국어 간체자로는 归, 일본어 신자체로는 帰로 쓴다.

불로초를 구하지 못하고 서쪽[西]으로 되돌아간[歸] 포구[浦]라는 뜻의 서귀포(西歸浦)를 비롯하여 귀국(歸國)·귀향(歸鄕)·귀환(歸還)·귀로(歸路)·복귀(復歸)·귀가(歸家)·귀경(歸京) 등의 일상어가 있다. 생명과학에서 귀화(歸化, naturalization)는 원산지가 아닌 지역으로 옮겨진 동식물이 그곳의 환경에 적응하여 번식하면서 세대를 반복하는 일이다. 귀화종(歸化種, naturalized species)을 비롯하여 귀화생물(歸化生物)·귀화동물(歸化動物)·귀화식물(歸化植物)·귀화잡초(歸化雜草) 등의 용례가 있다.

복귀돌연변이(復歸突然變異, reverse mutation)는 우성유전자가 열성유전자로 되었다가 다시 우성유전자로 돌연변이를 일으키는 현상이다. 원형질복귀(原形質復歸, deplasmolysis)는 원형질분리(plasmolysis)가 일어난 후에 원래의 상태로 복귀하여 세포의 긴장 상태를 다시 갖는 현상이다. 재귀열(再歸熱, relapsing fever)은 스피로헤타의 침입으로 일어나는 감염병으로 증상이 나타났다 없어지고 다시 생기는 특성 때문에 붙여진 병명인데, 회귀열(回歸熱)이라고도 한다. 태어난 곳으로 다시 되돌아오는 회귀성어류(回歸性魚類, migratory fish), 서식처나 둥지로 되돌아오는 귀소성(歸巢性, homing), 당귀(當歸)와 녹용(鹿茸)을 넣어서 달여 만든 귀용탕(歸茸湯), 당귀의 여러 종류를 이르는 참당귀(-當歸)·토(土)당귀·왜(倭)당귀·일(日)당귀 등이 있다.

026

국(麴)

麴은 '누룩 국'으로 읽으며, 누룩·누룩곰팡이·효모 등을 뜻한다. 麴(국)은 麥(보리 맥)과 匊(움큼 국)이 결합한 모습이다. 匊자는 勹(감쌀 포)와 米(쌀 미)가 결합한 글자이다. 勹자는 손으로 쌀을 움켜쥔 모습이나 사람이 몸을 굽혀 어떤 물건을 감싸 안고 있는 모양을 본뜬 글자이다. 또한 麥자는 여러 맥류를 널리 이르지만, 여기서는 보리[大麥, 대맥]보다는 밀[小麥, 소맥]을 뜻한다. 그래서 麴자는 '움켜쥔 듯이 덩어리진 밀'을 가리키며, 밀을 거칠게 빻아 덩어리로 만들고 곰팡이를 번식시킨 전형적인 '누룩'을 의미하는 글자이다. 참으로 과학적인 글자이다.

누룩을 국자(麴子)라고 하는데, 子자는 모자(冒子)나 과자(菓子)처럼 별 의미 없는 접미사이다. 麴은 사용하는 재료에 따라 보리쌀로 만든 대맥국(大麥麴), 밀가루로 만든 면국(麵麴), 쌀가루를 쪄서 띄운 미국(米麴), 녹두를 멥쌀과 함께 찧어 만든 녹두국(綠豆麴), 메밀로 만든 교맥국(蕎麥麴) 등이 있다. 한편 麴자와 비슷한 麯(누룩 곡)자가 있다. 국어사전에는 황곡(黃麯), 흑곡(黑麯), 백곡(白麯) 등이 올라있지만 실제 누룩을 麯으로 쓴 경우는 없다. 누룩을 나타내는 중국어는 曲인데, 麴의 간체자이자 麯의 간체자이다.

稻麴病(도국병)은 벼[稻] 이삭에 곰팡이덩이[麴]가 생기는 질병[病]으로서 '이삭누룩병'으로 순화하여 부른다. 이 병의 병원균은 누룩곰팡이 부류는 아니지만 색깔이 황갈색이라서 대표적인 누룩곰팡이 황국균(黃麴菌)을 닮았다는 의미로 붙인 이름이다. 누룩곰팡이 부류로는 황국균을 비롯하여 흑국균(黑麴菌), 백국균(白麴菌) 등이 있다. 건강식품으로 알려진 홍국미(紅麴米)는 색소를 내는 *Monascus* 곰팡이[麴]가 번성하여 붉게[紅] 물들인 쌀[米]을 가리킨다. 청국장(淸麴醬)은 콩을 *Bacillus* 세균으로 발효한 식품인데, 곰팡이와 세균에 대한 개념이 생기기 전에 붙여진 이름이라서 곰팡이를 의미하는 麴이 붙었다.

027

군(群)

群은 '무리 군'으로 읽으며, 무리·떼·동아리·동료 등을 뜻한다. 群(군)은 君(임금 군)과 羊(양 양)이 결합한 모습이다. 무리 지어 생활하는 대표적인 동물인 양을 통하여 무리(떼)를 나타내는 글자이다. 이체자로서 君과 羊이 위아래로 배치된 羣(군)이 있지만, 우리나라에서는 쓰이지 않는 글자이다.

군(群)은 원래 '같은 것들의 무리'를 뜻하지만, 지금은 좀 더 넓은 의미로도 쓰이므로 '비슷한 것들의 무리'를 넘어 '특정한 관점에서 본 무리'까지 확장됨으로써 좀 더 포괄적인 의미로도 쓰인다. 개체군(個體群)·계통군(系統群)·분류군(分類群)·군집(群集)·군체(群體) 등 주로 분류학이나 생태학에서 사용되는 용어에 군(群)이란 글자가 있다.

분류군(分類群, taxon)이란 '모든 분류계급 구분에 있어 학명에 따라 정의하는 생물군'을 이른다. 즉, 종·속·과·목·상·문·계의 어떤 분류계급이든 분류단위로 정의되는 집단을 의미한다. 그래서 분류군은 크기가 다양하다. 즉, 분류학에서 정의하는 분류단위에 따른 집단이므로 매우 작은 분류군도 있고 매우 큰 분류군도 있다. 영어 용어 colony를 식물학에서는 군체(群體)라고 하는데, '무리지어 존재하는 개체들'을 의미하면서 '유전적 동질성을 가진 개체들'을 의미한다. 무성번식을 하는 미생물에서는 한 개체에서 유래된 개체들의 집단을 집락(集落, colony)이라고 한다 [☞ 200쪽, 208쪽].

한편, 의학에서 증후군(症候群, syndrome)이란 특정한 질병의 존재나 발병 가능성을 시사하는 일련의 증상이나 상태를 가리킨다. 증후군은 증상과 징후를 포괄하여 이른다. 증상(症狀, symptom)은 환자에 의하여 인식되는 주관적 판단을 이르며, 징후(徵候, sign)는 의사의 진찰과 검사 과정에서 발견된 객관적 소견을 이른다. 여하튼 증후군에서 群은 무리(떼)의 기본개념이 살아 있다.

028

굴(屈)

屈은 '굽을 굴'로 읽으며, 굽다·굽히다·굽신거리다·꺾이다 등을 뜻한다. 屈(굴)은 尸(주검 시)와 出(날 출)이 결합한 모습이다. 여기서 尸자는 尾(꼬리 미)의 생략형으로서 '꼬리를 내리다'라는 뜻을 포함하고 있다. 出자는 발음 역할만 한다. 한편, 屈자를 '앉아있던 사람[尸]이 자리에서 일어나[出] 허리를 굽혀 인사하다'로 해석하여 '굽히다'의 뜻을 가진 글자로 보는 견해도 있다.

굴곡(屈曲)·굴절(屈折)·굴복(屈伏)·굴욕(屈辱)·불굴(不屈)·비굴(卑屈) 등의 일상어가 있다. 식물체의 일부가 외부 자극을 받았을 때, 그 자극 방향에 관계되는 쪽으로 굽는 성질을 굴성(屈性 tropism)이라고 한다. 빛의 자극에 반응하는 굴광성(屈光性), 햇볕이 강한 쪽을 향하여 자라는 굴일성(屈日性), 습도의 기울기에 반응하는 굴수성(屈水性), 중력의 작용에 반응하는 굴지성(屈地性), 다른 물체에 닿았을 때 굽는 굴촉성(屈觸性), 화학물질에 반응하는 굴화성(屈化性), 공기나 산소의 자극에 반응하는 굴기성(屈氣性), 중력에 반응하는 굴중성(屈重性) 등이 있다. 과즙의 당 함량을 측정하는 굴절당도계(屈折糖度計), 귀리의 자엽초를 이용하여 식물호르몬 옥신의 정량법으로 쓰이는 아베나굴곡시험(Avena屈曲試驗) 등도 있다.

의학에서는 팔꿈치·무릎·손목 따위의 접힌 부위에 일어나는 굴측습진(屈側濕疹), 손가락과 손목을 굽히는 데 작용하는 굴지근(屈指筋), 자궁의 몸통이 자궁목 부위에서 뒤쪽으로 꺾여 굽어 있는 자궁후굴(子宮後屈), 각막이나 수정체가 빛을 굴절하는 힘이 강하여 생기는 굴절성근시(屈折性近視), 눈의 굴절상태를 검사하고 진단하며 평가하는 굴절검사(屈折檢査) 등이 있다. 참고로, 窟(굴 굴)은 동굴생물학(洞窟生物學)과 귤굴나방(橘窟-)에서, 掘(팔 굴)은 땅을 뚫는 굴착기(掘鑿機)와 흙을 퍼내는 굴삭기(掘削機)에서 만날 수 있다.

029

균(菌)

菌은 '버섯 균'으로 읽으며, 버섯·곰팡이·세균·병균 등을 뜻한다. 菌(균)은 艹(풀 초)와 囷(곳집 균)이 결합한 모습이다. 囷자는 수확한 벼[禾, 벼 화]를 보관하던 창고[口, 에워쌀 위]를 그린 것으로 곳집(곳간)이라는 뜻이다. 菌(균)은 습기가 차기 쉬운 창고에서 자라는 곰팡이를 뜻하기 위해 만든 글자이다. 그래서 菌은 '곰팡이 균'으로 읽는 것이 더 옳다.

菌(균)이라는 글자는 오래전부터 사용되었고 오늘날의 곰팡이를 가리킨다. 현미경의 발명으로 발견된 bacteria를 지칭하는 세균(細菌)이란 용어는 Schizomycetes를 직역하여 만들어진 일본어이다. Schizo는 나누다[細], myco는 곰팡이[菌], -tes는 분류군 어미이므로 세균이란 근대어가 만들어졌다. 어원적으로 Schizomycetes는 '둘로 나뉘는 곰팡이'라는 의미로서 이분법으로 번식하는 세균을 의미한다. 즉, 본래 곰팡이를 의미하는 菌(균)이란 글자가 곰팡이보다는 세균(박테리아)을 가리키는 경우가 훨씬 더 많아 주객이 전도된 상황이다.

곰팡이라는 의미로 쓰인 용례를 보자. 균류(菌類)·진균(眞菌)·균계(菌界)·균학(菌學)·균근(菌根)·자낭균류(子囊菌類)·담자균류(擔子菌類)·균사체(菌絲體)·균핵병(菌核病)·역병균(疫病菌)·맥각균(麥角菌)·황국균(黃麴菌)·변형균(變形菌)·점균류(粘菌類) 등이 있다. 세균이라는 의미로 쓰인 용례를 보자. 결핵균(結核菌)·대장균(大腸菌)·유산균(乳酸菌)·폐렴균(肺炎菌)·초산균(醋酸菌)·방선균(放線菌)·고초균(枯草菌)·그람양성균(Gram陽性菌)·용균(溶菌)·질소고정균(窒素固定菌)·근류균(根瘤菌)·아포균(芽胞菌)·탈질균(脫窒菌) 등이 있다.

곰팡이와 세균에 함께 적용되지만 혼동 없이 쓰이는 용례를 보자. 균주(菌株)·잡균(雜菌)·부패균(腐敗菌)·부생균(腐生菌)·기생균(寄生菌)·살균(殺菌)·멸균(滅菌)·저온균(低溫菌)·고온균(高溫菌)·무균(無菌)·항균(抗菌)·종균(種菌) 등이 있다.

030

극(極)

極은 '극진할 극'으로 읽으며, 극진하다·지극하다·다하다·극·한계·정점 등을 뜻한다. 極(극)은 木(나무 목)과 亟(빠를 극)이 결합한 모습이다. 亟자는 땅을 딛고 머리로 하늘을 받치고 있는 거인 옆에 口(입 구)자와 攴(칠 복)자를 더하여 세상을 호령하는 모습을 표현하였다. 여기에 木자를 더하여 기둥이 하늘을 떠받쳐 '하늘까지 다다라 있다'거나 '극에 달하다'라는 뜻으로 정착하였다. 남극(南極)-북극(北極)을 떠올리면 極의 뜻을 쉽게 이해할 수 있다. 극렬(極烈)·극락조화(極樂鳥花)·극비(極祕)·극악(極惡)·극언(極言)·극지(極地) 등의 일상어를 통해서도 極의 뜻을 파악할 수 있다.

세균 균체의 양쪽 끝에 모여 달린 편모를 가리키는 양극모(兩極毛, amphitrichous flagella), 곰팡이 포자가 양쪽 끝에서 발아하는 이극발아(二極發芽, bipolar germination), 효모의 여러 부위에서 출아하는 다극출아(多極出芽, multipolar budding)를 비롯하여 방추극체(紡錘極體, spindle pole body), 사극성자웅이체성(四極性雌雄同體性, tetrapolar heterothalism), 부등극(不等極, inequipolar) 등 여러 용어가 있다. 화학용어에서 극성(極性, polar)만 보아도 극성결합(極性結合)·극성분자(極性分子)·극성용매(極性溶媒)·극성화합물(極性化合物)·극성흡착(極性吸着) 등 여럿 있다.

생태학에서 극상(極相, climax)이란 천이에 의해 식물의 군집 조성이 변화하다가 어떤 지점의 생태적 조건에서 장기간 안정을 지속하는 상태에 있는 군집을 가리킨다. 파생 용어로 극상군락(極相群落)·극상림(極相林)·극상식생(極相植生) 등 여럿 있다.

極이 접두어로 쓰인 용례를 보면, 극만생종(極晩生種)·극조생종(極早生種)·극미량(極微量)·극산성토양(極酸性土壤)·극세모(極細毛)·극소량(極少量)·극초단파(極超短波) 등이 있다.

031

기(寄)

寄는 '부칠 기'로 읽으며, 부치다·얹혀살다·맡기다 등을 뜻한다. 寄(기)는 宀(집 면)과 奇(기이할 기)가 결합한 모습이다. 여기서 奇자는 괴기하다는 뜻은 아니고 정상에서 벗어난 상태를 널리 이른다. 그러니까 寄자는 집 안에 '비정상적으로 얹혀사는' 상태를 나타낸다. 이후에 숙식의 의미가 차츰 넓어지면서 맡기거나 부치는 뜻은 물론 의탁하거나 의존하는 의미까지 확장되었다.

기생충(寄生蟲)·기숙사(寄宿舍)·기증(寄贈)·기고(寄稿) 등의 일상어가 있다. 이러한 단어에서 선뜻 공통분모를 찾기 어려운 이유는 寄(기)가 다양한 의미로 쓰이기 때문이다. 기숙사(寄宿舍)는 먹고 자며 얹혀살 수 있는 집[舍]인데, 먹는 것보다는 자는 것에 방점을 두므로 숙(宿)을 맡긴다[寄]는 의미이다. 기증(寄贈)은 남에게 물품을 거저 주는 것인데, 남에게 물품의 권리를 맡긴다는 뜻이다. 기고(寄稿)는 신문이나 잡지 따위에 싣기 위하여 원고를 써서 보내는 것인데, 상대방에게 반대급부를 받고 원고의 권리를 맡긴다는 의미이다. 이렇듯 '맡기다'는 공통분모를 도출할 수 있다. 이런 의미를 더 잘 포함하는 우리말 단어가 '부치다'인데, 국어사전에서 용례를 찾아보자.

생명과학에서 기생(寄生, parasitism)은 스스로 생활하지 못하고 다른 생물에 의지하여 생활하는 현상을 일컫는다. 특히 독립영양을 영위하지 못하고, 살아 있는 다른 생물체로부터 양분을 탈취하는 현상을 가리킨다. 기주(寄主)는 기생 당한 주체를 의미하며, 기주식물(寄主植物)은 병원체에 의해 기생 당한 식물을 가리킨다. 영어에서는 기생 당한 생물체를 host라고 하는데, host plant는 기주(寄主)이고 host animal은 숙주(宿主)라고 번역된다. host는 식물과 동물뿐만 아니라 곰팡이와 세균 같은 미생물도 포함된다. 따라서 어떤 host이든 숙주로 통일하여 부르는 것이 바람직하다[☞ 114쪽].

032

기(器)

器는 '그릇 기'로 읽으며, 그릇·도구·기관 등을 뜻한다. 器(기)는 㗊(여러입 집)과 犬(개 견)이 결합한 모습이다. 㗊(집)은 밥그릇을 의미하는데, 밥그릇과 개의 관계를 설명한 여러 학설이 있다. 器(기)는 '그릇'을 기본 뜻으로 파생되면서 여러 뜻으로 쓰이는데, 여기서는 생명과학과 관련된 경우만 살펴본다.

농기구(農器具)나 실험기구(實驗器具)처럼 동력이 사용되지 않으면서도 단순한 물건을 가리킬 때는 器(기)를 쓴다. 혈구계수기(血球計數器, haemocytometer), 균질기(均質器, homogenizer), 배양기(培養器, incubator), 진탕배양기(震盪培養器, shaking incubator), 세균여과기(細菌濾過器, sterile filter), 집락계수기(集落計數器, colony counter), 증기멸균기(蒸氣滅菌器, steam sterilizer), 회전진탕기(回轉震盪器, orbital shaker) 등이 있다.

인체의 생식기관(生殖器官)이나 소화기관(消化器官)의 경우처럼 器官(기관)은 생물체를 이루는 조직의 집합체로 어떠한 기능을 하는 집합단위를 일컫는다. 여기서 器(기)는 여러 그릇에 해당하는 여러 세포를 뜻하고, 官(관)은 '벼슬 관'으로 읽지만 원래 높은 곳에 지어진 집을 의미하여 관청의 뜻에서 '특정한 기능을 한다'는 의미로 전환된 것이다. 그러니까 器官(기관)은 '특정한 기능을 담당하는 세포들의 집단'이다.

한편, 균류학에서 흡기(吸器, haustaurium)는 마치 식물의 뿌리처럼 곰팡이 균사의 일부가 분화하여 물과 양분을 흡수할 수 있도록 변형된 구조체이다. 부착기(附着器, appressorium)는 곰팡이가 식물을 침입하기 위하여 식물 표면에 만드는 방석 모양의 균사조직이다. 곰팡이는 교배를 위해 균사에 암컷 역할의 장란기(藏卵器)가 만들어지고, 수컷 역할의 장정기(藏精器)가 만들어진다. 담자균류에서 담자포자를 만드는 구조체를 담자기(擔子器)라고 한다.

033

기(機)

機는 '틀 기'로 읽으며, 베틀·기계를 기본으로 여러 뜻으로 쓰인다. 機(기)는 木(나무 목)과 幾(몇 기)가 결합한 모습이다. 幾자는 본래 날실을 올렸다 내렸다 하는 베틀을 그린 것이다. 幾자를 자세히 보면 幺(작을 요)와 人(사람 인)과 戈(창 과)가 결합되어 있는데, 이것은 사람이 베를 짜는 베틀을 표현한 것이었다. 베틀로 옷감을 짜기 위해서는 날실을 수없이 올렸다 내려야 한다는 뜻이 파생되면서 '몇·얼마'라는 뜻으로 바뀌어 본래의 뜻을 잃었다. 그래서 여기에 木자를 더한 機자가 베틀을 뜻하게 되었다. 베틀과 옷감이 응용되어 機자에는 '기틀·기회·계기'라는 뜻이 파생되었다. 機자를 중국어 간체자로는 机로 쓴다.

기계(機械)·기관차(機關車)·비행기(飛行機)·세탁기(洗濯機) 등의 단어에 들어 있는 기(機)는 모터에 의해 작동되는 좀 복잡한 장치나 제품을 의미한다고 유추할 수 있다. 실험기구(實驗器具)는 국립국어원 『표준국어대사전』에 '세간·도구·기계 따위를 통틀어 이르는 말'로 정의되어 있어 논리적이지 않다. 즉, 기구(器具)는 器[☞ 32쪽]에 방점이 있으니 모터에 의해 작동되지 않는 단순한 물건을 의미한다. 기구(機具)는 機에 방점이 있으니 에너지원(-源)에 의해 작동되는 복잡한 물건을 의미한다. 그래서 '기계 기'라는 훈독을 추천하기도 한다.

생명과학 전반에서 빈번히 등장하는 단어가 mechanism인데, 어떤 물체나 현상의 작용 원리나 작동 과정을 뜻한다. 이를 한자어로 기작(機作)·기제(機制)·기전(機轉) 등으로 번역되어 쓰이거나 원어를 살려 메커니즘으로 부른다. 기전(機轉)은 의학, 기제(機制)는 심리학에서 주로 사용되는데, 자연과학에서는 기작(機作)이 흔히 사용되었으나 최근에는 메커니즘으로 쓰는 경향이 있다. 한편, 탄소화합물이 없으면 무기물(無機物, inorganic matter), 탄소화합물이 있으면 유기물(有機物, organic matter)이라고 정의한다.

034

나(裸)

裸는 '벗을 라(나)'로 읽으며, 알몸·벌거숭이·벌거벗다 등을 뜻한다. 裸(라)는 衤(=衣, 옷 의)와 果(열매 과)가 결합한 모습이다. 裸(라)는 果[열매·종자·과실]와 衣[옷·덮개·껍데기]의 뜻을 생각하면 '열매를 천으로 덮다'인데, 정반대인 '열매가 껍데기 없이 노출되다'는 뜻으로 쓰인다. 자원(字源)에 대한 매우 복잡한 자료는 있으나 여기서는 논외로 한다. 나체(裸體)·나안시력(裸眼視力)·나대지(裸垈地)·적나라(赤裸裸)·나목(裸木) 등의 일상어가 있다.

나자식물(裸子植物, gymnosperm)은 밑씨가 씨방 안에 있지 않고 드러나 있는 식물로서 피자식물(被子植物, angiosperm)의 상대어이다. 나지휴한(裸地休閑, fallow farming)은 경작지에 작물을 재배하지 않고 땅을 놀리는 일이다. 나맥(裸麥)은 보리의 한 계통으로서 쌀보리로 불린다. 임간나지(林間裸地)는 숲속에 있으나 황폐 이행지로 급속하게 진행될 수 있는 황폐지의 초기 상태를 이른다.

균류학에서만 쓰이는 몇 가지 전문용어를 살펴보자. 나자기(裸子器, apothecium)는 자낭균류와 자낭지의류의 생식기관으로서 접시·찻잔·원반 따위의 여러 가지 모양을 하고 있다. 자낭[子]이 나출[裸]되어 있는 구조체[器]란 뜻으로 널리 사용된 용어인데, 지금은 그 뜻을 더 잘 전달하는 자낭반(子囊盤, apothecium)으로 대체되었다. 나생자낭(裸生子囊, gymnoascus)은 자낭과(子囊果) 없이 노출되어 형성된 자낭을 가리키는 용어로 사용되었다. 최근에는 영어에서도 naked ascus로 쓰는 경향이 있고, 우리말 용어도 나출자낭(裸出子囊)으로 정립하였다.

한편, 생물분류학에서 나명(裸名, naked name)은 명명규약에 합치하지 않는 비합법명의 하나로서 학술논문에서는 'nom. nud.'로 표기하는데, 라틴어 nomen nudum(복수형 nomina nuda)의 축약형이다. 한자로 쓰면 쉽게 이해되는 용어이지만, 한글로는 파악하기 쉽지 않다.

035
나(螺)

螺는 '소라 라(나)'로 읽으며, 소라·고둥·다슬기 등의 생물군을 널리 이른다. 螺(라)는 虫(벌레 훼)와 累(여러 루)가 결합한 모습이다. 虫자는 본래 '머리와 몸통으로 된 뱀'을 나타낸 글자였으나, 후에 의미가 확장되어 긴 모양의 몸통을 가진 '벌레'를 널리 뜻하게 되었다. 지금은 蟲(벌레 충)의 생략형으로도 쓰이므로 虫을 '벌레 충'으로도 읽는다. 累자는 糸(가는 실 멱)이 뜻을 나타내어 '실을 감은 것 같은 나선형'을 가리키면서 발음요소(루→라)이기도 하다. 그래서 螺(라)는 '나선형으로 된 것'을 의미하는 글자로 쓰인다.

물건을 죄어서 고정시키기 위한 나사(螺絲), 빙글빙글 돌며 위로 올라가는 나선 형태로 만든 나선계단(螺旋階段), 자개를 붙여 만드는 나전칠기(螺鈿漆器), 불상의 곱슬머리를 일컫는 나발(螺髮) 등의 일상어가 있다. 생명과학 분야에서도 DNA의 이중나선(二重螺旋, double helix), 현미경에서 대략적으로 초점을 맞추는 조동나사(粗動螺絲, coarse focus knob)와 세밀하게 초점을 맞추는 미동나사(微動螺絲, fine focus knob), 식물 물관의 한 유형인 나선문도관(螺旋紋導管, spiral vessel), 줄기에 잎이 돌아가면서 붙어 있는 나선엽서(螺旋葉序, spiral phyllotaxis), 음경의 발기를 일으키는 나선동맥(螺旋動脈), 속귀에 있는 달팽이나선관(-螺旋管) 등이 있다.

생물명에도 螺(라)가 들어있다. 꽃이 시들면 꽃자루는 나사처럼 꼬여서 침수하는 수생식물인 나사말(螺絲말), 남세균(藍細菌, cyanobacteria)의 일종으로 알려진 나선말(螺旋말), 스피로헤타(spirochaeta)로 통칭되며 균체가 나선상으로 되어 있는 세균을 일컫는 나선균(螺旋菌), 유산균 음료 광고 덕분에 일반인에게도 익숙하지만 위암 발병의 원인 중 하나인 병원성 세균 헬리코박터(*Helicobacter pylori*)를 이르는 위나선균(胃螺旋菌) 등이 있다.

036

낭(囊)

囊은 '주머니 낭'으로 읽고, 주머니·자루·불알 등을 뜻한다. 등에 메는 배낭(背囊), 잠을 자는 침낭(寢囊), 특권이 부여되는 외교행낭(外交行囊), 수컷의 생식기에 있는 음낭(陰囊) 등의 일상어가 있다. 이처럼 낭(囊)은 주머니 모양의 구조체에 대하여 널리 적용되므로 과학용어에는 용례가 무척 많다.

자낭균류(子囊菌類, ascomycetes)가 형성하는 유성의 자낭과(子囊果, ascocarp)에는 자낭구(子囊球, cleistothecium), 자낭각(子囊殼, perithecium), 자낭반(子囊盤, apothecium), 열개자낭각(裂開子囊殼, chasmothecium), 나출자낭각(裸出子囊殼, gymnothecium), 위자낭각(僞子囊殼, pseudothecium) 등이 있다. 자낭과 속에는 자낭(子囊, ascus)과 자낭포자(子囊胞子, ascospore)가 들어있다.

낭상체(囊狀體)는 여러 생물에서 주머니 모양의 것들을 널리 이르는 용어이다. 버섯 자실층에 존재하는 자실층낭상체(子實層囊狀體), 양치식물의 포자낭(胞子囊), 수생식물의 기낭(氣囊)과 부낭(浮囊), 곤충이 만드는 주머니 모양의 집은 충낭(蟲囊), 세포벽이나 보호막이 생기는 피낭화(被囊化) 등 생명과학에서 용례가 많다.

의학에서 돼지조충에 의한 낭미충증(囊尾蟲症), 주머니 모양의 낭종(囊腫), 쓸개에 생긴 담낭염(膽囊炎), 쓸개나 쓸갯길에 생긴 담낭결석(膽囊結石), 두피·등·얼굴 따위에 있는 피지낭(皮脂囊), 정액을 생산하는 정낭(精囊), 눈물관에서 흘러나온 눈물이 모이는 누낭(淚囊), 털뿌리를 싸고 있는 모낭(毛囊)과 모낭에 생긴 모낭염(毛囊炎)과 모낭충증(毛囊蟲症) 등이 있다. 곤충의 몸에 있는 교미낭(交尾囊)과 기관낭(氣管囊), 꿀벌에 있는 밀낭(蜜囊), 조류에서 이빨 역할을 하는 사낭(沙囊), 유대류와 단공류가 새끼를 기르는 육아낭(育兒囊), 멍게류와 미더덕류가 속한 피낭동물(被囊動物) 등 많은 용례가 있다.

037

내(內)

內는 '안 내'로 읽으며, 안・속・국내・궁중・대궐・뱃속 등을 뜻한다. 內(내)는 冂(멀 경)과 入(들 입)이 결합한 모습이다. 冂자는 '멀다'라는 뜻이 있지만, 여기에서는 모양자 역할만 하고 있다. 內자는 전통가옥의 내부를 그린 것으로 지붕을 받치고 있는 '대공'과 양쪽을 지지하고 있는 '도리'가 표현되었다. 內자는 이렇게 가옥의 내부를 그린 것이기 때문에 대궐이나 궁중의 뜻으로도 쓰이지만, 대부분의 경우에는 안쪽이나 속을 뜻하는 글자로 쓰인다.

안쪽과 바깥쪽을 내외(內外), 나라 안을 국내(國內), 학교 안을 교내(校內)처럼 안쪽을 나타내는 內(내)가 들어가는 일상어들이 아주 많다. 미생물 영역에서 내생포자(內生胞子, endospore), 내독소(內毒素, endotoxin) 내부공생(內部共生, endosymbiosis), 내생편모(內生鞭毛, endoflagellum), 식물내생균(植物內生菌, endophyte), 내생균근(內生菌根, endomycorrhiza), 장내미생물군(腸內微生物群, gut microbiota), 장내상재균총(腸內常在菌叢) 등이 있다. 의학 영역에서 원내감염(院內感染)・내분비학(內分泌學)・내포작용(內胞作用)・혈관내막(血管內膜)・내과학(內科學)・내시경(內視鏡)・내장비만(內臟肥滿)・내출혈(內出血)・녹내장(綠內障) 등이 있다. 식물학 영역에서 내종피(內種皮)・내초(內鞘)・내화피(內花被)・화분내벽(花粉內壁)・기내배양(器內培養)・실내재배(室內栽培)・임내기후(林內氣候) 등이 있다.

國內外(국내외)처럼 內(내)와 상대하는 外(바깥 외)가 있다. 내부기생-외부기생(內部寄生-外部寄生)이나 내이도-외이도(內耳道-外耳道)처럼 대응하는 용어가 대단히 많다. 외래유전자(外來遺傳子)・단백질외피(蛋白質外皮)・자외선(紫外線)・적외선(赤外線)・외래해충(外來害蟲)・가축외모심사(家畜外貌審查)・등외삼(等外蔘)・야외접(野外接)・외상탈모(外傷脫毛) 등도 있다.

038

내(耐)

耐는 '견딜 내'로 읽으며, 견디다·참다·감당하다·버티다 등을 뜻한다. 耐(내)는 而(말이을 이)와 寸(마디 촌)이 결합한 모습이다. 而자는 사람의 턱수염을 그린 것이고, 寸자는 사람의 손을 그린 것이다. 耐는 고대에 있었던 형벌 중 하나를 표현한 것이다. 이 형벌은 턱수염을 뽑아 고통을 주는, 비교적 가벼운 것이었다. 그러니까 耐는 아프지만 참아야 한다는 의미에서 '견디다'라는 뜻을 갖게 되었다. 참고로, 耐의 이체자로도 쓰이는 耏는 '구레나룻 이'로 읽는다.

감내(堪耐)·내구성(耐久性)·내진설계(耐震設計)·내화제(耐火材)·인내심(忍耐心) 등의 일상어가 있다. 항생제를 오남용하면 병원세균에 내성이 생긴다. 이 경우 내성(耐性)은 약물(특히 항생제)을 반복적으로 사용할 경우 그 유효성이 점점 감소하는 현상이다. 다른 말로 표현하면, 병원균 집단이 약물에 견디는 능력이 증가하는 현상이다. 내성은 글자 그대로, 견디는[耐] 성질[性]이다. 그런 세균을 내성균(耐性菌)·약제내성균(藥劑耐性菌)·항생제내성균(抗生劑耐性菌) 등으로 부른다. 상압에서 자라지만 고압에서도 견디어 살아갈 수 있는 세균을 내압세균(耐壓細菌)이라 한다.

유당불내증(乳糖不耐症, lactose intolerance)이란 질병이 있다. 유당은 동물의 젖에 들어 있는 당분이다. 우유를 마시면 속이 불편한 사람들은 유당을 잘 분해하지 못하기 때문인데, 이런 현상을 유당불내증이라고 한다. 글자 그대로 해석하면, 유당(乳糖)을 견디지[耐] 못하는[不] 증상[症]이다. 한자를 어려워하는 이들을 위하여 '젖당못견딤증'으로 순화하여 국어사전과 전문용어사전에도 올라 있지만 실제로는 거의 사용되지 않는 듯하다. 포도당내성(葡萄糖耐性)·자외선내성(紫外線耐性)·내염성미생물(耐鹽性微生物)·다제내성균(多劑耐性菌)·내냉성품종(耐冷性品種)·내건성작물(耐乾性作物) 등 여러 용례가 있다.

039

농(農)

農은 '농사 농'으로 읽으며, 농사(農事)를 뜻한다. 農(농)은 처음에 林(수풀 림)과 辰(별 진)의 조합이었다. 林자는 艸(=草, 풀 초)를 거쳐 田(밭 전)으로 변했다가 曲(구불 곡)으로 정착되었다. 農(농)의 자원에 대해서는 여러 학설이 있다. 그중에 '별[辰]을 보고 허리를 구부렸다가[曲] 별을 보고 허리를 편다'는 농사일의 철학이 담긴 감성적 해석이 훨씬 더 가슴에 와 닿는다. 農자는 중국어 간체자에서 农으로 쓴다.

농가(農家)·농기계(農機械)·농기구(農器具)·농부(農夫)·농장(農場)·농지(農地)·농한기(農閑期) 등의 일상어가 있다. 農(농)의 좁은 뜻은 국립국어원『표준국어대사전』에 농사를 '곡류, 과채류 따위의 씨나 모종을 심어 기르고 거두는 따위의 일'로 해설하였듯이 논밭에서 식물을 가꾸는 일이다. 넓은 뜻으로는 6차 산업으로 불리는 관광농원(觀光農園)을 비롯하여 돼지를 키우는 양돈농가(養豚農家), 벌을 치는 양봉농가(養蜂農家), 누에를 치는 양잠농가(養蠶農家), 동물을 관리하는 동물농장(動物農場)의 경우처럼 동물까지 대상으로 한다.

農(농)을 성부로 삼는 한자가 여럿 있다. 濃(짙을 농)은 40쪽에 해설하였다. 醲(진한술 농)은 쓰임새가 줄어서 酎(진한술 주)로 대체되었다[☞ 190쪽]. 膿(고름 농)은 月(=肉, 육달월)과 農(농사 농)으로 이루어진 모습인데, 農자는 발음요소로 쓰였다. 부비동염(副鼻洞炎, sinusitis)을 가리키는 축농증(蓄膿症), 화농성 질환을 일으키는 세균을 통칭하여 화농균(化膿菌), 피오시아닌을 분비하는 녹농균(綠膿菌, *Pseudomonas aeruginosa*), 화농성 피부질환의 하나로서 농가진(膿痂疹)으로도 불리는 농포진(膿疱疹, pustular eruption), 염증으로 생긴 고름집을 가리키는 농포(膿疱, pustule), 그러한 고름집이 생긴 증상을 이르는 농양(膿瘍, abscess) 등이 있다. 참고로, 초가 타면서 녹아 흐르기도 하는데, 이를 촛농(-膿)이라고 한다.

040

농(濃)

濃은 '짙을 농'으로 읽으며, 짙다・진하다・두텁다・깊다 등을 뜻한다. 濃(농)은 氵(=水, 물 수)와 農(농사 농)이 결합한 모습이다. 農자는 본래 林+辰인데[☞ 39쪽], 여기에 물[水]을 더하면 '밤새 수풀에 이슬이 많이 내리다'는 뜻이다. 차츰 뜻이 변하면서 현재의 개념으로 정착되었다. 이는 醲(진한술 농)과 통하여 맛이 진하다는 뜻에도 반영되었다. 한편, 중국어 간체자에서 農은 农으로, 濃은 浓으로 쓴다.

짙고 옅음의 농담(濃淡), 한껏 무르익은 아름다움의 농염(濃艶), 사귀는 정이 두텁고도 가까움의 농밀(濃密) 등의 일상어가 있다. 농도(濃度, density, concentration)와 관련된 과학용어는 수없이 많다. 濃(농)이 명사 앞에 접두사로 쓰이는 경우도 있다. '진한'의 뜻을 가진 용례는 농질산(濃窒酸)・농염산(濃鹽酸)・농황산(濃黃酸) 등 화학산업과 관련된다. 이때 상대자는 稀이다[☞ 250쪽]. '짙은'의 뜻을 가진 용례는 농갈색(濃褐色)・농녹색(濃綠色)・농자색(濃紫色) 등 색깔과 관련된다. 이때 濃에 상대하는 글자는 淡이다[☞ 44쪽].

생명과학과 관련되는 용례를 살펴보자. 농화배양(濃化培養, enrichment culture)은 밀도가 낮아 검출이 어려운 미생물에 유리하도록 배지 조성을 강화하거나 배양조건을 특정화하여 원하는 미생물을 검출하는 배양법이다. 대개의 경우 해당 미생물이 원하는 특정 물질을 농후하게[濃] 만들므로[化] 이런 용어를 쓴다. 농후사료(濃厚飼料, concentrated feed)는 단백질・지방・탄수화물이 많이 들어있어 영양가가 높은 가축사료이다. 농후발효유(濃厚醱酵乳, concentrated fermented milk)는 우유나 양젖 따위를 살균하여 반쯤 농축하고 유산균을 번식시켜 만들므로 걸쭉한 질감을 갖는다. 생물농축(生物濃縮, bioconcentration)은 환경 속의 특정한 물질이 생물체 안에 축적되어 먹이사슬을 거치면서 생체 내의 농도가 증가하는 현상이다.

041

다(多)

多는 '많을 다'로 읽으며, 많다·뛰어나다·두텁다·늘어나다 등을 뜻한다. 多(다)는 夕(저녁 석)자가 겹쳐진 모습이지만, 본래 肉(고기 육)자를 겹쳐 그린 것이었다. 후에 肉자와 夕자가 매우 비슷하여 혼동이 있었다. 多자는 본래 신에게 바치는 고기를 쌓은 모양으로 물건이 많음을 뜻하는 글자이다. 다각형(多角形)·다감다정(多感多情)·다사다난(多事多難)·다수결(多數決)·다도해(多島海)·다보탑(多寶塔)·다혈질(多血質)·다행(多幸)·과다(過多) 등의 일상어가 있다.

의학에서 여러 약물에 내성을 나타내는 다제내성세균(多劑耐性細菌, multidrug-resistant bacteria), 땀과다증(-過多症)으로도 불리는 다한증(多汗症, hyperhidrosis), 뼈엉성증(-症)으로도 불리는 골다공증(骨多孔症, osteoporosis), 물을 지나치게 마시는 다음증(多飮症, polydipsia), 두 종류 이상의 병원체에 대비한 다가백신(多價-, multivalent vaccine), 밤에 소변이 잦은 야간다뇨증(夜間多尿症, nocturnal polyuria), 음식을 비정상적으로 섭취하는 다식증(多食症, bulimia) 등이 있다. 다태동물(多胎動物, multiple birth animal)과 다세포생물(多細胞生物, multicellular organism)도 있다.

식물학에도 다년생식물(多年生植物, perennial plant), 다육식물(多肉植物, succulent), 다수확종(多收穫種, high-yielding variety), 다층림(多層林, multilayer forest), 다당류(多糖類, polysaccharide), 다량원소(多量元素, macroelement) 등 수없이 많다.

미생물학에서 다형성(多形性, polymorphism), 다범성(多犯性, omnivora), 다공균류(多孔菌類, polypores), 다핵균사(多核菌絲, coenocytic hypha), 다실담자기(多室擔子器, phragmobasidium), 다상분류(多相分類, polyphasic taxonomy), 다극출아(多極出芽, multipolar budding), 생물다양성(生物多樣性, biodiversity) 등이 있다.

042

단(單)

單은 '홑 단'으로 읽으며, 홑·하나·혼자·오직 등을 뜻한다. 본래 單(단)은 Y자 형태의 무기를 그린 것이다. 왜 이 글자가 '홀로'라는 뜻을 갖는지 정설이 없다. 혼자서도 사냥할 수 있는 무기였기 때문으로 추측된다. 그래서 單(단)이 단독으로 쓰일 때는 '하나'라는 뜻을 갖지만 다른 글자와 결합할 때는 彈(탄알 탄)이나 戰(싸울 전)처럼 무기라는 뜻을 전달한다. 單자는 중국어 간체자로 单, 일본어 신자체로 単으로 쓴다.

단균배양(單菌培養, monoculture), 단축분지(單軸分枝, monopodial branching), 단세포단백질(單細胞蛋白質, single cell protein)처럼 뚜렷한 상대어 없이 '하나'를 뜻하는 單(단)이 쓰인다. 그러나 많은 경우에 單(단)은 다음과 같이 5가지 유형으로 대응하여 쓰인다. 單에 대응하는 多(많을 다)가 있다. 단실담자기(單室擔子器, haplobasidium)-다실담자기(多室擔子器, phragmobasidium), 단계통적(單系統的, monophyletic)-다계통적(多系統的, polyphyletic) 등이 있다. 單에 대응하는 複(겹칠 복)이 있다[☞ 86쪽]. 단상(單相, haploid)-복상(複相, diploid)이 있다. 單에 대응하는 雜(섞일 잡)이 있다[☞ 163쪽]. 단식성(單食性, monophagy)-잡식성(雜食性, polyphagy)이 있다. 單에 대응하는 二(두 이)가 있다. 단핵성(單核性, monokaryotic)-이핵성(二核性, dikaryotic)이 있다. 그리고 單에 대응하는 混(섞을 혼)이 있다[☞ 240쪽]. 단작(單作, monoculture)-혼작(混作, polyculture)이 있다.

한편, 세포에 들어 있는 기름방울[油滴, 유적, guttula]의 수에 따라 단유적(單油滴·uniguttulate)-쌍유적(雙油滴·biguttulate)-다유적(多油滴·multiguttulate)처럼 3자연결도 있다. 편모(鞭毛, flagella)도 단편모(單鞭毛·monoflagellate)-쌍편모(雙鞭毛·biflagellate)-다편모(多鞭毛·multiflagellate)가 있다. 주류(술)에는 양조 방식에 따라 단양주(單釀酒)-이양주(二釀酒)-삼양주(三釀酒)가 있다.

043

단(端)

端은 '끝 단'으로 읽으며, 끝·단서·실마리·시작 등을 뜻한다. 端(단)은 立(설 립)과 耑(끝 단)이 결합한 모습이다. 본래 耑자는 산(山)에서 식물들이 而자 모양으로 뿌리를 뻗고 자라는 모양을 그린 것인데, 사물의 '시초'나 '끝'을 의미한다. 여기에 立자를 더하여 뜻을 강조함으로써 '끝'이란 의미가 굳어졌다. 양단(兩端)이 '양쪽 끝'을 의미하듯이, 端(단)은 시작이든 끝이든 끄트머리를 뜻한다.

미생물학에 등장하는 용어 중에는 말단소체(末端小體, telomere), 말단부(末端部, distal end), 정단부(頂端部, apical end), 정단세포(頂端細胞, terminal cell) 등이 있다. 또한, 세균의 후단편모(後端鞭毛, posterior flagellum), 곰팡이 자낭의 정단구조(頂端構造, apical structure), 균사의 정단생장(頂端生長, apical growth), 포자의 말단(末端, distal end) 등에서 모두 '끝'이란 의미로 쓰인다. 단경기(端境期)는 철이 바뀌어 묵은쌀이 떨어지고 햅쌀이 나올 무렵을 가리키는데, 단경기채소(端境期菜蔬) 등에서도 널리 쓰인다.

생명과학에서 '끝'이나 '끝부분'을 의미하는 형용사 상당어귀로 말단(末端)·정단(頂端)·선단(先端)·첨단(尖端)이 널리 쓰인다. 예를 들어, 생장하는 곰팡이 균사의 끝부분에 Spitzenkörper가 있다. 이를 일본어로 先端小体, 중국어로 顶体(번체자로는 頂體), 우리말로 첨단소체(尖端小體)라고 한다. 즉, 같은 대상에 대하여 先-頂-尖을 쓰므로 혼동되기 쉽고, 각 글자가 갖는 본질적인 뜻에도 미묘한 차이도 있지만 과학용어에서 잘못 쓰이는 사례가 있다. 필자의 소견으로는 末은 넓은 의미의 끝이고, 頂은 곧추 세워진 상태이거나 생장이 정지된 상태의 끝이고[☞ 177쪽], 先은 옆으로 눕혀진 상태이거나 생장 중의 끝이고, 尖은 뾰족한 상태이거나 정밀한 상황의 끝이다. 그래서 Spitzenkörper에는 先端小體가 가장 적당한 용어로 여겨진다.

044

담(淡)

淡은 '맑을 담'으로 읽으며, 맑다·엷다·담백하다·묽다 등을 뜻한다. 淡(담)은 氵(=水, 물 수)와 소리를 나타내는 동시에 '아름답다'의 뜻을 전달하는 炎(아름다울 담)이 결합한 모습이다. 참고로, 炎은 '불꽃 염'으로 주로 쓰이지만, 드물게 '아름다울 담'으로도 읽히는 다음자(多音字)이다. 물[氵]이 아름다운[炎] 것은 맑고 깨끗하다는 것을 나타낸다. '물이 맑다'는 본래의 의미에서 파생되어 '색깔이 엷다' 또는 '맛이 담백하다'는 의미로 확장되었다.

일상어에서는 냉담(冷淡)한 표정, 담담(淡淡)한 마음, 담백(淡白)한 음식, 소복담장(素服淡粧)한 모습 등 조금 더 넓은 의미로 쓰인다. 과학 용어에 쓰인 담(淡)은 모두 '엷다·묽다'의 의미이다. 담수(淡水, 민물)는 해수(海水, 바닷물)와 상대하는 용어이다. 담호(淡湖)는 물의 총염분 함유량이 1리터 중에 500mg 이하인 호수를 가리킨다. 담수생물(淡水生物)·담수생태계(淡水生態系)·담수어(淡水魚)·담수어업(淡水漁業)·담수적조(淡水赤潮)·담수조류(淡水藻類)·해수담수화역삼투법(海水淡水化逆滲透法) 등이 있고, 홍합류의 조개인 담채(淡菜)·담치(淡-)·진주담치(眞珠淡-)도 있다.

생물의 특성을 기재할 때 색깔을 표현하는 접두어로서 '엷다'는 의미로 淡(담)을 붙이는데, 담갈색(淡褐色)·담황색(淡黃色)·담녹색(淡綠色)·담청색(淡靑色)·담홍색(淡紅色)·담자색(淡紫色)·담흑색(淡黑色) 등이 있다. 담홍뾰족날개나방(淡紅-)·담흑납작맵시벌(淡黑-)·담흑부전나비(淡黑-) 등이 있다. 담색(淡色, pallid, pallescent)은 희지도 않고 특정한 색깔을 띠지도 않은 엷은 색을 가리킨다. 곰팡이 포자의 색깔이 엷고 짙음에 따라 담색포자(淡色胞子, hyalospore)와 암색포자(暗色胞子, phaeospore)로 나누는 고전적 개념은 아직도 유효하다. 색깔에서 淡의 상대 글자는 濃이다[☞ 40쪽].

045

담(擔)

擔은 '멜 담'으로 읽으며, 메다·짊어지다·떠맡다·들다·싣다·책임지다 등의 뜻을 가진다. 擔(담)은 手(=扌, 손 수)와 詹(이를 첨)이 결합한 모습이다. 擔(담)은 '손(扌)에 무언가 들고 칼날(刀, 칼 도) 같은 기슭 절벽(厂, 기슭 엄)을 가는 사람(儿, 어진사람 인)에게 무언가 말(言, 말씀 언)을 건네는 모습'을 그린 글자이다. 그 사람은 '힘든 조건에서 어떤 임무를 맡도록 명령 받은' 상황이다. 擔(담)은 단순히 '메다'의 의미를 넘어서 임무를 포함하는 개념의 글자이다.

담임(擔任)·담보(擔保)·담당(擔當)·분담(分擔)·부담(負擔) 등 여러 일상어에서도 담(擔)은 '어떤 임무가 주어지는 것'이라고 추론할 수 있다. 생명과학에서 담체(擔體)라는 용어는 carrier의 번역어로서 학문영역에 따라 매우 폭넓은 의미로 쓰인다. 모든 경우에서 운반체(運搬體)로 바꾸어 부를 수 있으나 오랫동안 담체라는 용어가 사용되어왔다. 담체단백질(擔體蛋白質)·담체매개수송(擔體媒介輸送)·미생물결합담체(微生物結合擔體)·오염원인자비용부담원칙(汚染原因者費用負擔原則)·환경분담금(環境分擔金)·감염병전담병원(感染病專擔病院)을 비롯하여 약용식물 골담초(骨擔草)도 있다.

한편, 균류학에서 담자균(擔子菌, basidiomycetes)은 담자기(擔子器, basidium)를 가진 균류이고, 담자기는 담자뿔(擔子-, sterigma) 위에 담자포자(擔子胞子, basidiospore)를 만드는 구조체이다. 그래서 포자(胞子)를 메고[擔] 있는 기관(器官)이란 의미로 담자기(擔子器)라고 부른다. 일본과 중국에서는 担子器(담자기)로 쓴다. 担은 원래 '떨칠 단'이라는 별개의 글자이지만, 擔의 약자로도 널리 쓰인다. 참고로, sterigma에 해당하는 용어로서 국립국어원의 『우리말샘』에 담자줄기(擔子-)·담자자루(擔子-)·담자뿔(擔子-)·담자병(擔子柄)·담자돌기(擔子突起)·담자경(擔子梗) 등 무려 여섯 단어가 실려 있어 혼란스럽다.

046

대(對)

對는 '대할 대'로 읽으며, 대하다・대응하다・대조하다・마주하다 등을 뜻한다. 對(대)는 丵(풀무성할 착)과 寸(마디 촌)이 결합한 모습이다. 여기서 丵자는 본래의 뜻과는 관계없이 '여러 개의 초가 꽂힌 긴 촛대'로 응용되었다. 이것은 누군가를 마주하기 위해 불을 밝힌 모습을 표현한 것이다. 그래서 對(대)는 불을 밝혀 누군가를 마주한다는 의미에서 '대하다'나 '마주하다'라는 뜻을 갖게 되었다. 상대(相對)・대화(對話)・대응(對應)・대칭(對稱)・대조(對照)・대상(對象)・대담(對談)・대결(對決) 등의 일상어가 있다. 대인지뢰(對人地雷)・대공포(對空砲)・대정부질문(對政府質問)처럼 접두어로 쓰이기도 한다.

생명과학 분야에서 두 균주를 함께 배양하여 이원배양(二員培養)이라고도 부르는 대치배양(對峙培養, dual culture), 실험에서 무처리의 의미로 쓰이기도 하는 대조(對照, control), 현미경의 대안렌즈(對眼-, ocular lens)와 대물렌즈(對物-, objective lens), 실험기기에서 사용되는 강제대류(强制對流, forced convection)를 비롯하여 대립유전자(對立遺傳子)・대립형질(對立形質)・대비염색(對比染色)・대수생장기(對數生長期)・대조실험(對照實驗)・방사대칭(放射對稱)・상대자웅성(相對雌雄性)・절대기생체(絕對寄生體)・절대혐기성세균(絕對嫌氣性細菌)・절대호기성생물(絶對好氣性生物)・대칭포자(對稱胞子)・대생엽(對生葉) 등 다수의 용례가 있다.

절대온도(絶對溫度, absolute temperature)와 상대습도(相對濕度, relative humidity)처럼 절대(absolute, strict)와 상대(relative, comparative)가 접두어처럼 들어간 학술용어는 대단히 많다. 또한 對는 대증요법(對症療法)이나 유전자대유전자가설(遺傳子對遺傳子假說)처럼 영어의 'against'를 의미하는 한자이기도 하다. 對자를 일본어 신자체에서는 対, 중국어 간체자에서는 对로 쓰므로 유의해야 한다.

047

대(帶)

帶는 '띠 대'로 읽으며, 띠·허리띠·장식 등을 뜻한다. 帶(대)에 쓰인 巾(수건 건)자는 몸에 두른 너른 천 모양의 옷을 뜻하고 윗부분은 장식이 들어간 허리띠를 표현한 것이다. 그래서 帶자는 '띠를 두르다'라는 뜻 외에도 '장식하다'나 '꾸미다'라는 뜻도 함께 갖게 되었다. 또한 허리띠는 항시 몸에 걸치고 있는 것이기 때문에 휴대전화(携帶電話)처럼 '데리고 있다'는 뜻도 파생되었다.

대상(帶狀)은 '띠 모양'이며, 숲을 띠 모양으로 벤다는 의미로 대상개벌(帶狀皆伐)·대상벌채(帶狀伐採)·대상초벌(帶狀抄伐)·대상택벌(帶狀擇伐) 등이 있다. 유사하게 띠 모양으로 놓아기르는 대상방목(帶狀放牧), 띠 모양으로 비료를 주는 대상시비(帶狀施肥), 띠 모양으로 농사를 짓는 대상재배(帶狀栽培)가 있다. 특정지대를 의미하여 목화지대(木花地帶, cotton belt), 옥수수지대(玉-地帶, corn belt), 밀지대(-地帶, wheat belt), 관목대(灌木帶)와 교목대(喬木帶)도 있다. 기후대(氣候帶, climatic zone)에 따라 난대수종(暖帶樹種)·한대식물(寒帶植物)·온대과수(溫帶果樹)·아열대과실(亞熱帶果實)·열대우림(熱帶雨林)·열대건조림(熱帶乾燥林)·온대활엽수림(溫帶闊葉樹林)·한대침엽수림(寒帶針葉樹林)·냉대림(冷帶林) 등이 있다.

의학에서 대상포진(帶狀疱疹)·성대결절(聲帶結節)·압박붕대(壓迫繃帶)를 비롯하여 수백 가지의 인대(靭帶, ligament)가 있다. 무릎에 십자인대(十字靭帶), 발목에 전거비인대(前距腓靭帶)와 후거비인대(後距腓靭帶)가 있다. 참고로, 인대는 뼈와 뼈를 연결하여 관절을 만드는 반면, 건(腱, tendon, 힘줄)은 뼈와 근육을 잇는다.

한편, 식물에서 대화병(帶化病)으로 부르기도 하는 대화현상(帶化現象, fasciation)은 식물 줄기나 가지의 일부가 띠 모양으로 지나치게 편평하게 변하여 기형이 되는 것이다.

048

도(度)

度는 '법도 도'로 읽으며, 법도(法度)·도구(道具)·도수(度數) 등을 뜻한다. 度(도)는 广(집 엄)과 廿(스물 입)과 又(또 우)가 결합한 모습이다. 여기서 廿자는 돌멩이를 표현한 모양자이기도 하고, 스무 개의 돌맹이로서 여럿이란 뜻도 포함하고 있다. 度(도)는 집 주위로 돌멩이를 놓는 모습을 표현하여 '길이를 헤아리다'라는 측정의 뜻과 영역을 함께 표현하는 글자로 만들어졌다. 度(도)의 뜻이 더욱 확장되면서 '법도'나 '법'이라는 뜻도 갖게 되었다.

속도(速度)·각도(角度)·강도(强度)·경도(硬度)·고도(高度)·광도(光度) 등의 일상어가 있다. 단위로 표시되는 경우에서 度(도)는 '어떠한 정도'를 수치로 나타낸 것이다. 과학에서 度(도)로 표시되는 수많은 단위가 있고, 온도(溫度, temperature)나 습도(濕度, humidity)나 각도(角度, angle)처럼 대중들에게도 잘 알려진 단위도 있다.

한편, 당도계(糖度計, saccharometer, refractometer)나 염도계(鹽度計, salinometer)에서 쓰이는 計는 '셀 계'로 읽으며, 모두를 의미하는 10(十)까지 말(言)로 셈한다는 뜻이다. 그래서 計(계)는 meter에 해당하는 측정기를 의미하는 글자이다.

생명과학에서 자주 등장하는 용례를 열거해보자. 우점도(優點度, dominance), 피도(被度, coverage), 적응도(適應度, fitness), 농도(濃度, concentration), 밀도(密度, density), 한도(限度, threshold), 빈도(頻度, frequency), 휘도(輝度, luminance), 조도(照度, illuminance), 해상도(解像度, resolution), 순도(純度, purity), 산도(酸度, acidity), 점도(粘度, viscosity), 용해도(溶解度, solubility), 해발고도(海拔高度, altitude), 가속도(加速度, acceleration), 전도도(傳導度, conductivity), 투명도(透明度, transparency), 포화도(飽和度, saturation), 탁도(濁度, turbidity), 한계농도(限界濃度, limit saturation) 등 대단히 많다.

049

도(倒)

倒는 '넘어질 도'로 읽으며, 넘어지다·쓰러지다·뒤집다·바꾸다 등을 뜻한다. 倒(도)는 人(사람 인)과 到(이를 도)가 결합한 모습이다. 到자는 화살이 땅에 박힌 모습을 그린 至(이를 지)와 刂(=刀, 칼 도)가 결합한 것이다. 倒(도)는 이렇게 사람이 화살이나 칼에 맞아 쓰러졌다는 뜻으로 만들어졌으나 지금은 훨씬 넓은 의미로 쓰인다. 주객전도(主客顚倒)·포복절도(抱腹絶倒)·도치문(倒置文)·도산기업(倒産企業)·압도(壓倒)·타도(打倒) 등의 일상어가 있다.

농작물이 쓰러짐은 '쓰러져[倒] 엎드렸다[伏]'는 의미로 도복(倒伏, lodging), 대물렌즈가 제물대 아래에 위치하여 '뒤집어져[倒] 섰다[立]'는 의미로 도립현미경(倒立顯微鏡, inverted microscope), *Bacillus thuringiensis* 세균에 의해 발생하는 누에의 졸도병(卒倒病, bacterial toxicosis), 식물에서 배(胚)가 거꾸로 된 밑씨를 이르는 도생배주(倒生胚珠), 모기의 애벌레인 장구벌레는 머리를 아래로 향하여 생활하므로 북한어에서는 물구벌레이며 한자어로는 釘倒蟲(정도충)이라고 하는 등 여러 과학용어에서 널리 쓰인다. 한편, 의학 용어로 성욕도착증(性慾倒錯症)과 식욕도착(食慾倒錯)도 있다.

식물의 형태 기재에 '뒤집힌·거꾸로'의 의미로 쓰인 도(倒)가 들어간 대표적인 용어는 도곤봉형(倒棍棒形, obclavate), 도란형(倒卵形, obovate, 거꿀계란꼴), 도심장형(倒心臟形, obcordate, 거꿀심장꼴), 도양이형(倒洋梨形, obpyridoform, 거꿀서양배꼴), 도원추형(倒圓錐形, obconic, 거꿀원뿔꼴), 도피침형(倒披針形, oblanceolate) 등 모든 경우에 [도:심장형]처럼 '도'는 긴소리로 발음한다.

참고로, 피침은 '곪은 데를 째는 침'이며 披針으로 쓴다. 피침의 용도와 기능으로 볼 때 披(헤칠 피)가 옳은데, 일본어에서는 皮針으로 써서 의미가 달라지거나 혼동되기도 한다.

050

도(導)

導는 '인도할 도'로 읽으며, 인도하다·지도하다·이끌다·소통하다 등을 뜻한다. 導(도)는 道(길 도)와 寸(마디 촌)이 결합한 모습이다. 여기서 道자는 길을 그린 辶(갈 착)자와 首(머리 수)자를 결합한 것으로 '길'이나 '도리'라는 뜻이 있다. 본래 '인도하다'라는 뜻은 道자가 먼저 쓰였었다. 그러나 후에 道자가 '도리'나 '이치'를 뜻하게 되면서, 여기에 寸자를 더한 導자가 '사람을 인도하다'라는 뜻을 대신하게 되었다. 寸자가 사람의 손을 그린 것이니 지금의 導자는 손으로 방향을 가리켜 목적지를 안내하는 모습이다. 導자는 중국어 간체자로는 导로 쓴다.

전도체(傳導體)·반도체(半導體)·인도(引導)·지도(指導)·교도소(矯導所)·도화선(導火線)·맹도견(盲導犬) 등의 일상어가 있다. 생명과학에서 유전자도입(遺傳子導入, gene transfer), 핵도입(核導入, nucleus transfer), 효소유도제(酵素誘導劑, enzyme inducer), 도뇨관(導尿管, Foley catheter), 유도분만(誘導分娩, induced delivery), 근전도검사(筋電圖檢査, electromyography), 도관(導管, vessel), 나선문도관(螺旋紋導管, spiral vessel), 가도관(假導管, tracheid), 공문가도관(孔紋假導管, pitted tracheid), 도입종(導入種, introduced species), 도입육종(導入育種, introduction breeding), 유도저항성(誘導抵抗性, induced resistance) 등 여러 용어가 있다.

균류학에서 물관 기능을 하는 도관균사(導管菌絲, vascular hypha), 새로운 영역으로 뻗어가는 선도균시(先導菌絲, leading hypha), 곰팡이가 식물의 물관을 침해하여 발병하는 도관병(導管病, tracheomycosis) 등이 있다.

세균의 생장곡선에서 적응 단계에 해당하는 시기를 유도기(誘導期, lag phase)라고 한다. 박테리오파지를 통해 세균의 DNA가 다른 세균으로 이동하는 현상을 일컫는 형질도입(形質導入, transduction)도 있다.

051

독(獨)

獨은 '홀로 독'으로 읽으며, 홀로·다만·오직 등을 뜻한다. 獨(독)은 犭(=犬, 개 견)과 蜀(애벌레 촉)이 결합한 모습이다. 蜀자는 나비의 애벌레를 그린 것으로 '애벌레'라는 뜻을 갖고 있다. 그런데, 애벌레와 개의 조합이 왜 '홀로'라는 뜻을 갖게 되었는지 정설이 없다. 단독생활을 좋아하는 개의 습성이 의미를 전한다는 해석도 있지만 생물학적으로는 받아들이기 어렵다. 다만, 蜀자가 '촉→독'으로의 발음 역할을 한다. 獨자는 중국어 간체자와 일본어 신자체에서 모두 独으로 쓴다.

독립(獨立)·독방(獨房)·독백(獨白)·독신(獨身)·독재(獨裁)·독창(獨唱)·독학(獨學)·독야청청(獨也靑靑)·유아독존(唯我獨尊) 등의 단어가 있다. 생명과학에서 용례를 찾아보자. 무기물로 유기물을 합성하여 생명활동에 이용하는 독립영양생물에는 화학반응의 에너지를 이용하는 화학독립영양생물(化學獨立營養生物, chemoautotroph)과 빛 에너지를 이용하는 광합성독립영양생물(光合成獨立營養生物, photosynthetic autotroph)이 있다. 멘델이 제창한 유전법칙의 하나인 독립법칙(獨立法則, law of independence)이 있다.

땅두릅으로도 불리우며, 약재로 쓰이는 식물로 독활(獨活, herbal aralia)이 있는데, 하나의 뿌리와 줄기가 곧게 자라고 바람에 흔들리지 않는다는 뜻에서 붙여졌다. 독일가문비나무(獨逸-, Norway spruce)는 獨逸(독일)에서 도입된 연유로 이름이 붙여졌다. 독일붓꽃과 독일애기나방은 학명의 종소명에 German 어근의 형용사가 있는 연유로 이름이 붙여졌다. 獨(독)은 '홀로'를 뜻하는 접두사로 쓰이기도 한다. 독사진(獨寫眞)·독무대(獨舞臺)·독차지(獨-) 등 일반 단어가 있으며, 한의학에서 독삼탕(獨蔘湯)은 인삼만 넣어 끓인 보약이다. 독활기생탕(獨活寄生湯)은 15가지 약재가 들어가지만, 독활(獨活)과 상기생(桑寄生, 겨우살이의 일종)이 주성분이라 붙여진 이름이다.

052

독(毒)

毒은 '독 독'으로 읽으며, 독·독극물·해독·유독 등을 뜻한다. 毒(독)은 生(날 생)과 毋(말 무)가 결합한 모습이다. 生자는 푸른 싹이 자라는 모습을 그린 것으로 '풀이나 나물'이라는 뜻이 있다. 毋자는 '~하지 마라'를 뜻한다. 따라서 毒(독)은 '먹으면 안 되는 풀'이라는 뜻이다. 毒자는 글자의 폰트 종류에 따라 毋자를 대신하여 母자가 쓰이기도 하지만, 정확하게는 毋자가 쓰여야 한다.

독버섯(毒-)·유독식물(有毒植物)·독성(毒性) 등 여러 용어에서 독(毒)은 국어사전의 정의처럼 '건강과 생명에 해가 되는 물질'을 가리킨다. 국립국어원의『표준국어대사전』에 보독식물(保毒植物)을 '병원균을 지니고 있으면서 외관상 병의 징후를 나타내지 않는 식물'로 정의한 것은 옳지 않다. 여기에서 독(毒)은 병원균(세균·곰팡이·원생동물·바이러스) 중에서 바이러스만 지칭하므로 병원균을 바이러스로 바꾸어야 옳은 정의가 된다. 보독충(保毒蟲)은 바이러스[毒]를 가지고[保] 있는, 그래서 바이러스를 숙주생물에 전염할 수 있는 곤충[蟲]을 이른다. 독감(毒感)에서 毒도 바이러스를 의미한다. 바이러스가 가지는 발병능력을 독력(毒力, virulence)이라고 한다.

바이러스(virus)를 일본에서 처음으로 病毒(병독)이란 구성자로 번역한 근대어이다. 즉, '병을 일으키는 독'이란 의미이다. 생물학적 해석으로 보아도 아주 정확하고도 의미가 잘 통한다. 그런데, 일본에서는 차츰 원어를 그대로 쓰는 추세에 따라 病毒보다는 ウイルス(우이루스)로 쓰게 되었다. 우리나라 질병관리청 국립보건연구원의 직제에 병독과(病毒課)가 있었는데, 글자 그대로 바이러스를 담당하는 부서였다. 2000년에 바이러스질환부로 변경되었으니, 최근까지도 병독이란 단어가 쓰였다. 중국에서는 지금도 病毒으로 쓰는데, 코로나바이러스를 중국어로는 新型冠状病毒(신형관상병독)이라고 한다.

053

돌(突)

突은 '갑자기 돌'로 읽으며, 갑자기·갑작스럽다·부딪히다 등을 뜻한다. 그래서 '부딪힐 돌'이라고도 한다. 突(돌)은 穴(구멍 혈)과 犬(개 견)이 결합한 모습이다. 구멍[穴]에서 개[犬]가 갑자기 툭 튀어나오는 예상치 못한 상황이라는 의미에서 '갑자기'를 뜻하게 되었다. 아울러 구멍[穴]에서 개[犬]가 머리를 밖으로 내미는 상황도 있으니 '밖으로 내밀다'는 뜻도 가지게 되었다.

돌발(突發)·돌변(突變)·돌연(突然)·돌입(突入)·돌풍(突風) 등에서 突은 '갑자기 돌'이다. 격돌(激突)·추돌(追突)·충돌(衝突)·돌파(突破)·돌진(突進) 등에서 突은 '부딪힐 돌'이다. 이러한 일상어를 넘어서 아마도 돌기(突起, protuberance, wart)가 가장 흔히 등장할 것이다. 돌기의 사전적 정의는 '뾰족하게 내밀거나 도드라짐'인데, 생물의 종류나 상황에 따라 돌기와 관련된 영어 용어(특히 형용사)는 수십 가지나 된다. 거미의 배 밑면 끝에 있는 방적돌기(紡績突起, spinneret)는 실돌기(-突起)로도 불린다. 식물체에 생긴 돌출부가 곰팡이 포자집인 경우에도 돌기(突起, pustule)라고 한다. 곰팡이에서 구형돌기(鉤形突起, crozier)는 갈고리[鉤] 모양[形]의 돌기이다.

생물체에서 어버이[선대]의 계통에 없던 새로운 형질이 나타나 자식[후대]으로 유전되는 돌연변이(突然變異, mutation)가 있다. 수십 가지 유형의 돌연변이를 이르는 학술용어가 있다. 突然(돌연)은 '갑자기 돌'에 '그럴 연'이므로 '갑자기 그렇게 됨'이므로 생물학적으로 딱 맞는 어휘이다. 원인 없이 이루어지는 결과는 우연(偶然)이고, 원인에 의해 초래된 결과는 필연(必然)이라서 서로 상대어가 된다. 마찬가지로 自(스스로 자)를 써서 스스로 그렇게 된 自然(자연)이란 突然(돌연)의 상대어이다. 그러나 '자연변이'라는 용어는 없고, 돌연변이가 아닌 것은 모두 '변이(變異, variation)'라고 한다[☞ 80쪽].

054

동(凍)

凍은 '얼 동'으로 읽으며, 얼다·춥다·차갑다 등을 뜻한다. 凍(동)은 冫(얼음 빙)과 東(동녘 동)이 결합한 모습이다. 본래 東자는 보따리를 끈으로 꽁꽁 묶어 놓은 모습을 그린 것이었고, 후에 가차되면서 '동쪽'이란 뜻으로 쓰이고 있다. 東자를 나무[木]에 해[日]가 떠오르는 모습으로 해석하기도 한다. 그러나 東자가 다른 글자와 결합할 때는 여전히 보따리와 관련된 뜻을 전달한다. 그래서 凍(동)은 보따리를 꽁꽁 싸맨 모습을 그린 東자를 응용해서 너무 추워 꽁꽁 얼어버린 모습을 표현하고 있다.

냉동(冷凍)·동태(凍太)·동토(凍土)·부동항(不凍港)·동사(凍死)·동파(凍破), 凍氷寒雪(동빙한설) 등의 일상어가 있다. 생명과학 분야에서 동해(凍害, freezing injury), 내동성(耐凍性, freezing tolerance), 동결(凍結, freezing), 해동(解凍, thawing), 냉동창고(冷凍倉庫, frozen warehouse), 동결건조(凍結乾燥, freeze-drying), 동결보호제(凍結保護劑, cryoprotectant), 부동제(不凍劑, anti-freezing agent), 동결보존(凍結保存, cryopreservation), 동결절편기(凍結切片機, freezing microtome) 등 다양한 용례가 있다.

유사한 뜻의 글자로 冷(찰 냉)이 있다. 가정용 냉동고(冷凍庫, freezer)는 영하 18℃, 냉장고(冷藏庫, refrigerator)는 영상 4℃를 기본으로 한다. 凍은 얼리는 것이고, 冷은 차게 하는 것이다. 저온에서 잘 자라는 호냉성 미생물(好冷性微生物), 찬물을 선호하는 냉수종어류(冷水種魚類), 냉장 온도에서 보관유통하는 냉장식품(冷藏食品), 착유한 우유를 차게 만드는 우유냉각기(牛乳冷却器), 수확한 과실이나 채소의 품온을 낮추는 예냉(豫冷), 마취법의 하나로서 냉각마취(冷却痲醉), 에어컨에 의한 냉방병(冷房病), 별도의 가온을 하지 않는 냉상육묘(冷床育苗), 전통적인 종자 소독법의 하나로서 냉수온탕침법(冷水溫湯浸法), 찬물이 솟아나는 냉수용출답(冷水湧出畓) 등이 있다.

055

둔(鈍)

鈍은 '둔할 둔'으로 읽으며, 둔하다·무디다·무디어지다·미련하다·굼뜨다 등을 뜻한다. 鈍(둔)은 金(쇠 금)과 屯(진칠 둔)이 결합한 모습이다. 屯자는 본래 초목이 땅에서 올라오는 모습을 그린 것으로서 '풀돋을 둔'이라고도 하지만, 여기에서는 발음 역할만 하고 있다. 鈍(둔)은 본래 칼이나 도끼의 쇠붙이[金] 날이 무뎌진 것을 뜻하기 위해 만든 글자이다. 그래서 본래의 의미는 '날이 무디다'였다. 그러나 지금은 무뎌진 칼날에 빗대어 동작이 느리고 굼뜨거나 감각이 예리하거나 섬세하지 못함을 이르러 '둔(鈍)하다'라고 한다.

경기둔화(景氣鈍化)·둔화세(鈍化勢)·둔각삼각형(鈍角三角形)·둔기(鈍器)·둔탁음(鈍濁音)·둔감(鈍感)·우둔(愚鈍) 등의 일상어가 있다. 또한 둔재(鈍才)나 둔필(鈍筆)처럼 자신을 낮추어 이르는 경우에도 쓰인다. 사람이 성공하는 데 필요한 세 가지 요소로 꼽는 운둔근(運鈍根)에서 鈍(둔)은 경박하지 않고 고지식한 마음가짐을 뜻하기도 한다. 타원형의 계란은 한쪽이 둥글고 한쪽이 상대적으로 뾰족한데, 둔하고 넓은 곡선 부분을 둔단부(鈍端部)라고 한다. 자극을 감소시키거나 부분적으로 감각을 줄이는 효능이 있는 약품을 둔감제(鈍感劑, desensitizer) 또는 둔마제(鈍痲劑)라고 한다.

鈍(둔)은 식물형태학 용어에서 흔히 등장한다. 잎의 가장자리가 무딘 톱니처럼 생긴 둔거치(鈍鋸齒, crenate), 그런 톱니가 아주 작은 소둔거치(小鈍鋸齒, crenulate), 그런 톱니가 다시 한 번씩 갈라진 복둔거치(複鈍鋸齒, bicrenate)가 있다. 잎사귀·꽃받침조각·꽃잎 따위의 끝이 뭉툭한 경우에는 둔두(鈍頭, obtuse apex)라 하고, 잎 아래쪽의 양쪽 가장자리 각도가 90°보다 넓은 경우에는 둔저(鈍底, obtuse base)라 한다. 이런 형태 용어는 균류학에서도 널리 쓰인다. 둔각-예각처럼 鈍(둔)의 상대자는 銳(날카로울 예)이다[☞ 140쪽].

056

등(等)

等은 '같을 등'으로 읽으면 같음·무리·부류 등을 뜻하고, '등급 등'으로 읽으면 등급·계급·차례·순위 등을 뜻한다. 等(등)은 竹(대나무 죽)과 寺(절 사)가 결합한 모습이다. 寺(사)는 불교가 중국에 전해지기 이전에는 국가의 업무를 담당하던 '관청'을 뜻했었다. 관청에서는 문서 내용에 따라 죽간(竹簡)을 분류하여 정리하였는데, 等(등)은 문서를 종류에 따라 같은 것끼리 분류했음을 의미하는 글자였다. '같을 등'과 '등급 등'이 서로 다른 듯 같은 의미이다. 이러한 기본뜻이 차츰 확장되어 지금은 상황에 따라 몇 가지 의미로 쓰인다.

等(등)이 '같다'는 의미로 쓰여 '같을 등'으로 읽히는 용례를 보자. 서로 견주어 높고 낮음이 없으면 대등(對等), 같은 양이라면 등량(等量), 같은 온도의 지점을 선으로 연결한 등온선(等溫線), 수심 기준면으로부터 깊이가 같은 지점을 연결한 등심선(等深線), 기압이 같은 지점을 연결하여 이은 등압선(等壓線), 토양 유실을 고려한 등고선경작(等高線耕作), 삼투압이 같은 두 용액은 등장액(等張液, isotonic solution), 전체 전하가 0이 되는 수소이온농도는 등전점(等電點, isoelectric point), 내각이 모두 같은 등각다각형(等角多角形), 두 개의 사물이 분량이나 특징에 서로 차이가 없는 상등성(相等性), 세포 크기가 같게 갈라지는 균등분열(均等分裂), 편모의 길이가 서로 다른 부등편모(不等鞭毛), 기준표본과 같이 제작되어 보존된 등가기준표본(等價基準標本, syntype, syntypus) 등 수많은 용례가 있다.

等(등)이 '등급'의 의미로 쓰여 '등급 등'으로 읽히는 용례를 보자. 종자식물을 가리키는 고등식물(高等植物), 균류를 편의적으로 나누어 일컫는 고등균류(高等菌類)와 하등균류(下等菌類)를 비롯하여 온도차등배양기(溫度差等培養器)·등외삼(等外蔘)·일등급송이(一等級松茸)·삼등급구근(三等級球根)·육질등급(肉質等級) 등이 있다.

057

류(留)

留는 '머무를 류'로 읽으며, 머무르다·정지하다·뒤지다·붙잡다 등을 뜻한다. 留(류)는 田(밭 전)과 卯(토끼 묘)가 결합한 모습이다. 卯자는 양쪽의 문을 열어젖히는 모양을 본떠 만든 글자 또는 사람의 몸을 반으로 가르는 형벌을 뜻하는 글자였기 때문에 '둘로 가르다'는 의미를 갖는다. 밭[田]을 둘로 가른다[卯]는 것은 밭갈이를 가리키며, 이는 곧 '농사지으며 머무르다'는 정착의 의미이다. 그래서 留(류)는 어떤 경우의 머무름이든 널리 쓰이게 되었다.

보류(保留)·압류(押留)·유급(留級)·유학(留學)·정류소(停留所)·체류(滯留) 등의 일상어에서도 留(류)가 붙잡혀 있거나 남아 있어 움직이지 못하는 상황을 가리킨다. 잔류(殘留)는 '뒤에 처져 남아 있음'이며, 잔류농약(殘留農藥)·잔류광물(殘留鑛物)·잔류독성(殘留毒性)·잔류물질(殘留物質)·잔류염소(殘留鹽素)·잔류방사선(殘留放射線) 등 과학용이로 널리 사용된다. 殘(잔)은 '남을 잔'으로 읽는다[☞ 161쪽]. 그러니 殘留(잔류)는 머물러 남아 있음이다.

한편, 溜(류)는 '낙숫물 류'로 읽으며, 氵(=水, 물 수)와 留(머무를 류)가 결합한 모습이다. 용례로 분별증류(分別蒸溜)·증류기(蒸溜器)·증류수(蒸溜水)·증류주(蒸溜酒) 등이 있다. 증류(蒸溜)만 보더라도 溜(류)는 물(액체)과 관련된 경우에만 제한적으로 쓰인다. 건류(乾溜)는 방식만 다를 뿐이고 기본원리는 증류(蒸溜)와 같다.

또한, 瘤(류)는 '혹 류'로 읽으며, 疒(병질 엄)과 留(머무를 류)가 결합한 모습이다. 곰팡이가 일으키는 배추와 양배추의 근류병(根瘤病, club-root)은 뿌리혹병으로 바꿔 부른다. 여러 농작물의 뿌리를 가해하는 근류선충(根瘤線蟲, root-knot nematode)은 뿌리혹선충으로 바꿔 부른다. 의학에서 동맥류는 뇌동맥류(腦動脈瘤, brain aneurysm)와 대동맥류(大動脈瘤, aortic aneurysm)가 있다.

058

류(類)

類는 '무리 류'로 읽으며, 무리·동아리·같다·비슷하다 등을 뜻한다. 類(류)는 頪(엇비슷할 뢰)와 犬(개 견)이 결합한 모습이다. 頪자는 '엇비슷하다'라는 뜻인데, 여기에 무리지어 생활하는 특성을 지닌 개를 뜻하는 犬자를 결합함으로써 '엇비슷한 개들이 모여 있음'을 뜻하는 글자로 만들어졌다. 그래서 類(류)는 '무리'와 '비슷하다'라는 두 가지 뜻으로 쓰이지만, 일맥상통하는 의미이다.

'무리'라는 의미로 쓰인 용례를 들어보자. 생물에서 독립성이 보장된 종(種)을 제외한 어떤 분류계급이든 OO류(-類)라고 부를 수 있다. 식물을 예로 들면, 가장 작은 인위 분류계급인 속(屬)으로서 장미屬을 장미類로, 가장 큰 분류계급인 계(界)로서 식물界를 식물類로 부른다. 미생물에서 장내세균류(腸內細菌類)는 장내세균과(腸內細菌科, Enterobacteriaceae)에 속하는 세균류일 수도 있고, 장(腸)에 서식하는 미생물을 총칭하는 장내미생물군(腸內微生物群, gut microbiota)을 의미할 수도 있다. 분류(分類, classification)는 크고 작은 '무리'로 나누는 것이다. 藻類(조류, algae)와 鳥類(조류, birds)는 한자를 써야 확실하다. 균류(菌類)는 진균(眞菌, fungi)인지 세균(細菌, bacteria)인지 혼동될 수 있다. 파충류(爬蟲類)·양서류(兩棲類)·유대류(有袋類)·설치류(齧齒類) 등 동물명은 한자 뜻 그대로의 특성을 갖고 있다.

'비슷하다'라는 의미로 쓰인 용례를 들어보자. 유사(類似)는 似(닮을 사)가 있으므로 글자 그대로 '비슷하고 닮은' 경우이다. 생물에서 유인원(類人猿)·유사도(類似度)·유사성(類似性)·유사계수(類似係數)·유사증례(類似證例)·유사물질(類似物質) 등 여러 용어가 있다. 질병명에도 유사디프테리아(類似-)·유사비저(類似鼻疽)·유사아나필락시스반응(類似-反應)·유사천연두(類似天然痘)·유사건선(類似乾癬)·독감유사증후군(毒感類似症候群) 등이 있다.

059

막(膜)

膜은 '살꺼풀 막'으로 읽으며, 피부의 얇은 껍질을 의미한다. 膜(막)은 月(=肉, 육달월)과 莫(없을 막)이 결합한 모습이다. 여기서 莫자는 幕(장막 막)이 축약된 것이므로 장막(帳幕)을 뜻한다. 신체를 뜻하는 月(=肉, 육달월)을 더하여 膜(막)은 신체의 일부분을 장막처럼 둘러싸고 있는 얇은 껍질을 의미한다.

귀에는 고막(鼓膜, eardrum, tympanic membrane), 눈에는 각막(角膜, cornea), 머리에는 뇌막(腦膜, meninges), 배에는 복막(腹膜, peritoneum), 배와 가슴을 가로지르는 횡격막(橫膈膜, thoracic diaphragm) 등 인체에는 수많은 막(膜)이 있다. 세균과 곰팡이도 원형질을 둘러싼 원형질막(原形質膜, plasma membrane)이 있다. 식물·동물·곰팡이는 진핵생물이라 핵막(核膜, nuclear membrane)을 비롯하여 막(膜)을 가진 세포소기관들을 가진다. 꿀벌·호리벌·송곳벌 등이 속한 막시목(膜翅目=벌목, Hymenoptera), 박쥐와 하늘다람쥐가 가진 비막(飛膜, patagium), 포유류의 태아를 둘러싼 반투명의 얇은 양막(羊膜, amnion) 등이 있다. 팽압에 대응하여 세포벽이 갖게 되는 압력을 벽압 또는 막압(膜壓, membrane pressure)이라고 한다.

한편, 대부분의 곰팡이는 다세포생물이며, 각각의 세포는 세포벽으로 연결되어 있다. 이렇게 세포와 세포 사이의 세포벽을 격벽(隔壁, septum)이라고 한다. 그런데, 이를 일본에서는 격막(隔膜)으로 부른다. 그래서 우리나라에도 격막으로 된 자료가 많아 혼동을 주기도 한다. 또한 진정한 막(膜)이 아니면서 세균협막(細菌莢膜, bacterial capsule)이나 세균의 생물막(生物膜, biofilm)처럼 쓰는 경우가 있다. 산막효모(産膜酵母, film-forming yeast)가 만드는 골마지 막(膜), 가열한 우유 표면에 생기는 유막(乳膜)도 진정한 생물막은 아니다. 이런 경우에는 膜(막)이 넓은 의미로서 '연속하여 둘러싼 물질'을 의미한다[☞ 235쪽].

060

망(網)

網은 '그물 망'으로 읽으며, 그물·그물망·계통·조직 등을 뜻한다. 網(망)은 糸(실 사)와 罔(그물 망)이 결합한 모습이다. 물고기 잡는 데 쓰는 어망(漁網), 해충을 막는 데 쓰는 방충망(防蟲網), 철조선을 그물 모양으로 얼기설기 엮어 놓은 철조망(鐵條網) 등이 있다. 또한 네트워크에 해당하는 전산망(電算網)·정보망(情報網)·철도망(鐵道網)·통신망(通信網) 등이 있다. 網은 중국어 간체자에서 网으로 쓴다.

생명과학에서 망목상(網目狀, reticulate)이란 그물무늬 모양을 뜻하며 형태 특성을 기재하는 데 흔히 쓰인다. 여기서 目(목)은 '눈 목'으로 읽으며, 눈을 뜻한다. 그러니까 그물을 구성하는 줄의 엮임에 따라 그물눈이 생기고, 그물에 방점을 두면 網(망)이고 그물눈에 방점을 두면 網目(망목)이 된다. 그물에서 줄 간의 매듭은 그물코, 이러한 코와 코를 이어 만든 구멍은 그물눈이다. 그물코가 없는 망은 있어도 그물눈이 없는 망은 없다는 표현도 있다.

곰팡이 포자를 형태에 따라 부르는 여러 학술용어가 있는데, 그중에 dictyospore가 있다. 즉, 가로방향의 횡격벽(橫隔壁)과 세로방향의 종격벽(縱隔壁)이 있어서 망상포자(網狀胞子)라고 부른다. 곰팡이 포자의 표면구조가 그물 모양이면 망문(網紋)이라고 한다.

생태계 먹이사슬을 식물망(食物網) 또는 먹이망(-網, food web)이라고 한다. 농업에서 조류나 해충 따위가 침입하지 못하도록 둘레를 망으로 막아서 만든 망실(網室), 농작물을 재배할 때 조류의 피해를 방지하기 위하여 치는 방조망(防鳥網), 바람 피해를 막기 위하여 시설물이나 경작지 주변에 치는 방풍망(防風網), 곤충 채집을 위해 만든 포충망(捕蟲網), 탈곡기에 부착된 탈곡망(脫穀網)이 있다. 수산업에서 쓰는 그물로는 선자망(旋刺網)·저인망(底引網)·안강망(鮟鱇網)·예망(曳網)·유자망(流刺網)·정치망(定置網) 등이 있다.

061

매(埋)

埋는 '묻을 매'로 읽으며, 묻다·메우다·채우다·감추다 등을 뜻한다. 埋(매)는 土(흙 토)와 里(마을 리)가 결합한 모습이다. 여기서 里자는 薶(묻을 매)의 생략형이므로 마을과는 아무 관련이 없다. 여기에 土자를 덧붙여 만들어진 埋(매)는 '땅에 묻다'라는 의미를 분명하게 표현하였다. 薶자는 독자적으로도 '(땅에)묻다'를 뜻하지만, 실질적인 용례는 없으며 埋의 동자(同字)로 취급된다.

매복(埋伏)·매장(埋葬)·埋設(매설) 등의 일상어가 있다. 埋沒(매몰)·埋立(매립) 등에서 埋(매)가 '땅속에 묻다'라는 의미임을 확실히 알 수 있다. 埋沒(매몰)에서 沒자는 '(물에)빠지다'를 기본뜻으로 몰살(沒殺)·몰상식(沒常識)·몰수(沒收)·일몰(日沒)·침몰(沈沒) 등에서 알 수 있듯이 '빠지다 → 없다 → 보이지 않다'로 뜻이 확장되었다. 埋立(매립)은 '팼거나 낮은 땅을 메워 돋우는 일'이라서 立자의 뜻이 들어있다. 매립가스(埋立gas, landfill gas, LFG)는 폐기물 매립지에 매립된 유기물이 혐기성 미생물에 의해 분해될 때 발생하는 가스를 가리키며, 메탄과 이산화탄소가 98% 이상을 차지한다.

곰팡이 균사가 배지나 기질 속에 파묻힌 상태로 자라는 경우가 많은데, 이런 균사를 매몰균사(埋沒菌絲, submerged hypha)라고 부른다. 곰팡이 분생포자기(分生胞子器, conidioma)가 숙주식물의 조직 속에 파묻힌 상태라면 '매몰(埋沒, embedded)되어 있다'고 표현한다. 치아에서 매몰치(埋沒齒, embedded tooth)와 매복치(埋伏齒, impacted tooth)가 있다. 의학에서 절개하지 않고 쌍꺼풀 주름을 만드는 매몰봉합법(埋沒縫合法), 전자현미경 시료를 제작하는 기법으로서 합성수지포매법(合成樹脂包埋法), 폐기물처리법의 한 유형으로서 평지매립법(平地埋立法), 식물종자를 습한 모래흙이나 톱밥 따위에 켜켜이 넣어서 땅속에 저장하여 휴면을 깨뜨리는 노천매장법(露天埋藏法)이 있다.

062

매(媒)

媒는 '중매 매'로 읽으며, 중매하다·매개하다·이어주다 등을 뜻한다. 媒(매)는 女(계집 녀)와 某(아무 모)가 결합한 모습이다. 여기서 某자는 謀(꾀 모)자가 축약된 것이므로 꾀하다·모의하다·계획하다 등을 의미한다. 그래서 媒(매)는 서로 모르는 남녀 사이의 결혼을 모의하여 이어주는[謀] 중매쟁이[女]를 뜻하는 글자이다. 여기에서 중개(仲介)와 중매(仲媒)의 속뜻을 살펴보자. 중개인(仲介人)·중개무역(仲介貿易)·공인중개사(公認仲介士) 등에서 중개(仲介)는 단순히 '이어주기'의 뜻을 가진다. 그러나 중매(仲媒)는 '이어주어 결합함'을 의미한다. 매(媒)는 '결합'과 '변화'를 내포하는 글자이다.

매염제(媒染劑, mordant)는 염색약과 옷감이 결합하여 색깔이 변화되도록 돕는 물질이다. 촉매(觸媒, catalyst)는 자신은 변화하지 않으면서 다른 물질의 화학반응을 매개하는 물질이므로 다른 물질의 결합과 변화를 일으킨다. 용매(溶媒, solvent)는 글자 그대로 녹여서[변화] 맺어주는[결합] 물질이다. 수매전반(水媒傳搬, water-borne dissemination)은 병원체가 물로 인하여 옮겨지면서 전파되는 것이다. 풍매화식물(風媒花植物, anemophilous plants)은 바람에 의하여 꽃가루가 운반되어 수분(受粉)이 이루어지는 식물이다.

매개(媒介)와 관련된 용어가 많다. 매개충(媒介蟲, insect vector)은 병원체와 숙주가 만나서 숙주가 질병에 감염되도록 병원체를 전달하여 이어주는 곤충이다. 토양매개감염(土壤媒介感染, soil-borne infection)은 토양을 통해 병원체가 전반됨으로써 일어나는 감염이다. 매개운반(媒介運搬, mediated transport)은 원형질막을 비롯한 생체막에서 운반체가 특정 물질과 결합하여 그 물질을 수송하는 일이다. 동물매개치료(動物媒介治療, animal assisted therapy)는 일정한 훈련을 받은 반려동물을 이용하여 행하는 치료이다.

063

맥(麥)

麥은 '보리 맥'으로 읽으며, 보리를 비롯하여 농작물로 키우는 벼과식물을 널리 이른다. 보리는 인류가 오래전부터 재배한 대표적 농작물이다. 본래 보리를 의미하는 글자는 양 갈래로 늘어진 보리 이삭과 뿌리가 함께 그려져 있었고, 그 글자가 來였다. 그러나 후에 來자가 '오다'라는 뜻으로 가차(假借)되면서 정작 보리를 뜻하는 글자는 來자에 夊(뒤쳐올 치)자를 더한 지금의 麥자가 '보리'라는 뜻을 대신하게 되었다. 참고로 일본에서는 글자체를 간략화한 신자체로서 麦자를 사용하고, 중국에서는 간체자로서 麦자를 채택하였다.

맥류(麥類)에는 대맥(大麥=보리), 소맥(小麥=밀), 호맥(胡麥=黑麥=호밀), 연맥(燕麥=귀리) 등이 있다. 교맥(蕎麥)은 메밀의 한자어인데, '麥'과 '밀'이 들어가지만 식물학적으로는 맥류가 아니다. 맥주순수령(麥酒純粹令)에 명시된 바와 같이 맥주(麥酒)의 주원료는 맥아(麥芽, malt)로서 '싹 틔운 보리'이다. 현실적으로는 맥주 원료로 수수·밀·쌀·조·사탕수수 등이 이용되기도 하는데, 그래도 술 이름은 麥酒(맥주)이다.

학술용어로는 곰팡이 감염으로 호밀에 생기는 맥각병(麥角病), 농작물을 보리밭이나 밀밭의 이랑 사이에 심는 맥간직파(麥間直播), 보리밟기를 뜻하는 맥전답압(麥田踏壓), 맥아 제조용으로 쓰이는 보리 품종들을 이르는 맥주맥(麥酒麥), 보리쌀을 눌러 가공한 압맥(壓麥), 이당류로서 물엿의 주성분인 맥아당(麥芽糖, maltose), 맥주 제조의 부산물로 나오는 건조맥주박(乾燥麥酒粕) 등이 있다.

麥과 관련된 글자로 麴(누룩 국)과 麵(밀가루 면)이 있다. 麴(국)은 26쪽에 설명하였다. 麵(면)은 냉면(冷麵)·소면(素麵)·온면(溫麵)·우육면(牛肉麵)·유탕면(油湯麵)·당면(唐麵)의 경우처럼 국수를 가리킨다. 麪(밀가루 면)이 동자이지만 실제 쓰임새는 없다. 글자체를 획이 다른 麵처럼 쓰기도 하고, 중국에서는 간체자로서 面으로 쓴다.

064

멸(滅)

滅은 '멸할 멸'로 읽으며, 멸망하다·다하다·제거하다·사라지다 등을 뜻한다. 滅(멸)은 氵(=水, 물 수)와 烕(멸할 멸)이 결합한 모습이다. 烕자는 斤(도끼 근)과 戈(창 과)와 火(불 화)를 결합한 글자이므로 도끼와 창과 불로써 적을 완전히 제압하여 죽인다는 뜻이다. 여기에 水를 더한 滅(멸)은 적의 흔적 조차 남기지 않고 완전히 쓸어버렸음을 표현하고 있다. 따라서 생명과학에서는 '재생불가능'을 의미한다.

궤멸(潰滅)·멸공(滅共)·멸망(滅亡)·박멸(撲滅)·불멸(不滅)·전멸(全滅)·섬멸(殲滅) 등의 일상어가 있다. 멸균(滅菌, sterilization)은 대상으로 하는 물체의 외부와 내부에 존재하는 모든 곰팡이·세균·바이러스·원생동물 등의 영양세포 및 포자를 사멸시키거나 또는 제거하여 무균상태로 만드는 것이다. 그러니 모든 균(넓은 의미)을 죽이는 것은 멸균이며, 일부 균만 선택하여 죽이는 살균(殺菌)과는 뚜렷이 구별된다[☞ 100쪽]. 멸균수(滅菌水)·멸균과즙(滅菌果汁)·멸균우유(滅菌牛乳)·여과멸균(濾過滅菌)·간헐멸균(間歇滅菌)·건열멸균(乾熱滅菌)·습열멸균(濕熱滅菌)·고압멸균기(高壓滅菌器) 등의 용례가 있다. 멸균이나 어떤 원인에 의해 미생물이 완전히 죽어 없어짐은 사멸(死滅)인데, 死(사)는 자연적 죽음이고 滅(멸)은 인위적 죽임이다. 멸균은 과정이고 사멸은 결과이지만 혼용되어 쓰이기도 한다.

멸종(滅種, extinction)은 생존해 있던 종의 개체가 더 이상 세계에서 확인되지 않게 되는 것을 말한다. 다시 말해, 해당 종을 구성하던 마지막 개체가 사망하는 것이다. 멸종을 절멸(絶滅)이라고도 하는데, 滅(멸)이 핵심 글자이며 絶(절)은 '남김 없이'를 뜻하는 글자이며 강조의 의미로 쓰였다. extinction을 소멸(消滅)로 번역한 자료도 있으나 학술용어로서는 바람직하지 않다. 의학에서 치핵소멸(痔核燒滅, hemorrhoidolysis)은 치핵을 태우거나 지져서[燒, 태울 소] 제거한다[滅]는 뜻이다.

065

목(目)

目은 '눈 목'으로 읽으며, 눈·시력·견해·요점 등을 뜻한다. 目(목)은 사람의 눈을 그린 것으로 눈의 윤곽과 눈동자가 표현되어 있다. 본래 目자는 가로로 쓰였었지만, 한자를 세워 쓰는 방식이 적용되면서 지금과 같은 모습을 갖추게 되었다. 맹목(盲目)·면목(面目)·목격(目擊)·목전(目前)·주목(注目) 등의 일상어에서 目(목)은 눈과 관련되어 있다. 식물의 피목(皮目, lenticel)도 식물 껍질[皮]에 눈[目]처럼 생기고 튀어나온 부분을 가리키는 용어이다.

또한 과목(科目)·목록(目錄)·목차(目次)·제목(題目)·종목(種目)·품목(品目) 등에서 目(목)은 영어 title이나 list에 해당한다. 目(목)은 글(문서·서식·편성)의 체계에서는 항(項)의 아래이고 절(節)의 위이다. 그래서 항목(項目)과 절목(節目)이란 단어가 있다. 目(목)은 생물 분류의 한 단위로서 과(科)의 위이고 강(綱)의 아래이다. 즉, 종속과목강문계(種屬科目綱門界)의 기본체계에 있다. 이러한 目은 라틴어로 ordo, 영어로 order이다. order는 'formal arrangement of things'이며, 이와 가장 가까운 글자로 目이 선택된 것으로 여겨진다. 식물의 꽃가루 표면이나 곰팡이 포자의 표면에 그물 모양의 무늬가 있으면 망목상(網目狀, reticulate)이라고 표현한다[☞ 60쪽].

目과 함께 눈을 의미하는 眼(눈 안)을 생명과학 용어에서 살펴보자. '안경·돋보기·망원경·현미경 따위를 이용하지 아니하고 직접 보는 눈'을 육안(肉眼, naked eye)이라고 하며, 맨눈은 우리말이다. 육안검사(肉眼檢查)·육안식별(肉眼識別)·육안진단(肉眼診斷)·육안판독(肉眼判讀) 등이 있다. 일부 원생생물이 갖는 안점(眼點, eyspot)이 있고, 곰팡이에서도 안점처럼 보이는 형태를 기재할 때는 안점상(眼點狀, ocellate)이라고 한다. 현미경의 접안렌즈(接眼-, ocular lens), 쌍안현미경(雙眼顯微鏡, binocular microscope)이 있다.

066

무(無)

無는 '없을 무'로 읽으며, 없다·아니다[≒非]·아니하다[≒不] 등을 뜻한다. 無(무)는 火(=灬, 불 화)자가 부수로 지정되어 있지만 '불'과는 아무 관계가 없다. 無자는 본래 양손에 깃털을 든 무당이 춤추는 모습을 그린 것으로서 '춤추다'를 표현한 글자였다. 후에 無자가 '없다'라는 뜻으로 가차(假借)되었고, 그에 따라 여기에 舛(어그러질 천)자를 더한 舞자가 '춤추다'라는 뜻으로 쓰이고 있다. 한편, 춤을 출 때는 남녀노소의 구별이 없으므로 無자와 舞자의 자원(字源)이 같다는 학설이 있지만 근거가 다소 빈약하다. 중국어에서는 無의 간체자로 无자가 쓰인다.

무관심(無關心)·무기한(無期限)·무사(無事)·무시(無視)·무인도(無人島)·무임승차(無賃乘車)·무조건(無條件) 등의 일상어가 있다. 無가 접두어처럼 쓰여서 '없음'을 나타내는 용어는 대단히 많다. 무균조작(無菌操作)·무기영양(無機營養)·무사분열(無絲分裂)·무산소호흡(無酸素呼吸)·무생물(無生物)·무성생식(無性生殖)·무성포자(無性胞子)·무작위분포(無作爲分布)·무정란(無精卵)·무포자진균(無胞子眞菌)·무핵세포(無核細胞)·무병종자(無病種子)·무병묘(無病苗)·무엽록소식물(無葉綠素植物)·무경운농업(無耕耘農業)·무기태질소(無機態窒素)·무망종(無芒種)·무배종자(無胚種子)·무피인경(無皮鱗莖)·무한생장(無限生長)·무한화서(無限花序)·무핵과(無核果) 등이 있다.

과실로 유명한 무화과(無花果, fig)는 꽃[花]이 과실 안쪽에 숨어있어 보이지 않는다는 뜻이다. 나라꽃 무궁화(無窮花, Rose of Sharon)는 끊임[窮] 없이 피는 꽃이란 뜻이다. 동백나무숲에 자라는 무엽란(無葉蘭)은 잎[葉]이 없이 뿌리·줄기·꽃으로 된 난초라는 뜻이다. 무환수(無患樹)로도 부르는 무환자나무(無患子-)는 심으면 집안에 우환[患]이 들지 않는다는 뜻이다. 참고로, 患者(환자)가 아니며 子는 특별한 의미를 갖지 않은 접미사이다.

067

미(未)

未는 '아닐 미'로 읽으며, (아직)아니다 · (아직)못하다 · (아직)이르다 등의 뜻한다. 未(미)는 원래 나무[木] 끝의 가느다란 작은 가지의 모양[一]을 본뜬 상형자이다. 하지만 잔가지의 뜻은 없어지고, 일찍이 가차되어 '아직 아니다'의 뜻으로만 쓰인다. 미결(未決) · 미달(未達) · 미래(未來) · 미완성(未完成) · 미지수(未知數) · 미취학(未就學) · 미확인(未確認) · 미숙아(未熟兒) · 미망인(未亡人) 등의 일상어가 있다. 未(미)는 '앞으로 도달해야 하는 상태가 정해져 있다'는 의미가 내포되어 있다. 그래서 단순히 부정의 의미를 담고 있는 不(아닐 부)나 否(아닐 부)나 非(아닐 비)와 쓰임새가 사뭇 다르다.

일상어에서와 같이, 생명과학 용어에서도 未(미)는 주로 접두어로 널리 쓰인다. 미숙(未熟, immature), 미분화(未分化, undifferentiated), 미동정(未同定, unidentified), 미발표(未發表, unpublished), 미기록(未記錄, undescribed), 미수정(未受精, unfertilized), 미처리(未處理, untreated), 미접종(未接種, uninoculated), 미평가(未評價, unevaluated) 등 대단히 많은 용례가 있다.

원인미상열(原因未詳熱)은 체온이 38.3℃보다 높은 증상이 3주 이상 지속되지만 정확한 원인을 밝힐 수 없는 발열이다. 체중미달(體重未達)은 신장 대비 체중이 건강한 사람의 평균값에 비해 20% 이하에 있는 경우이다. 데이터미비종(data未備種)은 멸종의 위험성을 판단할 적절한 정보가 존재하지 않는 생물종이다. 미분화세포(未分化細胞)는 완전히 분화되지 않고 분화될 여지를 남겨둔 세포이다. 미기록종(未記錄種)은 지금까지 종으로서 기록된 적이 없는 생물종이다. 미개갑종자(未開匣種子)는 껍질이 벌어져 있지 않은 종자이다. 미숙답(未熟畓)은 개간지나 간척지 따위가 완전한 기능을 발휘하지 못하는 논이다. 미숙퇴비(未熟堆肥)는 아직 완전히 썩지 않은 퇴비이다.

068

미(微)

微는 '작을 미'로 읽으며, 작다·정교하다·가늘다·적다 등을 뜻한다. 微(미)는 彳(조금걸을 척)과 𢼸(작을 미)가 결합한 모습이다. 𢼸자는 머리카락을 빗어 넘기는 여자를 그린 것으로 '머리카락처럼 가늘다'라는 뜻이 있다. 여기에 彳(척)이 결합하여 만들어진 微자는 본래 좁은 길이나 오솔길을 뜻했었다. 하지만 지금은 '작다'나 '정교하다'라는 뜻으로만 쓰이고 있다. 참고로 장미(薔薇)와 자미(紫薇, 배롱나무)에서 薇자는 오솔길[微]의 식물[++]이므로 '사람이 다니는 길가에 심어 함께 즐기는 식물'이라는 의미를 가진 낭만적 글자이다

微分(미분)·微熱(미열)·微風(미풍)·微細(미세)·微笑(미소)·微弱(미약)·輕微(경미) 등의 일상어가 있다. 미생물(微生物, microorganim), 미세소관(微細小管, microtubule), 미세소낭(微細小囊, microvesicle), 미세소체(微細小體, microsome), 미세조류(微細藻類, microalgae), 미포자충류(微胞子蟲類, microsporidia), 미소동물상(微小動物相, microfauna), 미세진화(微細進化, microevolution), 미소균핵(微小菌核, microsclerotia), 현미경(顯微鏡, microscope), 미세조작(微細操作, micromanipulation), 미세주사(微細注射, microinjection), 미량요소(微量要素, microelement) 등 수많은 용례가 있다. 농약에도 미립제(微粒劑, microgranule, MG), 미분제(微粉劑, flo-dust, GP), 미탁제(微濁劑, microemulsion, ME)가 있다.

微(미)가 작다는 의미로서 접두어로 쓰인 용례도 여럿 있다. 미호기성(微好氣性, microaerophilic), 미요형(微凹形, retuse), 미연모(微軟毛, puberulent), 미양모상(微羊毛狀, flocculent), 미돌형(微突形, apiculate) 등 비교적 전문적인 용어에서 쓰인다. 한편, 중국어에서는 접두사 마이크로(micro)를 微로 번역한다. 그래서 μm(마이크로미터)를 微米, μg(마이크로그램)을 微克이라고 한다.

069

미(黴)

黴는 '곰팡이 미'로 읽으며, 곰팡이를 가리킨다. 黴(미)는 黑(검을 흑)과 微(작을 미)의 생략형이 결합한 글자이다. 黴(미)는 작고 검은 것이 끼어 정상 상태를 벗어남을 표현하는 글자이다. 얼굴에 기미가 낀 상태를 의미할 때는 '기미낄 미'로 읽는다. 일본어에서 푸른곰팡이를 アオカビ(青黴), 검은곰팡이를 クロカビ(黒黴), 누룩곰팡이를 コウジカビ(麹黴)로 쓰므로 黴(미)는 특정한 색깔을 나타내는 곰팡이를 가리키는데, 대체로 부정적 의미로 쓰인다.

미생물학에서 방미제(防黴劑)는 주로 목재공학에서 곰팡이에 의한 변재 변색 또는 표면 오염을 방지하기 위하여 목재 표면에 분무(噴霧=뿌림) 또는 도포(塗布=바름)하거나 목재를 침지(浸漬=담금)하는 데 쓰이는 약품을 이른다. 그러니까 글자 그대로 곰팡이[黴]를 막아내는[防] 약품[劑]이므로 예방적 차원에서 사용한다. 목재의 방부제(防腐劑)는 목재 부후[☞ 246쪽]를 예방하는 약제이므로 물리적 손상을 막아내며, 방미제(防黴劑)는 목재변색[☞ 80쪽]을 예방하는 약제이므로 심미적 손상을 막아낸다. 한편, 섬유의 방미가공(防黴加工)과 도장에 쓰이는 방미도료(防黴塗料)도 있다.

식물의학에서 적미병(赤黴病)은 보리 이삭에 발생하는 곰팡이병으로 붉은곰팡이(*Fusarium graminearum*)에 의한 병이므로 이삭에 붉게 변하면서 썩는다. 1970년대부터 우리말 용어 사용이 권장되면서 붉은곰팡이병으로 바뀌었다. 또한, 일본에서는 장마를 黴雨(미우)라고 하는데, 비가 잦으면 시커먼 곰팡이가 피기 때문이다. 매실(梅實)이 익을 무렵에 내리는 비라는 뜻으로 梅雨(매우)라고 한다는 속설도 있지만, 黴(미)를 매(梅)로 대체하여 쓰는 예는 성병인 黴毒(미독)이 梅毒(매독)으로 바뀐 역사에서 찾을 수 있다. 참고로, 중국에서는 黴를 번체자에서만 쓰고 간체자에서는 霉(곰팡이 매)에 통합하였다.

070

밀(密)

密은 '빽빽할 밀'로 읽으며, 빽빽하다·촘촘하다·가깝다·숨기다 등을 뜻한다. 密(밀)은 宓(잠잠할 밀)과 山(뫼 산)이 결합한 모습이다. 宓자는 집 안에 두레박을 그려 넣은 것이지만 여기에서는 소리만 나타낸다. 숲이 우거진 山(산)으로서 빽빽하다는 뜻을 표현한 것이다. 宓(밀)은 신을 모신 신전을 의미하기도 하는데, 山(산)에서도 숲이 빽빽하여 은밀한 곳을 가리킨다.

코로나 유행할 때 '3밀(密)피하기'를 권장했다. 즉, 밀폐(密閉)된 공간, 밀집(密集)된 모임, 밀접(密接)한 접촉이었다. 생명과학에서 밀도(密度, density)는 다른 단어와 결합하여 여러 학술용어에 등장한다. 밀도조절(密度調節)·개체군밀도(個體群密度)·고밀도배양(高密度培養)·세포포화밀도(細胞飽和密度)·방목밀도(放牧密度)·재식밀도(栽植密度)·임분밀도(林分密度) 등 여러 용례가 있다. 수관소밀도(樹冠疎密度)는 수관이 성기고 빽빽한 정도이다. 씨앗을 배게 뿌리는 밀파재배(密播栽培)와 모종을 빽빽하게 심는 밀식재배(密植栽培)는 밀식장해(密植障害)를 일으키기 쉽다. 많은 가축은 대량밀집사육방식(大量密集飼育方式)으로 키우므로 사육밀도(飼育密度)가 높다.

세균학에서 quorum sensing을 쿼럼센싱 또는 정족수감지(定足數感知)라고 하지만 개체밀도인식(個體密度認識)이 훨씬 더 이해되기 쉽다. optical density를 흡광도(吸光度)나 광학밀도(光學密度)라고 한다. 특히 형태 특징을 기재하는 형용사에서 흔히 등장한다. 밀면모상(密綿毛狀, tomentose), 치밀한(緻密-, dense), 밀집된(密集-, crowded, gregarious), 밀생모상(密生毛狀, densely wooly), 백색밀모상(白色密毛狀, incanous) 등이 있다. 한편, 蜜(꿀 밀)은 꿀과 관련된 경우에만 쓰이고, 밀감(蜜柑)·밀선(蜜腺)·밀원수(蜜源樹)·밀랍(蜜蠟)·당밀(糖蜜)·채밀(採蜜) 등의 용례가 있다.

071

박(薄)

薄은 '엷을 박'으로 읽으며, 엷다·얇다·희박하다 등을 뜻한다. 薄(박)은 艸(풀 초)와 溥(넓을 부)가 결합한 모습이다. 여기서 溥자는 氵(=水, 물 수)와 尃(펼 부)가 결합한 모습이므로 '넓다'는 뜻을 가진다. 그래서 본래 薄(박)은 '풀이 자라기 어려울 정도로 땅이 메마르다'는 의미로 만들어진 글자였다. 차츰 '땅이 메마르다'라는 의미는 사라지고, 물질이든 상황이든 엷은 상태를 널리 이르는 글자로 쓰이고 있다.

각박(刻薄)·문전박대(門前薄待)·박복(薄福)·박봉(薄俸)·박빙(薄氷)·정신박약(精神薄弱)·박학(薄學)·희박(稀薄) 등의 일상어가 있다. 薄(박)이 '얇다'는 의미의 접두어처럼 쓰인 용례가 많다. 박벽(薄壁)·박막질(薄膜質)·박피(薄皮)·박편시료(薄片試料)·박편가공(薄片加工)·초박절편(超薄切片)·박막수경재배(薄膜水耕栽培)을 비롯하여 동결박편제작기(凍結薄片製作機, freezing microtome), 버섯 자실층에 담자기와 공존하는 박벽낭상체(薄壁囊狀體, leptocystidium), 식물의 잎에 흔히 존재하는 박막유조직(薄膜柔組織, parenchyma), 유리판 위에 흡착제를 얇은 막처럼 바르고 시료를 전개하는 박막크로마토그래피(薄膜chromatography) 등이 있다.

薄(박)이 '엷다'는 의미로는, 끈기가 적은 밀가루 종류인 박력분(薄力粉), 종자를 성기게 뿌리는 박파(薄播), 용질의 농도가 매우 낮은 희박용액(稀薄溶液), 마음이나 정신의 장애로 인하여 사물을 변별할 능력이 떨어진 심신박약(心神薄弱), 침전물이 적어 색이 엷은 소변을 이르는 희박뇨(稀薄尿) 등이 있다. 한편, 영생이의 한자명 薄荷(박하)에서 荷(멜 하)자는 '메다'라는 뜻보다 '연꽃처럼 맑다'는 의미가 들어있다. 꽃·잎·씨앗이 모두 가볍고 향이 맑아서 탁하지 않다는 뜻이다. 박하유(薄荷油)·박하사탕(薄荷沙糖)·박하정(薄荷精)·박하정유(薄荷精油)·박하주(薄荷酒) 등의 용례가 있다.

072

반(伴)

伴은 '짝 반'으로 읽으며, 짝·반려자·동반자·벗·동료 등을 뜻한다. 伴(반)은 人(사람 인)과 半(절반 반)이 결합한 모습이다. 半자는 소[牛]의 머리를 반으로 가르는 모습을 그린 것으로 '절반'을 뜻한다. 그런데, '동반자'라는 뜻은 扶(함께갈 반)자가 먼저 쓰였었다. 후에 '절반의 사람'을 뜻하는 伴자가 '동반자'라는 뜻을 대신하게 되었다. 반려동물(伴侶動物)·동반자(同伴者)·반주(伴奏)·부부동반(夫婦同伴)·수반(隨伴) 등의 일상어가 있다.

색맹이나 혈우병처럼 성염색체에 있는 유전자가 지배하는 반성유전(伴性遺傳, sex-linked inheritance), 초파리의 안구 색깔처럼 반성유전을 하는 반성형질(伴性形質, sex-linked characteristic), 생물체가 어떤 병원체를 몸속에 가지고 있는 동안은 그 병원체의 침입에 대하여 면역성을 가지게 되는 수반면역(隨伴免疫, concomitant immunity), 한 가지 물질이 세포막을 통과하여 옮겨질 때 다른 물질도 함께 같은 방향으로 옮겨지는 동반운반(同伴運搬, accompanied transport), 성염색체 속에 있는 유전자에 의하여 생명체가 죽게 되는 치사현상을 뜻하는 반성치사(伴性致死, companion fatality) 등이 있다.

종자식물의 체관 바로 옆에 존재하는 작은 유세포를 반세포(伴細胞, companion cell) 또는 동반세포(同伴細胞)라고 한다. 다년생 초지에서 초기의 생산량을 늘리기 위하여 다른 작물과 섞어서 덧뿌리는 작물을 동반작물(同伴作物, accompanying crop) 또는 수반작물(隨伴作物)이라고 한다. 어떤 약제에 대해서 저항성 돌연변이가 생기면 그것과 작용기작이 같거나 유사한 다른 약제에 대해서도 함께 저항성을 보이는 현상을 수반저항성(隨伴抵抗性, accompanying resistance)이라고 한다. 특정 질병의 전형적인 증상과 더불어 나타나는 부가적인 증상은 동반증상(同伴症狀, accompanying symptoms)이라고 한다.

073

반(斑)

斑은 '아롱질 반'으로 읽으며, 아롱지다·얼룩·무늬·반점 등을 뜻한다. 斑(반)에서 王(=玉, 구슬 옥)은 구슬이나 보석을 가리키며, 文(글월 문)자는 본래 '가슴팍에 커다란 얼룩이 있는 사람'을 그린 글자이다. 그래서 斑(반)은 '몸에 구슬 모양의 얼룩이 여럿 있는 사람'을 가리키며, 차츰 얼룩·무늬·반점을 가리키는 글자로 정착되었다. 한편, 文이 '얼룩→글자'로 쓰이면서 정작 얼룩은 糸를 더하여 紋(무늬 문)을 쓰게 되었다. 斑紋(반문)에서 모두 文자가 들어 있는데, 斑은 자연적 무늬, 紋은 인위적 무늬를 가리킨다. 그래서 얼룩무늬가 있는 난초나 원예식물을 반엽종(斑葉種, variegated species)이라고 한다.

의학과 한의학에서 斑(반)은 '국소적으로 피부색의 변화가 있으며, 병변 부위가 주위 조직보다 도드라지거나 함몰되지 않은 병증'을 가리킨다. 즉, 색깔의 변화에 따른 병변이므로 흔히 색깔을 나타내는 글자와 결합하여 증상을 표현한다. 붉게[紅, 붉을 홍] 변하면 홍반(紅斑), 희게[白, 흰 백] 변하면 백반(白斑), 검게[黑, 검을 흑] 변하면 흑반(黑斑), 검붉은 멍이 들면 자반(紫斑)이라고 한다. 시반(屍斑)은 사람이 죽은 후에 피부에 생기는 반점으로서 혈관 속의 혈액이 사체의 아래쪽으로 내려가서 생기는 현상이다.

식물의학에서 잎에 얼룩무늬가 생기는 반엽병(斑葉病), 점무늬가 나타나는 반점병(斑點病), 갈색무늬가 있는 갈반병(褐斑病), 괴저나 괴사를 동반하면서 점무늬가 생기는 괴저반점병(壞疽斑點病), 흰무늬가 나타나는 백반병(白斑病), 점무늬가 생기며 잎이 일찍 떨어지는 반점낙엽병(斑點落葉病), 자주색 무늬가 특징인 자반병(紫斑病), 검은색 무늬가 생기는 흑반병(黑斑病), 엽맥에 의해 제한되어 모무늬가 특징인 각반병(角斑病), 줄무늬가 있는 조반병(條斑病), 세균에 의해 점무늬가 생기는 세균반점병(細菌斑點病) 등이 있다.

074

반(盤)

盤은 '소반 반'으로 읽으며, 소반·접시·쟁반·대야 등을 뜻한다. 盤(반)은 般(일반 반)과 皿(그릇 명)이 결합한 모습이다. 본래 般자는 그릇에 담긴 음식을 수저로 푸는 모습을 그린 것이다. 후에 밥을 먹는 일은 매우 일상적이므로 '일반적이다'라는 뜻으로 쓰였다. 여기에 그릇을 뜻하는 皿자를 결합하여 만들어진 盤(반)이 음식을 올려놓은 소반이나 쟁반을 뜻하게 되었다. 盤자는 중국어 간체자로 盘으로 쓴다.

건반악기(鍵盤樂器)·나침반(羅針盤)·분전반(分電盤)·반석(盤石)·암반(巖盤)·지반(地盤)·원반(圓盤)·음반(音盤)·쟁반(錚盤) 등의 일상어가 있다. 의학에서 골반(骨盤, pelvis), 골반통(骨盤痛, pelvic pain), 협착골반(骨盤狹窄, contracted pelvis), 척추원반(脊椎圓盤, intervertebral disc), 태반(胎盤, placenta), 태반추출물(胎盤抽出物, placental extract), 전치태반(前置胎盤, placenta praevia) 등이 있다. 동물의 태반은 발달단계에 따라 산재태반(散在胎盤)·소엽태반(小葉胎盤)·환상태반(環狀胎盤)·반상태반(盤狀胎盤)으로 나눈다. 촌충·낙지·오징어·빨판상어 등은 빨판을 가지고 있으며, 이를 흡반(吸盤, sucker) 또는 육반(肉盤)이라고 한다. 키가 작고 가지가 옆으로 퍼진 소나무를 반송(盤松)이라 하며 조경용으로 쓰인다.

곰팡이 종류 중에 넓적한 접시 모양의 자실체를 형성하는 자낭균류를 반균류(盤菌類, cup fungi)라고 부르며, 이들의 자실체를 자낭반(子囊盤, apothecium)이라고 한다. 또한 분생포자를 형성하는 구조체 중에서 넓적한 접시 모양을 이르러 분생포자반(分生胞子盤, acervulus)이라고 한다. 곰팡이 중에서는 기질에 균체를 부착시키기 위하여 특별히 분화된 접시 모양의 구조체를 형성하는데, 이를 반상부착기(盤狀附着器, holdfast)라고 한다. 곰팡이의 구조 또는 곰팡이 포자의 형태를 기재할 때 원반형(圓盤形, discoid)이 있다.

075

방(防)

防은 '막을 방'으로 읽으며, 막다·막아내다·맞서다·훼방하다 등을 뜻한다. 防(방)은 阝(=阜, 언덕 부)와 方(모 방)이 결합한 모습이다. 본래 方자는 소의 등에 물리는 쟁기로서 밭을 갈거나 흙을 쌓는 용도로 사용하던 농기구를 그린 것이다. 그러니까 防자는 둑을 쌓고 언덕을 만들어 무언가를 막는다는 뜻을 가진 글자이다.

방범창(防犯窓)·방음벽(防音壁)·방어권(防禦權)·방파제(防波堤)·방탄복(防彈服)·방조망(防鳥網) 등의 일상어가 있다. 방제(防除)는 농작물의 해충이나 병원균 따위를 미리 막거나[防] 없애는[除] 것을 함께 이르는 용어이다. 방역(防疫)은 전염병[疫]이 발생하거나 유행하는 것을 미리 막는[防] 일이다. 예방(豫防)은 질병이나 재해 따위가 시작되기 전에 미리[豫] 일어나지 못하게 막는[防] 일이다. 방부(防腐)는 유기물이 썩지[腐] 못하게 막는[防] 일이다. 방식(防蝕)은 금속 표면이 부식[蝕]되지 않도록 막는[防] 일이다.

과수원에 설치하여 새를 막아내는 방조망(防鳥網), 바닷가에 심어 가꾸어 파도를 막아내는 방조림(防潮林), 소금기를 품은 바다 안개를 막아내는 방무림(防霧林), 공사 현장에서 먼지 날림을 막는 방진망(防塵網), 도시 소음을 막는 방음식재(防音植栽)도 있다.

예방의학(豫防醫學, preventive medicine, prophylaxis), 예방접종(豫防接種, vaccination), 우식예방(齲蝕豫防, prevention of dental caries), 방부제(防腐劑, antiseptic, preservative), 생물방제(生物防除, biocontrol), 수해방비림(水害防備林, flood prevention forest), 토사방지림(土沙防止林, sediment prevention forest), 방풍림(防風林, windbreak), 사방오리나무(砂防-, Japanese green alder), 방패벌레(防牌-, lace bug), 식물방역법(植物防疫法, plant quarantine law), 고결방지제(固結防止劑, anticaking agent) 등 수많은 용례가 있다.

076

방(放)

放은 '놓을 방'으로 읽으며, 놓다・내놓다・내쫓다・버리다 등을 뜻한다. 放(방)은 方(모 방)과 攵(칠 복)이 결합한 모습이다. 원래 方자는 소의 등에 물리는 쟁기를 그린 것으로 '좌우전후의 방향'이라는 뜻과 '나아가다'라는 뜻을 가졌다. 여기에 攵자를 결합하여 만들어진 放(방)은 '몽둥이로 내쳐서 보내다'라는 강하고 적극적인 의미가 담긴 글자이다. 차츰 뜻이 변하면서 지금은 '살짝 내려놓다' 또는 '간섭하지 않고 내버려두다'라는 온순하고 소극적인 의미로 쓰인다.

가축을 가두거나 매어 두지 않고 놓아기르는 방사(放飼)와 방목(放牧), 그러한 방식의 개방사육(開放飼育), 중심에서 사방으로 내뻗치는 방사(放射), 알파선・베타선・감마선 등의 방사선(放射線), 방사선을 내보내는 방출(放出), 어린 물고기를 강물에 놓아 보내는 치어방류(稚魚放流), 오수를 처리하여 내보내는 정화방류(淨化放流), 주로 자연력에 의존하여 조방농업(粗放農業), 꽃가루를 살포하여 수분을 돕는 화분방사기(花粉放射器) 등의 용례가 있다.

마치 곰팡이(사상균)처럼 실 모양으로 자라는 세균인 방선균(放線菌, actinomycete), 방선균에 의한 감염증을 이르는 방선균증(放線菌症, actinomycosis)이 있다. actinomycete를 방사선균(放射線菌)으로 부르는 경우가 있고, 국립국어원의 『표준국어대사전』에도 실려 있다. actino는 '곧게 뻗어감'을 뜻하는 그리스어 aktin에서 유래되었고, 이 세균의 생장 모습을 표현하기 위해 채택한 단어이다. 이는 방사선(放射線)을 뜻하는 radiation과 아무 관련이 없다. 따라서 방사선균은 잘못된 용어이다. 또한, 곰팡이 균사가 사방으로 갈래지어 뻗어나는 방식을 방사상분지(放射狀分枝, radial branching)라고 한다. 이 역시 방사선과 아무 관련이 없다. 여기서 放은 '전후좌우・동서남북'의 뜻이며, 射 '쏘다'가 아니라 '내보내다・나아가다・뻗어가다'라는 의미이다.

077

배(培)

培는 '북돋울 배'로 읽으며, (북을)돋우다·불리다·기르다·배양하다·돌보다 등을 뜻한다. 培(배)는 土(흙 토)와 咅(침 부)가 결합한 모습이다. 咅자는 잎을 늘어뜨린 식물을 그린 것이다. 여기에 土자를 더하여 식물이 잘 자라도록 북(식물의 뿌리를 싸고 있는 흙)을 돋워주는 행위를 그린 것이므로 '돌보아 키우다'를 뜻한다. 차츰 뜻이 확장되면서 '인재를 양성하다'라는 뜻은 물론이고, 어떤 생물이든 기르고 가꾸며 돌보는 경우에 널리 쓰인다.

미생물 분야에서 배양(培養)이 들어가는 용어는 교반배양(攪拌培養)·대치배양(對峙培養)·계대배양(繼代培養)·사면배양(斜面培養)·순수배양(純粹培養) 등 100가지도 넘는다. 흥미롭게도, 배양기의 경우에는 3가지 한자를 쓴다. 배양기(培養基)는 페트리접시처럼 배양이 이루어지는 터전이란 의미로 基(터 기)를 쓴다. 배양기(培養器)는 인큐베이터처럼 배양이 이루어지는 도구/그릇이란 의미로 器(그릇 기)를 쓴다. 배양기(培養機)는 동력장치를 이용하여 배양작업을 수행하는 기계라는 의미로 機(기계 기)를 쓴다[☞ 32쪽, 33쪽].

미생물을 기르는 데 필요한 영양소가 들어 있는 매질을 흔히 배양기(培養基, culture media)라고도 하지만 대부분 배지(培地)라고 부른다. 배지는 글자 그대로 배양하는[培, 북돋울 배] 장소나 터전[地, 땅 지]이라는 뜻이다. 한천배지(寒天培地, agar medium), 반합성배지(半合成培地, semisynthetic medium), 선택배지(選擇培地, selective medium), 최소배지(最小培地, minimal medium) 등이 있다. 한편, liquid medium을 액체배지(液體培地), solid medium을 고체배지(固體培地)라고 부른다. 후자의 경우에 고형배지(固形培地) 또는 고상배지(固相培地)가 더 옳은 용어이기는 하다. 하지만, semi-solid medium은 반고형배지(半固形培地)라고 해야만 뜻이 더 잘 통한다.

078

배(背)

背는 '등 배'로 읽으며, 등·뒤·북쪽 등을 뜻한다. 背(배)는 北(북녘 북)과 月(=肉, 육달월)이 결합한 모습이다. 본래 北자는 두 사람이 등을 맞대고 있는 모습을 그린 것으로 '등 뒤'라는 뜻으로 쓰였다. 그러나 가옥의 형태가 남향으로 정착된 이후 北자는 집의 뒤쪽을 가리키는 '북쪽'을 뜻하게 되었다. 그 후 여기에 사람의 신체를 뜻하는 月자를 더한 背(배)가 '등 뒤'라는 뜻을 대신하게 되었다.

사진 찍는 배경(背景), 등에 메는 배낭(背囊), 산을 등지고 물을 바라보는 배산임수(背山臨水), 수표의 뒷면에 서명하는 배서(背書), 믿음을 저버리는 배신(背信), 위를 향하여 반듯이 누워 헤엄치는 배영(背泳), 은덕을 저버리는 배은망덕(背恩忘德) 등의 일상어가 있다. 대부분의 식물 잎은 양면이 서로 다른데, 식물의 이런 특성을 배복성(背腹性)이라고 한다. 잎의 앞면=윗면=향축면(向軸面, adaxial surface)이고, 뒷면=아랫면=배축면(背軸面, abaxial surface)이다. 버섯 자실체 전체가 나뭇가지 아랫면에 납작하게 붙어 있는 방식을 배착성(背着性, resupinate), 일부는 붙어있고 일부는 선반 모양으로 떨어져 있는 방식을 반배착성(半背着性, effuso-reflexed)이라고 한다. 농장에서 등에 메고 사용하는 배낭식분무기(背囊式噴霧器) 또는 배부식분무기(背負式噴霧器)가 있다. 광배근(廣背筋)과 활배근(闊背筋)은 등에 있는 근육이다. 족배동맥(足背動脈)과 족배정맥(足背靜脈)은 발등에 있다.

한편, 背와 상대하는 글자로서 腹(배 복)은 배·속마음·가운데·앞 등을 뜻한다. 포자를 몸 안쪽에 품고 있는 방귀버섯이나 말불버섯 등의 버섯류를 이르는 복균류(腹菌類, gasteromycetes), 배에 발이 달렸다는 뜻으로서 소라나 고둥을 이르는 복족류(腹足類, gastropoda), 복부 내장을 싸고 있는 복막(腹膜, peritoneum), 복부 안쪽을 들여다보는 복강경검사(鏡腔鏡檢查, laparoscopy) 등이 있다.

079

배(胚)

胚는 '임신할 배'로 읽지만 '배 배'가 옳다고 여겨지며, 배를 뜻한다. 胚(배)는 月(=肉, 육달월)과 丕(클 비)가 결합한 모습이다. 즉, 사람은 첫 달에 피가 엉기어 한 방울 이슬처럼 맺힌 것을 胚(배), 2개월째에 복숭아 꽃잎처럼 변한 것을 腪(운), 3개월째에 맑은 코처럼 흐르고 생명체의 형상을 띠는 것을 胎(태)라고 한다. 胚는 영어 embryo에 해당하고, 미분화된 세포의 집단이며 생명체이다. 유사한 글자로 孕(임신할 잉)은 '임신함'과 '아이를 가짐'이란 뜻이고, 孕胎(잉태)는 胎를 뱃속에 가짐이므로 완전한 생명체를 가짐이다.

식물학에서는 배(胚, embryo)와 배유(胚乳, endosperm, 배젖)를 비롯하여 배낭모세포(胚囊母細胞)·배낭핵(胚囊核)·배유종자(胚乳種子)·무배유종자(無胚乳種子)·무배종자(無胚種子)·미숙배(未熟胚)·상배축(上胚軸)·하배축(下胚軸)·단배성(單胚性)·다배성(多胚性) 등 여러 용어가 있다. 배아미(胚芽米)는 쌀눈[胚, 배]이 떨어져나가지 않게 도정한 쌀이다. 배아박(胚芽粕)은 배아에 함유된 기름[胚芽油, 배아유]을 짜고 남은 것을 건조하고 분쇄한 찌꺼기이다. 옥배아박(玉胚芽粕)은 옥수수의 배아에 함유된 기름[玉胚油, 옥배유]을 짜고 남은 것을 건조하고 분쇄한 찌꺼기인데, 가축 사료로 이용된다.

사람을 포함한 동물의 출생 이전을 크게 배아기(胚芽期, embryonic period)와 태아기(胎芽期, fetal period)로 구분한다. 배아와 관련된 학술 용어로는 배아내체강(胚芽內體腔)·배아외체강(胚芽外體腔)·배아복제(胚芽複製)·배아원반(胚芽圓盤)·배아줄기세포(胚芽-細胞)·배아축(胚芽軸)·체세포복제배아(體細胞複製胚芽) 등이 있다. 참고로, 胎는 '아이 밸 태'로 읽지만 '태 태'가 더 나은 훈이다. 사람의 경우는 보통 수정 후 7주까지를 태아(胎芽, embryo)라 하고, 8주부터 출산까지의 생명체를 태아(胎兒, fetus)라고 한다.

080

변(變)

變은 '변할 변'으로 읽으며, 바뀌다·변하다·고치다·새롭다 등을 뜻하며 때로는 재앙을 가리킨다. 變(변)은 䜌(어지러울 련)과 攵(칠 복)이 결합한 모습이다. 䜌자는 말[言]이 실[絲]처럼 꼬여버린 모습을 표현한 것으로 '어지럽다'는 뜻이다. 이런 어지러운 상황에서 몽둥이를 든 모습을 그린 攵자를 결합한 것이므로 혼란스러운 상황을 바로잡는다는 뜻이다. 잘못된 것을 바로잡는다는 것은 상황이 바뀌고, 고쳐지고, 변한다는 의미이므로, 지금은 매우 넓은 의미로 쓰인다.

변경(變更)·변동(變動)·변심(變心)·변압기(變壓器)·변전소(變電所)·변화(變化)·임시응변(臨時應變) 등의 일상어가 있다. 유전학에서 변위돌연변이(變位突然變異)·영양요구돌연변이주(營養要求突然變異株)·돌연변이유발원(突然變異誘發源)·변이성(變異性)·변종(變種)·방황변이(彷徨變異)·교잡변이(交雜變異)·아조변이(芽條變異) 등 수많은 용어가 있다. 생명과학과 의학에서 일주변화(日週變化)·변온생물(變溫生物)·격변설(激變說)·변형성척추증(變形性脊椎症)·지방성간경변(脂肪性肝硬變)·퇴행성변화(退行性變化)·백변종(白變種)·국소병변(局所病變)·황반변성(黃斑變性) 등이 있다.

농업에서 변성전분(變性澱粉)·갈변반응(褐變反應)·과육흑변(果肉黑變)·청변균(青變菌)·변형균(變形菌)·변칙주간형수형(變則主幹型樹形)·유전자변형농산물(遺傳子變形農産物)·적변삼(赤變蔘)·황변미(黃變米) 등이 있다. 또한, 색깔의 변화를 나타내는 황변(黃變, yellowing), 갈변(褐變, browning), 적변(赤變, reddening), 흑변(黑變, blackening) 등이 있다. 한편, 變(변)을 일본어 신자체에서는 変으로, 중국어 간체자에서는 变으로 축약하여 쓴다. 최근 일본유전학회에서 variation을 変異(變異, 변이)에서 多様性(다양성)으로 용어를 변경하였다. 變異는 과정에, 多様性은 결과에 방점을 둔 개념적 변경이다.

081

변(邊)

邊은 '가 변'으로 읽으며, 가(가장자리)·변방·곁·변두리·끝 등을 뜻한다. 邊(변)은 辵(쉬엄쉬엄갈 착)과 臱(보이지않을 면)이 결합한 모습이다. 본래 臱(면→변)자는 처마가 좌우로 같이 내민 집을 가리키는 글자였으나 나중에 '양쪽 끝→한쪽 끝'의 뜻으로 되었다. 여기에 책받침(辵→⻍)부를 더하여 '끝으로 걸어가는 일'의 뜻으로 쓰이고, 차츰 현재와 같은 뜻으로 정착되었다. 한편, 邊(변)을 일본어 신자체에서는 辺으로, 중국어 간체자에서는 边으로 축약하여 쓴다.

수학에서 다각형을 이루는 각 선분을 가리키는 변(邊), 바둑에서 중앙과 네 귀를 빼놓고 남은 부분을 가리키는 변(邊), 한자에서 글자의 왼쪽에 있는 부수를 가리키는 변(邊) 등은 모두 '가장자리'를 뜻한다. 각막 가장자리에 염증이 생기는 변연각막염(邊緣角膜炎, marginal keratitis), 치아와 가장 가까운 가장자리 치은(잇몸)에 발생된 변연치은염(邊緣齒齦炎, marginal gingivitis), 논밭 가장자리의 개체들이 더 잘 자라는 주변효과(周邊效果), 목재의 가장자리가 균류에 의해 썩는 변재부후(邊材腐朽, sapwood rot)와 색깔이 변하는 변재변색(邊材變色, sapwood stain) 등 많은 용례가 있다.

종자나 포자의 좌우가 서로 다른 부등변(不等邊, inequilateral), 지붕 양쪽의 길이가 서로 다른 부등변식온실(不等邊式溫室), 곰팡이 자낭각이나 분생포자각에서 공구 주변에 존재하는 주변사상체(周邊絲狀體, periphysis), 식물의 기공을 이루고 있는 공변세포(孔邊細胞, guard cell), 바닷가에서 자라는 해변식물(海邊植物, beach plant), 물가에서 자라는 수변식물(水邊植物, waterside plant), 수자원 보호를 위해 물가를 따라 심어 놓은 수변림(水邊林, riparian forest), 콩과식물에서 홑씨방의 한쪽 벽에 있는 연변태좌(緣邊胎座, marginal placentation) 또는 주변태좌(周邊胎座) 등이 있다.

082

병(病)

病은 '병 병'으로 읽으며, 질병・근심・흠・결점 등을 뜻한다. 病(병)은 疒(병들어기댈 녁)과 丙(남녘 병)이 결합한 모습이다. 본래 침대에 누워 땀을 흘리고 있는 아픈 사람을 표현하기 위한 복잡한 글자가 있었는데, 후에 땀을 흘리는 사람 대신 丙자가 쓰이면서 발음 역할만 한다. 병원(病院)・병환(病患)・병균(病菌)・병실(病室)・병동(病棟)・병가(病暇) 등의 일상어가 있다. 참고로, 여기서 丙(병)은 지리적 방위를 나타내는 남쪽이 아니라 천간(天干)의 방위이다.

病(병)은 모든 병을 통칭할 수 있지만, 疫(역)은 전염병만을 의미한다. 疫(역)은 '전염병 역'으로 읽으며 전염병을 뜻한다[☞ 131쪽]. 질(疾)은 가벼운 급성인 것인데[☞ 198쪽], 질(疾)이 심해지면 병(病)이 되므로 두 글자를 합쳐서 질병(疾病)이라고 한다. 염증을 동반하면 염(炎)으로 부른다[☞ 136쪽]. 한편, 식물의학에서는 원칙적으로 병원체에 의한 질병만 다루며, 모든 질병은 '~병'으로 병명이 부여된다. 탄저병(炭疽病)・역병(疫病)・흰가루병(-病)・녹병(-病)・깜부기병(-病)・잎떨림병(-病)・맥각병(麥角病)・갈색고약병(褐色膏藥病)・과실부패병(果實腐敗病)・균핵병(菌核病)・궤양병(潰瘍病) 등이 있다.

특정 병명이 아니라 넓은 의미로 쓰이는 불치병(不治病)・중병(重病)・난치병(難治病)・정신병(精神病)・성인병(成人病)・직업병(職業病)・유행병(流行病)・풍토병(風土病) 등이 있다. 비전염성이며, 비병원성 질병으로는 당뇨병(糖尿病)・상사병(相思病)・조현병(調絃病)・열사병(熱射病)・월요병(月曜病)・일사병(日射病)・잠수병(潛水病)・고산병(高山病)・괴혈병(壞血病)・심장병(心臟病)・혈우병(血友病)・백혈병(白血病) 등이 있다. 미생물이 병원체가 되어 감염성 질병으로 여겨지는 흑사병(黑死病)・광우병(狂牛病)・나병(癩病)・황열병(黃熱病)・수면병(睡眠病)・앵무새병(鸚鵡새病)・야토병(野兎病) 등이 있다.

083

보(保)

保는 '지킬 보'로 읽으며, 지키다 · 보호하다 · 보존하다 · 유지하다 · 보증하다 등을 뜻한다. 保(보)는 人(사람 인)과 呆(어리석을 태)가 결합한 모습이다. 呆자는 子(아들 자)자를 달리 표현한 것이므로 어린 아이를 형상화한 것이다. 그러므로, 保자는 엄마가 아이를 등에 업고 있는 모습을 응용하여 '돌보면서 적극적으로 지키다'라는 뜻을 갖게 되었다. 유사한 뜻을 가진 守(지킬 수)는 '외부의 공격으로부터 굳게 지키다'라는 의미이므로 서로 쓰임새가 다르다.

보건(保健) · 보수(保守) · 보안(保安) · 보험(保險) · 보호(保護) · 안보(安保) 등의 일상어가 있다. 보전(保全, conservation)은 온전하게 보호하여 유지함이다. 보존(保存, preservation)은 잘 보호하고 간수하여 남김이다. 생명과학에서 이 두 단어는 핵심적이지만 혼동되기 쉽고 실제로 애매모호하게 쓰이는 경우도 있다.

용례로서 보전생물학(保全生物學, conservation biology), 보전생태학(保全生態學, conservation ecology), 야생생물보전(野生生物保全, wildlife conservation), 보전의존종(保全依存種, conservation-dependent species) 등이 있다. 또한, 냉동보존(冷凍保存, cryopreservation), 동결건조보존법(凍結乾燥保存法, freeze drying, lyophilization), 보존염기서열(保存鹽基序列, conserved sequence), 시험관내보존(試驗管內保存, in vitro preservation), 반보존적복제(半保存的複製, semiconservative replication) 등이 있다.

동결보호제(凍結保護劑, cryoprotectant), 미국환경보호청(美國環境保護廳, United States Environmental Protection Agency, EPA), 습지보호지역(濕地保護地域, wetland protected area), 수자원보호(水資源保護, water resources protection), 보육세포(保育細胞, nursery cells), 보모(保姆, childminder) 등도 있다.

084

보(補)

補는 '기울 보'로 읽으며, 補(보)는 (옷을)깁다·돕다·꾸미다·고치다 등을 뜻한다. 補(보)는 衣(옷 의)와 甫(클 보)가 결합한 모습이다. 甫자는 밭에 새싹이 새로 자라 올라오는 모습을 그린 글자이지만 여기에서는 발음 요소로만 쓰였다. 본래 補(보)는 옷[衤=衣]의 해진 부분을 새로 덧댄다[甫]는 뜻을 표현하기 위해 만든 글자였다. 그래서 補(보)는 '옷 수선'을 기본 뜻으로 갖고 차츰 확장되어 어떤 경우이든 '수선'이나 '보충'의 의미로 쓰인다. 중국어 간체자에서는 補를 补로 쓴다.

보조(補助)·보상(補償)·보완(補完)·보급(補給)·보수(補修) 등의 일상어는 물론이고, 모자란 내용을 보태고 기워서 다시 출판하는 증보판(增補版), 기력을 보충해 주는 보약(補藥), 건강에 도움을 주는 건강보조식품(健康補助食品), 심은 식물이 죽거나 상한 자리에 보충하여 심는 보식(補植), 결주가 있어도 수확량에 손실이 없는 보상효과(補償效果), 현미경이나 카메라의 보정필터(補正-), 장애인들의 활동을 도와주는 보장구(補裝具) 등이 있다.

생명과학에서 용례를 찾아보자. 효소의 활성에 필요한 촉매를 가리키는 보조인자(補助因子, cofactor), 항체의 기능을 보조하는 보체(補體, complement), DNA 복제·전사의 기본원리로서 상보성(相補性, complementation), 서로 협동하여 한 가지 형질을 발현하는 보족유전자(補足遺傳子, complementary gene), 복합단백질 구조의 일부로서 보결분자단(補缺分子團, prosthetic group), 실험 결과에 포함된 외부적 원인에 의한 오차를 없애고 참값에 가까운 값을 구하는 보정(補正, correction), 식물에서 광합성으로 생기는 산소의 양과 호흡에 의해 소모되는 산소의 양이 같은 보상점(補償點, compensation point), 바닷말이 제 빛깔의 보색을 광합성에 이용하는 보색적응(補色適應, complementary chromatic adaptation) 등이 있다.

085

복(復)

復은 '회복할 복'으로 읽으며, 회복하다·돌아오다·되돌리다·중복되다 등을 뜻한다. 이는 '다시'의 의미가 될 수도 있다. 復活(부활)과 復興(부흥)의 경우처럼 용례가 제한적이지만, 이 경우에는 '다시 부'로 읽는다. 復(복)은 彳(조금걸을 척)과 复(갈 복)이 결합한 모습이다. 复자는 성(城)을 나왔다가 되돌아가는 모습을 그린 것으로 '돌아가다'나 '돌아오다'라는 뜻이 있다. 여기에 彳자를 더하여 뜻을 더 명확히 표현하고 있다. 復(복)은 후에 뜻이 확장되면서 지금은 '본래의 상태로 되돌아감'을 뜻하는 글자로 쓰인다. 중국어 간체자에서는 復을 复으로 쓴다.

복고풍(復古風)·복구(復舊)·복귀(復歸)·복습(復習)·회복(回復)·왕복(往復)·광복절(光復節) 등의 일상어가 있다. 생물복원(生物復原, restoration)은 멸종위기에 처했거나 이미 멸종한 생물을 복원하는 일이나. 이 경우 復原과 復元이 모두 허용하며 같은 뜻으로 사용된다. 참고로, bioremediation을 생물복원으로 부르는 경우가 있으나 생물정화(生物淨化)가 옳으며, 일본식 용어인 生物修復(생물수복)을 선호하는 학자들도 있다. 생물통계학을 비롯한 생물 실험에서 자주 등장하는 반복(反復, repetition)이 있다. 유전학에서는 회복유전자(回復遺傳子, restorer gene), 복귀돌연변이(復歸突然變異, reverse mutation), 반복서열(反復序列, repeated sequence) 등이 있다.

생물의 학명에서 속명과 종소명을 같은 철자로 쓰는 것을 반복명(反復名, tautonym)이라고 한다. 유라시아수리부엉이(*Bubo bubo*), 유라시아까치(*Pica pica*), 붉은여우(*Vulpes vulpes*), 서부고릴라(*Gorilla gorilla*)처럼 동물에서는 정식 학명으로 인정된다고 규정하고 있다. 그러나 조류·균류·식물에서는 정식 학명으로 인정되지 않는다. 한편, 세균에서 학명 뒤에 'nom. rev.'이 붙은 것은 nomen revictum의 생략형이며 부활명(復活名)을 뜻한다.

086

복(複)

複은 '겹옷 복'으로 읽으며, 겹옷·겹·이중·거듭 등을 뜻한다. 複(복)은 衣(=衤, 옷 의)와 复(돌아갈 복)이 결합한 모습이다. 复자는 성(城)을 나왔다가 되돌아가는 모습을 그린 것으로 '돌아가다'나 '돌아오다'라는 뜻이 있다. 여기에 衣자를 결합하여 '옷을 겹쳐 입다'라는 뜻을 표현했었다. 그러나 지금의 複자는 옷과 무관하게 단순히 '겹치다'나 '거듭되다'라는 뜻으로 쓰인다. 중국어 간체자에서는 複을 复으로 쓴다.

오고 가는 길이라 복도(複道), 단문이 연결되어 복문(複文), 같은 것을 찍어 복사(複寫), 같은 것을 만들어 복제(複製), 둘이 한 팀으로 치는 복식탁구(複式卓球), 두 나라에 걸친 복수국적(複數國籍) 등의 일상어가 있다. 유전학과 분자생물학에서는 수많은 용례가 있다. 복제동물(複製動物, cloned animal)을 비롯하여 복대립유전자(複對立遺傳子)·복교잡(複交雜)·복이배체(複二倍體)·복제기점(複製起點)·복조절형질(複調節形質)·반보존적복제(半保存的複製)·유전자복제(遺傳子複製)·자기복제(自己複製)·중복유전자(重複遺傳子)·체세포복제배아(體細胞複製胚芽) 등이 있다.

의학에서는 한 물체가 둘로 보이는 복시(複視, diplopia)를 비롯하여 복관절(複關節)·복합균감염(複合菌感染)·중복골절(重複骨折)·중복임신(重複妊娠) 등이 있다. 식물학에서는 중복수정(重複受精, double fertilization)과 복엽(複葉 compound leaf)을 비롯하여 복예거치(複銳鋸齒)·복자엽(複子葉)·복자예(複雌蕊)·복합과(複合果)·복합엽서(複合葉序)·복합화서(複合花序) 등이 있다. 식물의학의 중복기생(重複寄生, hyperparasitism)을 비롯하여 복숙주기생(複宿主寄生)·복합감염(複合感染)·복합병(複合病)·복합비료(複合肥料) 등이 있다. 임업의 복층림(複層林, multiple-layered forest)을 비롯하여 복합경영림(複合經營林)·복합구조재(複合構造材) 등이 있다.

087

부(附)

附는 '붙을 부'로 읽으며, 붙다・붙이다・의지하다・보태다・더하다 등을 뜻한다. 附(부)는 阝(=阜, 언덕 부)와 付(부칠 부)가 결합한 모습이다. 즉, 큰 산 옆에 나지막한 언덕[阜]이 곁에 있는[付] 모양에서 '붙다・가까이하다'의 뜻이 되었다. 그러니까 '언덕'이란 개념은 없어지고 '붙다'만 남았으므로, 유사한 의미를 가진 付(부)와 혼용되기도 한다. 특히 일본어에서는 대부분의 학술용어에 附자 대신에 付자가 쓰이고, 우리나라의 학술용어에도 영향을 미쳐 혼동을 주기도 한다. 附(부)는 '원래부터 붙어있다' 또는 '원래부터 붙어있던 것처럼 딱 들어붙다'라는 뜻이 있다. 그래서 附는 付와 뚜렷이 구분하여 쓰인다.

부칙(附則)・부가세(附加稅)・부속(附屬)・첨부(添附)・부기(附記)・부언(附言) 등의 일상어가 있다. 안구에 딸려 있는 근육・근막・눈썹・안검・결막・눈물샘 따위를 통틀어 안구부속기(眼球附屬器), 태아를 보호하고 호흡과 영양 작용을 하는 양막(羊膜)・장막(漿膜)・요막(尿膜)을 통틀어 태아부속막(胎兒附屬膜), 피부에서 발생한 털・손톱・발톱・땀샘・젖샘・기름샘을 통틀어 피부부속물(皮膚附屬物)이라고 한다. 곰팡이가 식물을 침입하기 위하여 식물 표면에 만드는 방석 모양의 균사조직을 부착기(附着器, appressorium), 미역에서 엽상체를 바위에 고정하는 부분은 부착반(附着盤, holdfast)이라고 한다.

생명과학 영역에서 adhesion과 attachment를 대부분 부착(附着)으로 하므로 부착근(附着根)・부착란(附着蘭)・부착란(附着卵)・부착막(附着膜)・부착태반(附着胎盤)・부착반흔(附着斑痕)・부착생물(附着生物)・부착성포자(附着性胞子)・부착세균(附着細菌)・부착조류(附着藻類) 등이 여러 용어가 있다. 선박의 밑면이나 어망 등에 갑각류나 해조 등이 부착되는 것을 막기 위하여 사용하는 부착방지제(附着防止劑)가 있다. 참고로, 着(붙을 착)은 202쪽에 해설하였다.

088

부(副)

副는 '버금 부'로 읽으며, 버금·둘째·부차·덧붙임 등을 뜻한다. 副(부)는 刀(칼 도)와 畐(가득할 복)이 결합한 모습이다. 본래 畐자는 '가득 찬 항아리'를 그린 글자이다. 가득한 것[畐]으로부터 칼[刀=刂]로 베어낸 것은 일부이고, 버금이고, 둘째이다. 온전한 것이 있으니 일부가 생기고, 첫째가 있으니 둘째가 생긴다. 부직(副職)·부업(副業)·부상(副賞)·부제목(副題目)에서 副는 '덧붙이다'는 뜻이다. 부통령(副統領)·부사장(副社長)·부반장(副班長)에서 副는 '둘째'라는 뜻이다.

부작용(副作用, side effect)은 약이 지닌 그 본래의 작용 이외에 부수적으로 일어나는 작용을 이르는 용어이다. 그런데, 부작용은 대개 좋지 않은 경우를 이르므로 否作用으로 잘못 인식되기도 한다. 부비강염(副鼻腔炎, sinusitis)은 비강 바깥쪽에 있는 4개의 부비강에 염증이 생기는 병이다. 산림부산물(山林副産物, forest by-product)은 목재 이외의 모든 산림 생산물이다. 부목(副木, splint)은 아픈 팔다리를 고정하는 의료용구이다. 부자재(副資材, subsidiary materials)는 생산 과정에서 보조적으로 소비되는 자재이다. 부신(副腎, adrenal gland)은 좌우의 콩팥 위에 있는 내분비샘이다. 부갑상선(副甲狀腺, parathyroid gland)은 갑상선 뒤에 위치한다. 생물분류학에서 정기준표본(正基準標本, holotype)과 부기준표본(副基準標本, isotype)이 있다.

참고로, 副와 비슷한 뜻을 가진 亞(버금 아)와 次(버금 차)가 있다 [☞ 119쪽, 201쪽]. 유사한 형태의 글자로 幅(폭 폭)은 너비를 의미한다. 미생물의 형태 기재에서 길이와 너비의 비를 장폭비(長幅比, length/width ratio)라고 한다. PCR을 달리 불러서 유전자증폭기술(遺傳子增幅技術)이라고 한다. 인공배지에서 배양할 수 없는 비배양성 병원체를 늘리는 용도로 쓰이는 숙주를 증폭숙주(增幅宿主, multiplication host)라고 한다.

089

부(腐)

腐는 '썩을 부'로 읽으며, 썩다·썩히다·상하다·없어지다 등을 뜻한다. 腐(부)는 府(관청 부)와 肉(고기 육)이 결합한 모습이다. 소리를 나타내는 요소로서 관청을 뜻하는 府자를 쓴 것에 대해 흥미로운 해석이 있으나 여기서는 소개하지 않는다. 뜻을 나타내는 요소로서 肉자가 쓰인 것은 아마도 하루 이틀이면 썩어 악취가 나거나 물성이 변하는 고기의 특성을 반영한 것으로 보인다.

부패(腐敗)·부후(腐朽)·부식(腐蝕)·방부(防腐) 등의 단어를 통해 부(腐)가 썩음과 관련되어 있음을 쉽게 유추할 수 있다. 부패(腐敗)는 유기물이 미생물의 작용에 의하여 분해되는 현상으로서 악취가 나거나 독성물질이 발생하는 등 부정적인 경우가 많다. 부(腐)는 썩는 것이고, 패(敗)[☞ 218쪽]는 망가지는 것이므로 완전히 썩어서 유기물이 원래의 성상을 잃어버린 상태를 의미한다. 거의 같은 뜻의 글자를 반복함으로써 강조의 의미도 지닌다. 부패취(腐敗臭)·부패미생물(腐敗微生物)·부패작용(腐敗作用)·부패병(腐敗病) 등의 용례가 있다. 목재가 썩는 것은 부패가 아니라 부후(腐朽)라고 하며, 상세한 이유를 246쪽에 설명하였다. 부패와 부후를 막는 것은 방부(防腐)라고 하는데, 방부제(防腐劑, preservative, antiseptic)를 이용한다.

부식(腐蝕)은 '썩어서 문드러짐'으로 널리 사용되는 단어이지만, 과학용어로서의 부식은 영어 corrosion을 번역한 것이다. 부식은 금속이나 암석 같은 무기물에 사용되며 자연적 작용이며 화학적 반응이다. 따라서 목재나 식물 등의 유기물에는 사용되지 않는 단어이다. 부식을 막는 것은 방식(防蝕)이며, 방식제(防蝕劑, anticorrosive)를 사용한다.

한편, 豆腐(두부)에서 腐자는 썩은 것이 아니라 뇌수처럼 연하고 물렁물렁하다는 뜻이다. 부식(腐植, humus) 또는 부식질(腐植質, humic substances)은 식물이 썩으면서 만들어지는 유기물의 혼합물이다.

090

분(分)

分은 '나눌 분'으로 읽으며, 나누다·가르다·나누어지다·구별하다·헤어지다 등을 뜻한다. 分(분)은 길이·무게·시간·각도·화폐 따위의 단위로도 쓰인다. 分(분)은 八(여덟 팔)과 刀(칼 도)가 결합한 모습이다. 八자는 사물이 반으로 갈린 모습을 그린 것이다. 여기에 刀자가 결합한 分자는 물건을 반으로 나누었다는 뜻을 표현한다. 그래서 分자는 사물을 반으로 나눈 모습에서 '나누어 주다'나 '베풀어 주다'라는 뜻을 갖게 됐지만, 물건이 나뉜 후에는 사물의 내부가 보인다는 의미에서 '구별하다'나 '명백하다'라는 뜻도 파생되어 있다.

구분(區分)·등분(等分)·분배(分配)·분만(分娩)·대부분(大部分) 등의 일상어가 있다. 과학용어로서도 미분방정식(微分方程式)·정적분(定積分)·분산분석(分散分析)·백분율(百分率)·인수분해(因數分解)·분자량(分子量) 등 용례가 무척 많다. 생명과학 분야에서도 분자생물학(分子生物學, molecular biology), 분류학(分類學, taxonomy), 염색분체(染色分體, chromatid), 체세포분열(體細胞分裂, mitosis), 분해효소(分解酵素, degradative enzyme), 분해능(分解能, resolution power), 원심분리기(遠心分離機, centrifuge) 등이 있다.

균류학에서도 마디[節]처럼 나누어지며[分] 생기는 분절포자(分節胞子, arthrospore), 편평한 접시[盤]처럼 생긴 분생포자반(分生胞子盤, acervulus), 넓은 방석[座]처럼 생긴 분생포자좌(分生胞子座, sporodochium), 둥그런 껍질[殼]처럼 생긴 분생포자각(分生胞子殼, pycnidium), 나누지 않고 한꺼번에 영양분을 공급하는 회분배양(回分培養, batch culture), 같은 크기의 두 딸세포를 형성하는 분열효모(分裂酵母, fission yeast), 균사가 가지를 치는 분지(分枝, branching), 동식물의 사체나 배설물을 분해하여 무기물로 만드는 분해자(分解者, decomposer) 등 수많은 용어가 있다.

091

분(粉)

粉은 '가루 분'으로 읽으며, 가루·색칠·화장 등을 뜻한다. 粉(분)은 米(쌀 미)와 分(나눌 분)이 결합한 모습이다. 分자는 칼[刀]로 사물을 반으로 나눈 모습을 그린 것으로 '나누다'라는 뜻이 있다. 여기에 米자를 결합한 粉(분)은 '쌀을 나누다' 즉 '쌀을 가루로 만들다'라는 뜻이다. 이후 쌀에 국한되지 않고 어떤 것이든 '가루'를 의미하는 글자로 정착되었다. 粉(분)을 독립적으로 쓰면 중국에서는 쌀가루, 한국과 일본에서는 밀가루를 뜻하는 글자이기도 하다.

분쇄기(粉碎機)·제분소(製粉所)·분필(粉筆)·박력분(薄力粉)·분청사기(粉靑沙器)·분식점(粉食店) 등의 일상어가 있다. 경제용어 분식회계(粉飾會計)에서는 분(粉)이 '가루→화장품→거짓꾸밈'의 의미 확장이 있지만, 과학용어로서의 분(粉)은 전분(澱粉, starch)처럼 단순하게 '가루(powder)'의 의미에 충실하다. 분말(粉沫, powder), 골분비료(骨粉肥料, bone meal), 조제분유(調製粉乳, infant formula) 등에서는 粉이 가루를 뜻한다. 타가수분(他家受粉, cross pollination), 화분전염(花粉傳染. pollen transmission), 화분병(花粉病, pollen allergy) 등에서는 粉이 꽃가루를 뜻한다.

곰팡이와 관련된 용어를 나열해보자. 흰가루병을 가리키는 백분병(白粉病, powdery mildew), 지의류의 번식체인 분아(粉芽, soredium), 분아가 뭉쳐진 분아괴(粉芽塊, soralium), 형태의 세부 기재에 등장하는 형용사로서 분질(粉質, farinose), 분상(粉狀, pulveraceous), 세분상(細粉狀, pruinose), 비전분성(非澱粉性, non-amyloid) 등이 있다.

한편, 가루를 나타내는 글자로 屑(가루 설)도 있다. 屑(설)은 '부스러기'로 이해하는 편이 좋다. 곰팡이에 의한 백선증으로 인해 피부에서 하얗게 떨어지는 살가죽의 부스러기[屑]를 물고기 비늘[鱗]처럼 보인다는 의미로 인설(鱗屑)이라고 한다.

092

비(比)

比는 '견줄 비'로 읽지만, 다의자(多義字)로서 병렬하다·달라붙다·결탁하다·연계하다·비교하다 등을 뜻한다. 갑골문부터 현재의 자형까지 변천과정과 파생글자의 이야기는 무척 흥미롭고도 복잡하다. 비견(比肩)·등비수열(等比數列)·비구니(比丘尼)·반비례(反比例)·비유(比喩)·즐비(櫛比) 등의 일상어가 있다. 여기서는 과학용어에서 쓰인 용례를 중심으로 해당 사항만 설명한다.

비열(比熱, specific heat)은 단위 질량의 물질 온도를 1도 높이는 데 드는 열에너지를 말한다. 비중(比重, specific gravity)은 어떤 물체의 단위중량과 순수한 물 4℃일 때 단위중량의 비를 가리킨다. 과학에서는 꼭 필요하고 중요하지만, 이렇게 specific으로 대변되는 개념을 단순히 比로 표현하여 다소의 혼란이 있는 것은 사실이다.

비중계(比重計, hydrometer)와 만능비중계(萬能比重計)는 포괄적 개념이고, 특정한 용도에 맞게 설정된 우유비중계(牛乳比重計)·요비중계(尿比重計)·알코올 비중계(alcohol 比重計)·보메 비중계(Baumé 比重計) 등이 있다. 이와 유사하게, 비증식속도(比增殖速度)나 비탈질속도(比脫窒速度)의 개념도 특정한(specific) 기준에 대한 비교치를 의미한다. 이러한 개념은 숫자 등 단위로 표시된다.

비(比)가 비율(比率, ratio)의 개념으로 쓰인 용례를 보자. 당산비(糖酸比)는 과실의 당도를 산도로 나눈 값이며, 탄질비(炭窒比)는 어떤 기질의 질소량에 대한 탄소량의 비율이다. 배합비(配合比)·성분함량비(成分含量比)·희석비(稀釋比)·성비(性比)·자웅비(雌雄比)·엽과비(葉果比) 등의 용례가 있다. 또한, 비(比)가 비교(比較, comparison)의 개념으로 쓰인 대비구(對比區, control)가 있으며, 비교발생학(比較發生學)·비교유전체학(比較遺傳體學)·비교해부학(比較解剖學)·비교의학(比較醫學)처럼 직접 비교로 쓴다.

093

비(非)

非는 '아닐 비'로 읽으며, 아니다·그르다·등지다·어긋나다 등을 뜻한다. 非(비)는 본래 새의 양 날개를 그려 '날다'라는 뜻을 전달하는 글자였다. 하지만 후에 새의 날개가 서로 엇갈려 있는 모습에서 '등지다'라는 뜻이 파생되면서 지금은 '아니다'라는 뜻으로 쓰이고 있다. 그래서 지금은 '날다'라는 뜻은 飛(날 비)가 대신하고 있다. 비과세(非課稅)·비금속(非金屬)·비리(非理)·비상구(非常口)·비행(非行)·시비(是非)·사이비(似而非) 등의 일상어가 있다.

광합성 세균이나 남조류처럼 대기 중의 질소를 암모니아로 변환하는 비공생질소고정(非共生窒素固定, non-symbiotic nitrogen fixation), 병을 일으키지 않는 비병원성유전자(非病原性遺傳子, avirulent gene), 외부에서 새로이 배양액을 첨가하지 아니하는 비연속배양(非連續培養, batch culture), 편모나 섬모가 없어서 운동성이 없는 비운동성포자(非運動性胞子, non-motile spore), 학습이나 환경 등의 영향으로 유도되어 유전성이 없는 비유전적변이(非遺傳的變異, non-heritable variation) 등의 용례가 있다.

의학에서 비가역적손상(非可逆的損傷, irreversible injury), 비경구영양(非經口營養, parenteral nutrition), 비경구투여(非經口投與, parenteral administration), 비수술치료(非手術治療, conservative treatment), 비염증성(非炎症性, non-inflammatory), 비특이요도염(非特異尿道炎, non-gonococcal urethritis), 안면비대칭(顔面非對稱, facial asymmetry) 등이 있다.

식물학에서 호흡비급등형과실(呼吸非急騰型果實, non-climacteric fruit), 비파괴선별기술(非破壞選別技術, non-destructive sorting technique), 비선택성제초제(非選擇性除草劑, non-selective herbicide), 비휴면종자(非休眠種子, non-dormant seed) 등이 있다.

094

비(泌)

泌는 '물졸졸흐를 비'로 읽으며, 물이 졸졸 흐르다·스미어 흐르다·분비(分泌)하다 등을 뜻한다. 泌(비)는 氵(=水, 물 수)와 必(반드시 필)이 결합한 모습이다. 본래 必자는 물을 퍼 담는 바가지를 그린 것으로 바가지나 두레박을 뜻하였으나 후에 '반드시'라는 뜻으로 가차(假借)되었다. 따라서 泌(비)는 나무 두레박에서 물이 스며서 나오듯 졸졸 흐르는 경우에만 쓰이고 있다.

비뇨기(泌尿器, urinary system)는 오줌을 만들어 배설하는 기관인데, 泌(비)가 있어 오줌을 만드는 부분에 중점을 둔 것으로 보인다. 오줌 배설에 방점을 두면 배뇨(排尿)라고 한다. 생물체에서 기(器)는 기능적 집합단위이다[☞ 32쪽]. 용례로 비뇨기학(泌尿器學, urology), 비뇨기과의사(泌尿器科醫師, urologist), 신경비뇨기학(神經泌尿器學, neurourology), 여성비뇨기학(女性泌尿器學, female urology), 비뇨기질환(泌尿器疾患, urology-related disease) 등이 있다.

분비(分泌, secretion)는 샘세포의 작용으로 만들어진 액즙을 보내는 일인데, 흔히 배설(排泄, excretion)과 비교하여 학습한다. 의학에서 분비선(分泌腺, secreting gland), 내분비학(內分泌學, endocrinology), 내분비(內分泌, endocrine), 외분비(外分泌, exocrine) 등이 있고, 식물의 분비모(分泌毛, secretory hair)가 있다. 여기서 分(나눌 분)[☞ 90쪽]은 '조금씩'이란 의미로 해석되므로 分泌(분비)라는 글자가 '아주 조금씩 흘러나오다'는 뜻이다.

또한 식물에서 일비현상(溢泌現象)은 수공을 통한 exudation과 상처를 통한 bleeding이 있다. 비유(泌乳, lactation)는 젖샘에서 젖이 '두레박에서 물 떨어지듯 조금씩 나오는' 일이다. 젖소에서 젖을 짜는 비유기(泌乳期)와 젖을 말리는 건유기(乾乳期)가 있다. 비유량(泌乳量)은 생리적 용어이고, 산유량(産乳量)은 산업적 단어이다.

095

빈(貧)

貧은 '가난할 빈'으로 읽으며, 가난하다 · 모자라다 · 부족하다 · 빈궁하다 등을 뜻한다. 貧(빈)은 貝(조개 패)와 分(나눌 분)이 결합한 모습이다. 貝자는 돈이나 재물을 뜻한다. 따라서 貧(빈)은 재산을 나누어주어 가난하다는 뜻과 나눌만한 재산이 없이 가난하다는 뜻이기도 하다.

빈곤(貧困) · 빈부격차(貧富格差) · 빈약(貧弱) · 빈혈(貧血) · 극빈(極貧) · 빈익빈(貧益貧) · 안빈낙도(安貧樂道) 등의 일상어가 있다. 양식어업과 관련하여 등장하는 용어로서 빈산소수괴(貧酸素水塊, hypoxia water mass)는 바닷물에 녹아 있는 용존 산소의 농도가 낮은 물 덩어리를 가리킨다. 빈영양(貧營養, oligotrophic)은 영양분이 적은 상태인데, 빈영양미생물(貧營養微生物), 빈영양세균(貧營養細菌), 빈영양균류(貧營養菌類), 빈영양호(貧營養湖) 등 많은 전문용어가 있다. 빈영양화(貧營養化, oligotrophy)의 상대어는 부영양화(富營養化, eutrophication)로서 수중에 영양염류의 농도가 높은 상태를 이른다.

빈모류(貧毛類, oligochaeta)는 빈모강(貧毛綱, Clitellata)에 속하는 지렁이류를 가리킨다. 이들은 비교적 적은 수의 강모(剛毛, chaeta)를 가지므로 이런 이름이 붙었다. 빈치류(貧齒類, edentata)는 빈치목(貧齒目, Xenarthra)에 속하는 포유류이다. 이들은 이빨이 없거나 불완전한 이빨을 가졌으므로 이런 이름이 붙었는데, 개미핥기 · 나무늘보 · 아르마딜로 등 32종 밖에 없는 작은 생물군으로 남아메리카에만 분포한다.

한편, 의학 용어에서는 '결핍'을 의미하여 빈혈증(貧血症, anemia), 엽산결핍빈혈(葉酸缺乏貧血, folate deficiency anemia), 겸상적혈구빈혈증(鎌狀赤血球貧血症, sickle-cell anemia, sicklemia), 악성빈혈(惡性貧血, pernicious anemia), 지중해빈혈증(地中海貧血症, thalassemia), 선천성구상적혈구증(先天性球狀赤血球症, hereditary sphaerocytosis) 등 수많은 용례가 있다.

096

사(死)

死는 '죽을 사'로 읽으며, 죽다·죽이다·마비되다·망하다 등을 뜻한다. 死(사)에서 歹(뼈앙상할 알)은 뼈가 산산이 흩어지는 일을 나타낸다. 사람이 죽어 영혼과 육체의 생명력이 흩어져 목숨이 다하여 앙상한 뼈만 남은 상태로 변하니(≒匕) 곧 죽음을 뜻한다. 死(사)를 포함해 歹(알→죽을 사변)이 부수인 한자들은 대부분 나쁜 뜻이지만, 殘(남을 잔)[☞ 161쪽] 등 몇 자는 그렇지 않다.

생물체의 죽은 부위에서만 양분을 섭취하는 사물기생균(死物寄生菌, necrotrophic parasite)이 있고, 살아 있는 조직에서만 생존하는 활물기생균(活物寄生菌, biotrophic parasite)이 있다. 동물체가 죽은 뒤에 근육이 굳어지는 사후경직(死後硬直, rigor mortis, postmortem rigidity)은 한때 사후강직(死後強直)이라고도 불렀다.

국립국어원『표준국어대사전』에 사망(死亡)은 '사람이 죽음'으로 규정하고 있다. 지금은 '반려동물 사망신고'처럼 행정용어가 쓰이면서 가축이나 애완동물의 죽음에도 사망이 곧잘 쓰인다. 식물의 죽음은 사망이라 하지 않고 枯(마를 고)를 써서 고사(枯死)라고 한다. 바이러스는 생물로 취급하지 않으므로 바이러스의 죽음은 불활성화(不活性化, inactivation) 또는 불활화(不活化)라고 한다.

미생물의 죽음은 사망(死亡)이라 하지 않고 사멸(死滅)이라고 한다. 亡(망)은 사람[人]이 망하여 숨는다[乚 = 隱(숨을 은)의 고자]는 뜻의 글자이기 때문이다. 그래서 亡(망)은 '망하다·숨다·없어지다'의 의미로서 사람의 죽음에만 쓰인다. 사람이 죽어서 없어지기까지 육신은 부패의 시간, 정신은 망각의 시간이 필요하다. 그래서 시간이 필요한 '사람의 죽음'이 사망(死亡)이다. 반면에, 미생물은 죽음과 동시에 존재가 인지되지도 않고 흔적도 없어진다. 그런 의미의 글자가 滅(멸)[☞ 64쪽]이므로 사멸(死滅)이라고 한다.

097

사(射)

射는 '쏠 사'로 읽으며, (활을)쏘다·방출하다·비추다·추구하다 등을 뜻한다. 射(사)는 身(몸 신)과 寸(마디 촌)이 결합한 모습이다. 본래 '쏘다'는 의미의 글자는 활과 화살을 함께 그려서 활시위를 당기는 모습이었지만, 후에 지금과 같은 글자로 변했다. 한편, 온 몸[身]을 집중하여 화살[矢 → 寸]을 쏜다는 의미의 글자로 해석되기도 한다.

주사(注射)·반사(反射)·사격(射擊)·사수(射手)·사정(射精)·분사(噴射) 등의 일상어가 있다. 생명과학에서 간헐조사(間歇照射, intermittent irradiation), 반사중추(反射中樞, reflex center), 방사선생물학(放射線生物學, radiobiology, radiation biology), 현미주사(顯微注射, microinjection), 복사온도(輻射溫度, radiation temperature) 등 대단히 많다. 한편, 열사병(熱射病, heat stroke)과 일사병(日射病, heat exhaustion)에서는 射를 死로 오해되기도 한다. 약용식물 중에 범부채가 있는데, 식물의 형상이 마치 새를 쏘는 사수(射手)의 죽간(竹竿)과 비슷하여 사간(射干)이라고 한다.

낙사형광현미경(落射螢光顯微鏡, epifluorescence microscope)은 형광을 위에서 비추는 방식이다. 곰팡이가 여러 방향으로 갈래를 치는 방식을 방사성분지(放射性分枝, radial branching)라고 한다. 버섯의 담자포자가 성숙하여 담자기를 이탈할 때 사출액(射出液, Buller's drop)이라는 물방울을 이용한다. 이러한 포자를 사출포자(射出胞子, ballistospore)라고 한다. 곰팡이 자낭포자는 대부분 자낭 내의 압력에 의해 이탈되는데, 이를 사출(射出, discharging)이라고 한다.

과학용어에서 방사(放射)는 '한 점에서 사방으로 바큇살처럼 뻗어 나감'이다. 방사선(放射線)은 '방사성 원소의 붕괴에 따라 물체에서 방출되는 입자나 전자기파'이다. 이 두 단어가 혼동되거나 잘못 적용된 경우가 있어 수정과 개선이 필요하다[☞ 76쪽].

098

사(謝)

謝는 '사례할 사'로 읽으며, 크게 세 가지 의미가 있다. 첫째, '사례하다'와 함께 갚다·보답하다 등을 뜻한다. 둘째, '양보하다'와 함께 물러나다·갈아들다 등을 뜻한다. 셋째, '사과하다'와 함께 빌다·부끄러워하다 등을 뜻한다. 謝(사)는 言(말씀 언)과 射(쏠 사)가 결합한 모습이다. 그런데, 말씀과 화살의 관계가 사례(謝禮)-양보(讓步)-사과(謝過)의 의미와 어떤 관련이 있는지 뚜렷이 추론하기 어렵다. 다만 言자는 말씀을 건넨다는 의미로서 공통분모가 된다.

의학과 농학을 포함하여 생명과학에서 謝(사)는 오직 代謝(대사)에만 쓰인다. 영어 metabolism을 표현한 일본의 개념어인데, 누가 언제 어떤 과정을 거쳐 만든 용어인지 관련 자료를 찾지 못해 아쉽다. metabolism의 3대 기능은 ① 물질을 변환하여 다양한 세포 기능을 실현, ② 세포 구성요소를 위한 에너지 생산, ③ 노폐물 제거이다. 이를 표현한 신조어가 新陳代謝(신진대사)이고, 이를 줄여 代謝(대사)라고 한다. 여기서 新은 새로움, 陳은 묵음, 代는 교체함, 謝는 바뀜(갈아듦)을 뜻하므로 '새로운 것이 묵은 것을 교체하여 갈아듦'이다.

기초대사량(基礎代謝量, basal metabolic rate, BMR), 대사산물(代謝産物, metabolite), 대사회로(代謝回路, metabolic pathway), 대사공학(代謝工學, metabolic engineering), 대사조절분석(代謝調節分析, metabolic control analysis), 탄수화물대사(炭水化物代謝, carbohydrate metabolism), 합성대사(合成代謝, synthetic metabolism), 호흡대사(呼吸代謝, respiratory metabolism), 지질대사(脂質代謝, lipid metabolism), 약물대사(藥物代謝, drug metabolism) 등이 있다.

한편, 감사비료(感謝肥料)는 수확 후 땅이 얼기 전에 과실 생산을 위해 한 해 동안 수고한 나무에게 보답하기 위하여 농부가 주는 선물의 비료이므로 일종의 병후보약인 셈이다.

099

산(酸)

酸은 '실 산'으로 읽으며, 신맛·식초 등을 뜻한다. 酸(산)은 酉(닭 유)와 夋(천천히걸을 준)이 결합한 모습이다. 酉자는 주류(酒類)를 가리킨다. 여기서 夋(준)은 峻(산높을 준)과 俊(뛰어날 준)에 내포된 의미와 같이 '가파르다'라는 뜻을 나타낸다. 즉, 막걸리가 최종적으로는 식초가 됨을 응용하여 酸(산)은 입을 꼭 오므리게 하는 신맛이 나는 초(酢)를 뜻한다. 차츰 뜻이 확장되면서 식초로 대표되는 산성물질을 널리 이르는 글자로 쓰이게 되었다.

산(酸, acid)은 화학적으로 '물에 녹았을 때 이온화하여 수소이온을 만드는 물질'을 뜻한다. 산소(酸素)는 oxygen을 직역한 용어이다. 생명과학에서 쓰이는 용어로는 산화효소(酸化酵素)·지방산(脂肪酸)·불포화산(不飽和酸)·과산화효소(過酸化酵素)·구연산(枸櫞酸)·담즙산(膽汁酸)·핵산(核酸)·부식산(腐植酸)·수산(蓚酸) 등이 있다. 환경학에서 산성우(酸性雨)·산성광산폐수(酸性鑛山廢水)·산성부식(酸性腐植)·산성폐액(酸性廢液)·산세정폐수(酸洗淨廢水)·산소포기(酸素曝氣)·용존산소(溶存酸素)·총산소요구량(總酸素要求量)·화학적산소소비량(化學的酸素消費量) 등이 있다.

농업과 식품에서 당산비(糖酸比, sugar-acid ratio)를 비롯하여 산박피(酸剝皮)·산성비료(酸性肥料)·산성사료(酸性飼料)·구연산박(枸櫞酸粕)·유기산제(有機酸劑)·유효인산(有效燐酸)·수용성인산(水溶性燐酸)·이산화탄소시용(二酸化炭素施用)·저산소저장(低酸素貯藏)·산패취(酸敗臭)·탄산과즙음료(炭酸果汁飮料) 등이 있다. 의학과 약학에서 산성요증(酸性尿症, aciduria)를 비롯하여 산성혈증(酸性血症)·산소요법(酸素療法)·산소포화도측정계(酸素飽和度測定計)·산소호흡기(酸素呼吸器)·고압산소치료(高壓酸素治療)·과다위산증(過多胃酸症)·빈혈성저산소증(貧血性低酸素症) 등이 있다.

100

살(殺)

殺은 '죽일 살'로 읽으며, 죽이다·죽다·없애다·지우다 등을 뜻한다. 殺(살)은 杀(죽일 살)과 殳(몽둥이 수)가 결합한 모습이다. 杀자는 짐승의 목에 칼이 꽂혀 있는 모습을 그린 것으로 '죽이다'라는 뜻을 갖고 있다. 후에 여기에다 殳자가 더해지면서 '죽이다'라는 뜻을 더욱 사실적으로 묘사하게 되었다. 殺(살)은 칼과 몽둥이로 죽이는 것이므로 개별적이고 선택적인 죽임을 뜻한다. 그래서 모두 남김 없이 죽이는 滅(멸)[☞ 64쪽]과 뚜렷이 구별되어 쓰인다.

살균우유(殺菌牛乳, pasteurized milk)는 유해한 대장균이나 소에서 가끔 발견되는 결핵균과 브루셀라균 등을 제거하기 위해 특정 온도에서 특정 시간만큼 가열한 것이므로 많은 미생물은 그대로 살아 있다. 멸균우유(滅菌牛乳, sterilized milk)는 우유 속의 모든 미생물을 죽이기 위해 고온에서 장시간 처리한 것이므로 살아남은 미생물은 없다.

농약에는 여러 종류가 있는데, 살균제(殺菌劑, fungicide), 살충제(殺蟲劑, insecticide), 살선충제(殺線蟲劑, nematicide), 살비제(殺蜱劑, acaricide), 살서제(殺鼠劑, rodenticide), 살조제(殺藻劑, algaecide)는 대상 생물군 중에서 유해한 특정 부류를 선택적으로 죽이는 것이므로 滅(멸)을 쓰지 않고 殺(살)을 쓴다.

생명과학에서 살해효모(殺害酵母, killer yeast)를 비롯하여 간헐살균(間歇殺菌)·자연살해세포(自然殺害細胞)·살생기생균(殺生寄生菌) 등이 있다. 농업에서 생물살충제(生物殺蟲劑, biopesticide)를 비롯하여 침투이행성살충제(浸透移行性殺蟲劑)·비선택성살충제(非選擇性殺蟲劑)·등화유살(燈火誘殺)·당밀유살(糖蜜誘殺)·살초작용(殺草作用)·구제역살처분(口蹄疫殺處分) 등이 있다.

한편, 환경학에서 오염 배출권을 사고파는 상쇄제도(相殺制度)가 있는데, 여기서 殺는 '감할 쇄'로 읽어 그만큼 감(減)하여 준다는 뜻이다.

101

상(相)

相은 '서로 상'으로 읽으며, 서로·바탕·모양·형상·담당자 등을 뜻한다. 相(상)은 木(나무 목)과 目(눈 목)이 결합한 모습이다. 相(상)의 본래 뜻은 '살펴보다'이나 차츰 여러 의미로 확장되었다. '서로 살펴보다'에서 '서로'라는 뜻으로 발전하여, 상담(相談)·상대(相對)·상봉(相逢)·상생(相生) 등 일상어에서 많이 쓰인다.

한편, '살펴보는 사람 → 다스리는 사람'의 뜻을 담아서 수상(首相)이나 재상(宰相) 같이 정부 각료의 뜻으로도 쓰이기도 한다. 수상(首相)은 총리의 다른 말로 장관(相)들의 우두머리(首)라는 뜻이다.

생명과학에서 상(相)은 '살펴보아 파악한 바탕이나 본질'로 해석할 수 있다. 그래서 '바탕 상'으로 읽는 것이 좋다. 생물상(生物相)은 특정 지역에 존재하는 모든 생물의 종류, 식물상(植物相, flora)은 특정 지역에 자라고 있는 모든 식물의 종류, 동물상(動物相, fauna)은 특정 지역에 서식하고 있는 모든 동물의 종류를 일컫는 용어이다. 미생물상(微生物相, microbiota)도 마찬가지로 특정 부위에 존재하는 모든 미생물의 종류를 말한다. 장내미생물상은 내장[腸] 속[內]에, 구강미생물상은 입[口] 안쪽[腔]에, 근권미생물상은 뿌리[根] 주위[圈]에, 엽면미생물상은 잎[葉]의 표면[面]에 존재하는 모든 미생물의 종류를 가리킨다.

균류의 경우에는 특정 지역(예: 한라산의 균류상)이나 특정 서식지(예: 죽림의 균류상)에 존재하는 균류를 통틀어서 균류상(菌類相, mycobiota, funga)이라고 한다. 그래서 미생물상(微生物相)은 실제 세균만 대상으로 한다. 의학에서 장내미생물상(腸內微生物相)은 세균은 물론 균류의 일종인 효모(酵母)도 포함된다. 일상생활에서도 관상(觀相)이란 단어가 이런 의미를 담고 있다. 관상(觀相)은 겉으로 드러난 생김새를 살펴보아(觀, 볼 관) 그 생김새로 사람의 성격과 기질 같은 드러나지 않은 바탕(相, 바탕 상)을 파악하는 것을 말한다.

102

상(常)

常은 '항상 상'으로 읽으며, 항상·언제나·애초에·평소·도리·법도 등을 뜻한다. 常(상)은 尙(오히려 상)과 巾(수건 건)이 결합한 모습이다. 常자는 본래 '치마'를 뜻했던 글자였다. 그래서 常자는 집을 그린 尙자에 '천'이라는 뜻을 가진 巾자를 결합해 집에서 항시 간편하게 입는 옷이라는 뜻으로 만들어졌다. 후에 의미가 확대되면서 '항상'이라는 뜻으로 바뀌었다. 그래서 지금은 尙자에 衣(옷 의)자가 더해진 裳(치마 상)이 '치마'라는 뜻을 대신하고 있다.

항상(恒常)·평상시(平常時)·비상구(非常口)·상식(常識)·이상(異常)·정상(正常) 등의 일상어가 있다. 생체가 여러 환경 변화에 대응하여 생명 현상이 제대로 일어날 수 있도록 일정한 상태를 유지하는 성질을 항상성(恒常性, homeostasis)이라고 한다. 염색체의 수나 구조가 변하는 염색체이상(染色體異常, chromosome abnormality), 성염색체가 아닌 보통 염색체를 이르는 상염색체(常染色體, autosomal chromosome), 변수에 관계없이 그 값을 임의로 지정할 수 있는 임의상수(任意常數, arbitrary constant) 등도 있다.

가정에 항상 준비하여 두는 상비약(常備藥, household medicine), 신경 정신 계통의 이상으로 생기는 정신이상(精神異常, mental disorder, insanity), 여드름을 전문적으로 이르는 심상성좌창(尋常性痤瘡, acne vulgaris), 같은 말이나 행동을 끊임없이 반복하는 상동증(常同症, stereotypy), 창자에 특별한 병이 없는 데도 늘 변비가 되는 상습변비(常習便秘, habitual constipation)가 있다.

특별히 높고 낮지 않은 상압(常壓, normal pressure), 실내온도를 흔히 가리키는 상온(常溫, room temperature), 늘푸른나무로 불리는 상록수(常綠樹, evergreen), 닥나무 껍질을 원료로 하여 만든 저상지(楮常紙, mulberry paper) 등 여러 용례가 있다.

103

색(塞)

塞은 '막힐 색'으로 읽으며, 변방·보류·요새·막다·막히다·채우다 등을 뜻한다. 塞(색)은 土(흙 토)와 寒(색)이 결합한 모습이다. 본래 寒자는 벽돌을 양손으로 쌓아 집의 벽을 막는 모양을 나타낸 글자였다. 여기에 土자를 더하여 벽돌 사이의 빈틈까지 막으니 塞(색)이 '막다'의 뜻을 더 뚜렷이 나타내게 되었다.

색(塞)은 막는 능동적 행위와 막힌 수동적 상태를 모두 이른다. 의학용어 중에서 장폐색(腸閉塞, intestinal obstruction), 기생충장폐색증(寄生蟲腸閉塞症, worm ileus), 비폐색(鼻閉塞, nasal obstruction), 뇌경색(腦梗塞, cerebral infarction), 심근경색(心筋梗塞, myocardial infarction, heart attack), 폐색전증(肺塞栓症, pulmonary embolism) 등에서는 '막힌' 수동적 상태를 가리킨다. 색전술(塞栓術, embolization)은 혈관 내 인위적인 색전(塞栓)을 이용하여 출혈을 억제하거나 종양 전이를 방지하는 수술이다. 여기서 색전(塞栓)은 막는[塞, 막을 색] 마개[栓, 마개 전]를 의미하므로 '막는' 능동적 행위를 가리킨다.

변비가 심하여 대장(大腸, 큰창자)이 일시적으로 막혀 있는 상태를 의학용어로 장폐색(腸閉塞)이라고 한다. 이를 일부 자료에서는 장폐쇄(腸閉鎖)라고 하는데, 아마도 의사소통의 원활을 위한 것으로 여겨지지만 결코 옳은 용어는 아니다. 폐색(閉塞)은 닫혀서 막힘이나 닫아서 막음을 의미한다. 폐쇄(閉鎖)는 현재 막혀있음이거나 영구적인 막음이다. 따라서 변비로 인하여 일시적으로 막혀 있는 상태이고 뚫을 수 있는 상황이므로 폐색이 옳다. 하수구에 이물질이 쌓여 막힌 것은 폐색이고, 하수구를 막아서 아예 하수구로서의 기능을 상실케 하는 것은 폐쇄이다. 일부 원인의 담도폐쇄증(膽道閉鎖症, biliary atresia)처럼 상황에 따라 폐쇄가 옳은 경우도 있지만, 실제 의학용어에서 폐색이 옳은 상황에 폐쇄를 쓴 경우가 의외로 많아서 아쉽다.

104

생(生)

生은 '날 생'으로 읽으며, 나다·태어나다·살다·자라다·기르다·생기다 등을 뜻한다. 생(生)은 본래 땅[一]에서 돋아나는 새싹[屮, 풀돋을 철] 모양을 나타낸 글자이다. 현재의 자형은 土(흙 토)를 추가하여 그 뜻을 명확하게 하였다. 그래서 생(生)은 '흙에서 풀이 자라나다'라는 뜻을 기본으로 가진다. 여기에 다시 생물(生物)처럼 '살아 있음', 생선(生鮮)처럼 '신선함', 천생(天生)처럼 '천부적임', 생소(生疏)처럼 '처음임', 생트집(生-)처럼 '터무니없음'을 나타낸다. 또한 서생(書生)·학생(學生)·소생(小生)처럼 '사람'을 뜻하기도 한다.

生(생)의 뜻을 살펴보자. 生야채는 '익히지 않은', 生과일주스는 '가공하지 않은', 生고기는 '냉동하지 않은', 生수는 '정수과정을 거치지 않은' 등 다양하지만 '자연 그대로'라는 공통분모는 있다. 생명과학에서 흔히 등장하는 용어를 나열해 보자. 생물(生物)·무생물(無生物)·미생물(微生物)·고생물(古生物)을 비롯하여 원생생물(原生生物, protista), 원핵생물(原核生物, prokaryote), 수생식물(水生植物, aquatic plant), 육상동물(陸上動物, terrestrial animal), 토양미생물(土壤微生物, soil microbes) 등이 있다.

또한 발생학(發生學, embryology), 우생학(優生學, eugenics), 생약학(生藥學, pharmacognosy), 생화학(生化學, biochemistry), 생태학(生態學, ecology), 위생학(衛生學, hygiene), 생체염색(生體染色, vital staining), 생리식염수(生理食鹽水, saline solution), 생식(生殖, reproduction), 기생(寄生, parasitism), 기생충(寄生蟲, parasite), 낙화생(落花生, peanut), 생강(生薑, ginger), 야생동물(野生動物, wildlife), 식생(植生, vegetation), 생존(生存, survival), 생태계(生態系, ecosystem), 재생(再生, regeneration), 공생(共生, commensalism), 생물공학(生物工學, biotechnology), 생명과학(生命科學, life science) 등 수많은 용례가 있다.

105

서(序)

序는 '차례 서'로 읽으며, 차례·순서·질서·등급 등을 뜻한다. 序(서)는 广(집 엄)과 予(나 여)가 결합한 모습이다. 广자는 집을 둘러싼 토담을 뜻하는 글자이다. 予자는 실을 감는 실패를 그린 것이었다. 그래서 序(서)는 본래 '담벼락'을 뜻하기 위해 만든 글자였다. 그러나 지금은 '차례'나 '질서'라는 뜻으로 가차되면서 본래의 의미로는 쓰이지 않고 있다. 실을 감는 도구를 그린 予자가 '차례'라는 뜻을 전달한 것이라는 해석도 있으나 소수 의견에 불과하다.

질서(秩序)·서문(序文)·서론(序論)·순서(順序)·서열(序列) 등의 일상어가 있다. 꽃이 줄기나 가지에 붙어 있는 차례는 화서(花序, 꽃차례, inflorescence)이다. 모여서 나는 총상화서(總狀花序), 이삭 모양의 수상화서(穗狀花序), 꼬리 모양의 미상화서(尾狀花序), 우산 모양의 산형화서(傘形花序) 등이 있다. 잎이 줄기나 가지에 붙어 있는 차례는 엽서(葉序, 잎차례, phyllotaxis)이다. 마주하여 나는 대생엽서(對生葉序), 어긋하여 나는 호생엽서(互生葉序), 돌려서 나는 윤생엽서(輪生葉序), 모여서 나는 총생엽서(叢生葉序) 등이 있다. 염기서열(鹽基序列, sequence), 반복서열(反復序列, repeated sequence), 보존서열(保存序列, conserved sequence) 등도 있다.

곰팡이 분야에서는 포자가 달리는 방식을 기술할 때 식물학 용어를 가져다 쓴 경우가 대단히 많다. 산방화서상(散房花序狀, corymbose), 원추화서상(圓錐花序狀, paniculate), 산형화서상(散形花序狀, umbelliform) 등이 대표적이다.

화학에서도 활동도서열(活動度序列, activity series), 방사성서열(放射性序列, radioactive series), 장거리서열(長距離序列, long-range order), 단거리서열(短距離序列, short-range order), 순서쌍(順序雙, ordered pair) 등이 있다. 序와 유사한 뜻을 가진 番(차례 번)이 있다.

106

서(棲)

棲는 '깃들일 서'로 읽으며, 깃들이다·살다·거처하다 등을 뜻한다. 棲(서)는 木(나무 목)과 妻(아내 처)가 결합한 모습이다. 본래 棲자는 새가 앉을 때 붙잡는 나무인 횃대를 뜻하는 글자이다. 妻자는 소리요소로서 '처→서'인 동시에 '붙잡다'는 의미를 갖고 있다. 그래서 棲(서)는 보금자리를 뜻한다.

생명과학에서 棲(서)가 들어간 용례를 살펴보자. 서식(棲息)은 '생물 따위가 일정한 곳에 자리를 잡고 삶'이다. 여기서 息(쉴 식)은 '일정한 곳에 자리를 잡고'와 관련된다. 즉, 동물을 기준으로 볼 때 먹이활동으로 돌아다니는 영역보다는 쉬는 공간이 진짜 보금자리이기 때문이다. 서식지(棲息地)·서식처(棲息處)·서식공간(棲息空間)·서식밀도(棲息密度) 등의 용어가 있다.

수서생물(水棲生物, aquatic organism)은 물속에서 사는 생물을 통틀어 이르는 말이다. 저서생물(低棲生物, benthic organism, benthos)은 바다·강·호수·하천 등의 밑바닥에서 사는 생물을 통틀어 이르는 말이다. 표서생물(表棲生物, pelagic organism)은 물이 있는 곳의 바닥이나 바위의 표면에서 사는 생물을 통틀어 이르는 말이다. 양서류(兩棲類, amphibian)는 물과 뭍 양(兩)쪽에서 서식(棲息)하는 동물을 말한다. 군서동물(群棲動物, community animal)은 생식·포식·방어·수면 따위를 위하여 한곳에 무리를 지어서 사는, 같은 종류의 동물을 일컫는다.

棲와 동자로 栖가 있는데, 중국에서는 栖(깃들일 서)만 쓰므로 栖息처럼 쓴다. 참고로 棲(서)와 居(거)를 비교해보자. 居자는 거주(居住)와 거처(居處) 등에서 알 수 있듯이 '몸을 기대는 장소'에 방점이 있어 보인다. 그래서 '삶을 기대는 공간'으로 해석되는 棲(서)와 구분된다. 棲(서)는 집단을 위한 넓은 곳이면서 일생을 보내는 곳이고, 居(거)는 개체를 위한 좁은 곳이면서 일시적인 곳으로 볼 수도 있다.

107

석(析)

析은 '쪼갤 석'으로 읽으며, (나무를)쪼개다·가르다·밝히다·나누어지다·갈라지다 등을 뜻한다. 析(석)은 木(나무 목)과 斤(도끼 근)이 결합한 모습이다. 斤자는 자루 끝에 날이 달린 도끼를 그린 것이다. 여기에 木자를 결합한 析(석)은 본래 '도끼로 나무를 가르다'는 뜻으로 만들어진 글자였다. 그래서 析(석)은 '쪼개다'가 본래의 뜻이지만, 어떤 사물이 갈라져서 본질이 드러나거나 정체를 알아낼 수도 있으므로 '밝히다'의 의미로 파생되기도 했다.

분석(分析)이 들어가는 과학용어는 대단히 많다. 과학적 기기를 사용하여 분석 물질을 조사하는 기기분석(機器分析, instrument analysis), 시료에 포함된 화학물질을 식별하기 위해 질량 대 전하 비율을 사용하는 질량분석법(質量分析法, mass spectrometry), 물질을 분리하고 분석하는 방법에 관한 분석화학(分析化學, analytical chemistry), 분광기를 이용하여 물질의 성분과 그 분량을 알아내는 분광분석(分光分析, spectroscopy), 어떤 성분의 양을 구하는 정량분석(定量分析, quantitative analysis), 어떤 성분의 구성요소를 밝히는 정성분석(定性分析, qualitative analysis) 등이 있다. 또한 지층 속에 있는 꽃가루의 종류나 비율을 조사하여 과거의 식생·기후·환경 따위를 추정할 수 있는 화분분석(花粉分析, pollen analysis)도 있다.

화학에서는 결정형 고체가 녹은 용액에서 결정이 만들어지는 석출(析出, eduction, deposition), 무기염을 넣어서 그 용액에 녹아 있는 물질을 석출하는 염석(鹽析, salting-out) 등이 있다. 의학에서는 인공신장기를 이용하여 혈액 속 노폐물을 제거하는 혈액투석(血液透析, hemodialysis), 주사기를 꽂지 않고 복막에 관을 삽입하여 시술하는 복막투석(腹膜透析, peritoneal dialysis), 신장의 기능을 인공적으로 대체하는 신장투석(腎臟透析, renal dialysis) 등이 있다.

108

선(腺)

腺은 '샘 선'으로 읽으며, 샘을 뜻한다. 여기서 샘은 생물체의 분비기관을 이른다. 腺(선)은 月(=肉, 육달월)과 泉(샘 천)이 결합한 모습이다. 泉자는 땅 속에서 솟아나는 맑은[白] 물[水]의 모양을 그린 글자이다. 여기에 신체를 뜻하는 肉(=月)을 더하여, 몸에서 솟아나는 액체의 샘을 뜻하는 글자가 되었다. 腺자는 한자의 제자 원리에 따라 일본에서 만든 글자인데, 한자문화권에서 널리 쓰인다.

꽃에서 단물을 내는 밀선(蜜腺, nectar), 샘털로도 불리는 선모(腺毛, glandular trichome), 식충식물의 소화샘(=消化腺, digestive gland) 등이 있다. 곤충에서 실크를 방출하는 견사선(絹絲腺, silk gland), 독성물질을 내는 독선(毒腺, poison gland), 지방을 분비하는 유선(油腺, oil gland) 등이 있다. 사향노루나 사향고양이에는 사향선(麝香腺, scent gland)이 있다.

인체에는 수많은 샘이 있다. 갑상샘은 갑상선(甲狀腺, thyroid), 눈물샘은 누선(淚腺, lacrimal gland), 혀밑샘은 설하선(舌下腺, sublingual gland), 턱밑샘은 악하선(顎下腺, submandibular gland), 귀밑샘은 이하선(耳下腺, parotid gland), 림프샘은 림프선(lymph腺) 또는 임파선(淋巴腺, lymph node), 전립샘은 전립선(前立腺, prostate), 편도샘은 편도선(扁桃腺, tonsil), 침샘은 타액선(唾液腺, salivary gland), 땀샘은 한선(汗腺, sweat gland)이다. 정소와 난소를 함께 이르는 생식선(生殖腺, sexual gland, gonad), 젖이 나오는 유선(乳腺, mammary gland), 진피에 있는 피지선(皮脂腺, sebaceous gland) 등도 있다.

질병명으로는 이하선염(耳下腺炎, mumps), 임파선염(淋巴腺炎, lymphadenitis), 임파선종(淋巴腺腫, nodular fasciitis), 전립선암(前立腺癌, prostate cancer), 전립선염(前立腺炎, prostatitis), 편도선염(扁桃腺炎, tonsillitis) 등이 있다.

109

선(癬)

癬은 '옴 선' 또는 '버짐 선'으로 읽으며, 피부병의 일종인 버짐을 뜻한다. 癬(선)은 疒(병들어기댈 녁)과 鮮(고울 선)이 결합한 모습이다. 여기서 鮮자는 '곱다/신선하다'의 뜻이 아니라 魚+羊으로 나누어서 이해해야 한다. 게다가, 羊자는 樣(모양 양)을 의미한다. 그러니까 鮮(선)은 '물고기[魚] 모양[羊]으로, 물고기 비늘처럼'을 의미한다. 결론적으로 말하면, 癬(선)은 '물고기 비늘처럼 피부에 각질이 심하게 일어나는 피부병'을 의미하는 글자이다.

건선(乾癬)은 마른버짐으로도 부르는 자가면역성 질환이다. 어린선(魚鱗癬)이란 물고기[魚] 비늘[鱗]처럼 일어나는 각질을 뜻하며, 비늘증 또는 뱀비늘증으로도 부른다. 백선증(白癬症) 또는 피부백선증(皮膚白癬症)은 피부사상균류(皮膚絲狀菌類, dermatophytes)에 의해 피부에 생긴 감염을 통틀어 이른다. 완선(頑癬)은 사타구니백선 또는 사타구니무좀이라고 한다. 한의학에서는 피부 겉면에 진물이 나지 않고 메마른 상태로 앓는 피부병을 통틀어 선(癬) 또는 선창(癬瘡)이라고도 하며, 일반적으로 버짐이라고 한다. 瘡(부스럼 창)은 아구창(鵝口瘡)이나 욕창(蓐瘡)에서도 쓰는 피부질환이다.

많은 자료에서 癬(선)을 '옴 선'으로도 소개하고 있다. 버짐이든 옴이든 생물학적 원인이 밝혀지기 이전부터 사용되어 온 병명이기는 하지만, 다음과 같은 교통정리가 필요하다. 마른 버짐이란 표현이 있듯이 버짐은 진물이 생기지 않고 각질이 일어나는 피부병을 이르는데, 癬(선)의 개념과 거의 일치한다. 옴은 심한 가려움증에 동반되어 구진(丘疹)이 생기는데, 옴진드기[疥癬蟲(개선충), 옴벌레]에 의한 피부병으로 볼 수 있다. 생물학적 원인으로 보나, 병리학적 피부 증상으로 보나, 문자학적 자원(字源)으로 보나, 두 질병은 뚜렷이 구분된다. 따라서 癬은 '버짐 선'으로 읽고, 疥는 '옴 개'로 읽어야 한다.

110

세(細)

細는 '가늘 세'로 읽으며, 가늘다·상세하다·미미하다·작다 등을 뜻한다. 細(세)는 糸(가는실 멱)과 田(밭 전)이 결합한 모습이지만, 본래는 糸과 囟(정수리 신)이 결합한 모양이었다. 囟자는 후에 간략화되어 지금의 田자 모양이 되었으므로 細가 농사짓는 밭과 관련되어 쓰이는 경우는 전혀 찾아볼 수 없다. 가는 실을 나타내는 糸자와 실뭉치를 나타내는 囟자가 결합한 것이므로 원래는 '휘감아서 만든 실타래'를 뜻했다. 그래서 '가늘다'가 기본 의미이므로 '가늘 세'로 읽지만, 의미가 확장되어 여러 경우에 널리 쓰인다.

미세(微細)·상세(詳細)·자세(仔細)·섬세(纖細)·세밀(細密)·세심(細心) 등의 일상어가 있다. 細가 '작다'는 의미로 쓰인다. 세포(細胞)는 작은 방을 의미하는 cell을 나타낸 근대어이다. 세포기질(細胞基質, cytosol), 세포막(細胞膜, cell membrane), 세포벽(細胞壁, cell wall), 세포질(細胞質, cytoplasm), 세포액(細胞液, cell sap), 세포호흡(細胞呼吸, cellular respiration), 초미세여과(超微細濾過, ultrafiltration), 초미세분쇄(超微細粉碎, superfine grinding), 세무냉방(細霧冷房, fog cooling) 등의 용례가 있다.

細가 '(둘로)나누다'는 의미로도 쓰인다. 細菌(세균)은 '둘로 나뉘는 곰팡이(split-fungus)'란 의미로 붙여진 용어이다[☞ 29쪽]. 실험설계에서 3가지 요인을 배치하여 실행하는 세세구배치법(細細區配置法, split-split plot design)이 있다.

細가 '가늘다'는 의미로 쓰인 용례를 보자. 의학에서 세뇨관(細尿管, renal tubule), 세동맥(細動脈, arteriole), 세정맥(細靜脈, venule), 모세혈관(毛細血管, capillary), 세장사지증(細長四肢症, dolichostenomelia) 등이 있다. 식물에서 세근(細根, fine root), 세맥(細脈, fine vein), 모세관현상(毛細管現象, capillary action) 등이 있다.

111

속(屬)

屬은 '무리 속'으로 읽으며, 무리·한패·동아리 등을 뜻한다. 屬(속)은 尾(꼬리 미)와 蜀(애벌레 촉)이 결합한 모습이다. 본래 蜀자는 눈이 큰 애벌레를 그린 것이지만 벌레를 널리 이른다. 짐승은 벌레를 쫓기 위해 꼬리를 열심히 흔들어대지만 벌레들은 무리 지어 끊임없이 달려든다. 屬(속)은 이렇게 벌레 무리가 짐승 주변을 맴도는 모습을 응용한 글자로 '무리'라는 뜻을 표현하고 있다. 소속(所屬)·금속(金屬)·부속품(附屬品)·속성(屬性)·귀속(歸屬) 등의 일상어가 있다. 일본어 신자체와 중국어 간체자에서는 모두 屬을 属으로 쓴다.

'무리'는 국립국어원『표준국어대사전』에 '사람이나 짐승, 사물 따위가 모여서 뭉친 한 동아리'로 풀이하고 있다. 따라서 공통분모를 가진 단위(unit)들의 집단을 의미한다. 생물학적 기본단위이며 최소단위는 종(種, species)이므로 '무리'를 생물학적으로 해석하면 '공통분모를 가진 종들의 집단'을 의미한다. 어떤 동질성을 갖는 하나 이상의 종[種, ☞ 186쪽]이 모이면 genus라는 분류단위가 된다. 공통분모를 가진 종들의 집단을 가리키는 genus를 번역한 글자로 屬(속)을 선택한 것은 매우 논리적이다. 형태에 따라 잠정적으로 결정되는 형태속(形態屬, form genus)과 새로 설정되는 신속(新屬, new genus)도 있다.

대부분 세균과 모든 균류(곰팡이·버섯·효모)는 종속영양생물(從屬營養生物, heterotroph)이다. 종속(從屬)은 '자주성이 없이 주가 되는 것에 딸려 붙음'이 국어사전의 정의이다[☞ 185쪽]. 즉, 독립적으로 유기물을 합성하지 못하므로 다른 생물의 유기물을 이용함이며, 그렇게 영양을 취하는 생물이란 뜻이다. 또한 속간교잡(屬間交雜, intergeneric crossing)을 비롯하여 이속교배(異屬交配)·속간접목(屬間椄木)·종속종(從屬種)·부속기관(附屬器官)·부속지(附屬肢)·금속원소(金屬元素)·중금속(重金屬) 등 다양한 용례가 있다.

112

수(受)

受는 '받을 수'로 읽으며, 받다·받아들이다·거두어들이다·얻다 등을 뜻한다. 受(수)는 爫(손톱 조)와 冖(덮을 멱)과 又(또 우)가 결합한 모습이다. 어떤 장소에서 손으로 물건을 주고받는 모습을 표현한 글자이다. 그래서 受자는 본래 '받다'나 '주다'의 구별이 없었다. 그러나 후에 이를 구별하기 위해 受(수)는 '받다'라는 뜻으로 手(=扌, 손 수)자가 더해진 授(줄 수)자는 '주다'라는 뜻으로 분리되었다. 금품 수수(授受)는 "돈 또는 물품을 주고받음"이다.

수동태(受動態)·수험생(受驗生)·수강증(受講證)·수상자(受賞者) 등의 일상어에서 受(수)는 '받음'을 뜻한다. 사람과 동물에서 수정(受精, fertilization)은 정자[精]를 받는[受] 일이다. 속씨식물에서 중복수정(重複受精, double fertilization)은 화분관 속에 있는 두 개의 정핵 가운데 하나는 난핵과 합체하여 새 개체가 되고, 다른 하나는 극핵과 합체하여 배젖이 되는 현상이므로 역시 정핵[精]을 받는[受] 일이다. 감수성(感受性)이란 동물에서는 '외부의 자극을 쉽게 받아들이고 느끼기 쉬운 상태'이기에 sensitivity이고, 식물에서는 '병원체에 쉽게 감염될 수 있는 상태'이기에 susceptibility이다.

한편, 授는 '줄 수'로 읽으며, 주다·수여하다·전수하다·가르치다 등을 뜻한다. 교수(教授)·수업(授業)·수여(授與)·수상식(授賞式) 등에서 授(수)는 '줌'을 뜻한다. 과학용어로는 젖[乳]을 주는[授] 수유(授乳)가 있다. 사실, '주다'는 의미로 널리 쓰이는 과학용어는 授(수)가 아니라 與(줄 여)이다. 공여체(供與體, doner)는 '어떤 작용을 일으키게 만드는 물질'이다. 사람이라면 공여자(供與者)라고 한다. 공여체에 대한 상대어는 수용체(受容體, receptor, recipient)인데, 외부인자를 받아[受] 반응하여[容] 세포에 변화를 일으키는 물질이다. 참고로, 與자를 중국어와 일본어에서 与로 쓰지만, 글꼴(폰트)에 따라 모양새가 다소 다를 수 있다.

113

수(隨)

隨는 '따를 수'로 읽으며, 따르다·추종하다·좇다·추구하다 등을 뜻한다. 隨(수)는 辶(辵, 쉬엄쉬엄갈 착)과 隋(수나라 수)가 결합한 모습이다. 隋자는 본래 제사를 지내는 모습을 그린 것이지만 여기에서는 발음 역할만 한다. 辶(辵)자는 길과 사람의 다리를 함께 그린 것으로 '길을 가다'라는 뜻이다. 隨자는 이렇게 길을 가는 모습을 그린 辶자를 응용해 누군가를 따르거나 추종한다는 뜻으로 만들어졌다.

수시(隨時)·수필집(隨筆集)·수의계약(隨意契約)·부창부수(夫唱婦隨)·수행원(隨行員)·반신불수(半身不隨) 등의 일상어가 있다. 수의근(隨意筋, voluntary muscle)은 의지에 따라 움직일 수 있는 근육이고, 불수의근(不隨意筋, involuntary muscle)은 의지와 관계없이 자율적으로 움직이는 근육이다. 수반(隨伴)은 붙좇아서[伴] 따름[隨]이다. 수반면역(隨伴免疫, concomitant immunity)은 생물체가 어떤 병원체를 몸속에 가지고 있는 동안은 그 병원체의 침입에 대하여 면역성을 가지게 되는 일이므로 글자 그대로 隨伴(수반)이다.

수반저항성(隨伴抵抗性, accompanying resistance)은 어떤 약제에 대해서 저항성 돌연변이가 생기면 그것과 가까이 있는 다른 약제에 대해서도 함께 저항성을 보이는 현상이다. 수반작물(隨伴作物, accompanying crop)은 다년생 초지에서 초기의 생산량을 늘리기 위하여 다른 작물과 섞어서 덧뿌리는 작물이다.

隨와 유사한 글자로 髓(수)는 '뼛골 수'로 읽는다. 골수(骨髓, marrow)는 동물의 뼛속에 들어 있는 누르스름하고 연한 물질을 가리킨다. 뇌수막(腦髓膜, meninx)은 머리뼈 안에 뇌를 싸고 있는 얇은 껍질이다. 뇌수막에 생긴 염증을 뇌수막염(腦髓膜炎, meningitis)이라고 한다. 한편, 식물에서 髓(수, pith)는 풀이나 나무의 줄기 한가운데에 있는 연한 심으로서, 특히 국수나무에서 뚜렷이 볼 수 있다.

114

숙(宿)

宿은 '잘 숙'으로 읽으며, 잠을 잔다는 취침의 의미이다. 현재 자형은 집의 지붕을 본뜬 宀(갓머리)와 佰(우두머리 백)이 결합한 모습이다. 그러나 자원(字源)을 따지면 佰과는 아무런 관계가 없다. 숙(宿)은 집[宀]에서 사람[人]이 자리[席]를 깔고 잠을 자려는 모습을 본뜬 모습으로서 宀+人+席의 형태이다. 후에 예서에서 席이 百으로 간편하게 대체됨으로써 지금의 자형으로 된 것이다.

영어에서 host는 'someone who has guests'이며 집주인을 의미한다. 그러니까 어떤 생물이 다른 생물의 침입을 받은 상태는 주인(host)과 손님(guest)에 해당한다. 주인은 손님에게 머무를 공간과 먹을 양식을 제공한다. 손님은 집 안쪽(실내)에 머무를 수도 있고 집 바깥(실외)에 머무를 수도 있는데, 어떤 경우이든 그 집에 의존적이다. 넓은 의미로 이런 상태를 모두 기생(寄生)이라고 하며, 기생의 대상이 되는 생물체를 숙주(宿主)라고 한다.

한편, guest가 양분을 탈취하든 피해를 입히든 이익을 주든 guest를 품고 있는 생물체는 host인데, 식물의학에서는 기주(寄主), 의학과 수의학에서는 숙주(宿主)라고 한다. 생물학적 견지에서 보면 이러한 구분이 모호하며 사리에 맞지 않는 경우도 많다. 한때 식물체 내부에 존재하는 미생물은 모두 병원체로 간주하였다. 그러나 내생균(內生菌, endophyte)처럼 식물체 내부에 존재하지만 뚜렷한 피해를 일으키지 않거나, 균근균(菌根菌, mycorrhizal fungus)처럼 식물 내부/외부에 존재하면서 식물에 이익을 주는 경우도 있다. 내생균을 가진 식물체이든 균근균을 가진 식물체이든 모두 host plant인데, '기주식물'로 번역되곤 한다. 따라서 host plant는 병원균을 갖든, 내생균을 갖든, 균근균을 갖든 모두 '숙주식물'로 번역해야 논리적으로도 맞고 의학 및 수의학에서 사용하는 용어와 개념에도 서로 잘 맞아서 학제간교류에도 도움이 된다.

115

순(純)

純은 '순수할 순'으로 읽으며, 순수하다 · 순박하다 · 진실하다 · 돈독하다 등을 뜻한다. 純(순)은 糸(가는실 멱)과 屯(진칠 둔)이 결합한 모습이다. 본래 屯자는 땅에서 파랗게 올라오는 새싹을 그린 것으로 '순수하다'라는 뜻으로 쓰였었다. 그러나 후에 屯자가 '진(陣)을 치다'라는 뜻으로 쓰이게 되면서 금문에서는 여기에 糸자를 더한 純자가 '순수하다'라는 뜻을 대신하게 되었다.

단순(單純) · 순금(純金) · 청순(淸純) · 온순(溫純) · 불순(不純) 등의 일상어가 있다. 식물의 계속적인 근친교배로 만든 순계(純系)와 순계선발법(純系選拔法), 유전적으로 혼입이 없는 순정종자(純正種子) 등이 있다. 동물에서는 다른 계통과 섞임이 없는 순종(純種), 순종의 정도를 나타내는 유전적순도(遺傳的純度) 등이 있다. 미생물학에서는 다른 생물이 섞이지 않고 한 계통만 배양하는 순수배양(純粹培養), 살아 있는 숙주에서만 기생하는 순기생(純寄生), 한 가지 염색약만 사용하는 단순염색(單純染色), 미생물이 바로 이용할 수 있는 단순당(單純糖) 등이 있다. 의학에서는 헤르페스바이러스에 의해 입술이나 음부에 물집이 생기는 단순포진(單純疱疹), 섭취한 열량이 소비한 에너지의 양보다 많아 생기는 단순비만(單純肥滿), 심한 통증이나 염증을 동반하지 않고 국부적으로 생기는 단순궤양(單純潰瘍) 등이 있다.

한편, 循은 '돌 순'으로 읽으며, 돌다 · 돌아다니다 등을 뜻한다. 생명과학에서 순환(循環)에 쓰인다. 생태학에서 물질순환(物質循環) · 질소순환(窒素循環) · 탄소순환(炭素循環) · 자원순환(資源循環) · 폐기물재순환(廢棄物再循環) 등이 있고, 의학에서 혈액순환(血液循環) · 폐쇄순환계(閉鎖循環系) · 순환기계(循環器系) · 순환기내과(循環器內科) 등이 있고, 농학에서 순환농업(循環農業) · 순환형양액재배(循環型養液栽培) · 경축순환농법(耕畜循環農法) 등이 있다.

116

식(植)

植은 '심을 식'으로 읽으며, 심다 · 세우다 · 수립하다 · 자라다 등을 뜻한다. 植(식)은 木(나무 목)과 直(곧을 직)이 결합한 모습이다. 直자는 目(눈 목)과 十(열 십)과 ㄴ(숨을 은)을 합쳐 눈동자에 흔들림이 없는 모습을 그려서 '곧다'라는 뜻을 표현한 글자이다. 여기에 木자를 결합한 植자는 '나무를 곧게 심다'라는 뜻을 명확히 하였다.

植(식)은 식목일(植木日) · 식물원(植物園) · 식수(植樹) · 식재(植栽) · 다육식물(多肉植物)처럼 풀이나 나무와 직접 관련된 단어가 대부분이다. 때로 식물인간(植物人間)처럼 비유적으로 쓰이기도 하고, 식민지(植民地)나 장기이식(臟器移植)처럼 '옮겨살기'란 의미로도 쓰인다. 자연식생(自然植生, natural vegetation), 체세포핵이식(體細胞核移植, somatic cell nuclear transfer), 부식질(腐植質, humus), 식재간격(植栽間隔, planting space), 재식밀도(栽植密度, planting density), 밀식재배(密植栽培, high density planting), 식식성곤충(植食性昆蟲, phytophagous insect) 등이 있다.

植(식)과 관련된 殖(불릴 식)이 있다. 殖에서 歹(부서진뼈 알)이 의미요소로 쓰였지만, 연관성이 명확하지는 않다. '곧다'라는 뜻의 直자도 관련성을 설명하기 어렵다. 아마도 윤회와 관련된 철학적 해석이 필요할 듯하다. 증식(增殖)은 생물이 생식을 통해, 조직이나 세포가 분열을 통해 그 수를 늘려감이다. 번식(繁殖)은 생물이 생식을 통하여 자기 자손(개체)을 유지하고 늘림이다. 생식(生殖)은 생물이 자기와 닮은 개체를 만듦이다. 이러한 정의는 너무 포괄적이라서 식물 · 동물 · 균류 · 세균 등 생물군에 따라 다소 다를 수도 있고, 한 생물군이라도 세부적으로는 달라질 수도 있다. 또한 영어 학술용어 'multiplication = 증식, propagation = 번식, reproduction = 생식'으로 쓰기는 하지만, 대략적으로 상응하지만 일치한다고 보기는 어렵다.

117

실(實)

實은 '열매 실'로 읽으며, 열매・종자・씨앗・과실을 뜻하며, 사실・내용・본질이라는 뜻도 갖고 있다. 實(실)은 宀(집 면)과 貫(꿸 관)이 결합한 모습이다. 여기서 貫자는 田(밭 전)과 貝(조개[재물] 패)가 변한 것이다. 즉, 집에 밭과 재물이 있으니 매우 풍족함을 표현한 글자이다. 후에 貫자로 바뀌면서 집에 돈뭉치가 있음을 뜻하게 되었다. 實자는 '부유하다'에서 '결과가 좋다'라는 뜻으로 확대되면서 지금은 '열매・본질・사실'을 뜻한다. 實은 중국어 간체자로 实, 일본어로 実로 쓴다..

결실(結實)・과실(果實)・매실(梅實) 등을 제외하면 實(실)은 일상어에서 거의 다 사실・실제의 뜻으로 쓰인다. 생명과학에서 실시간유전자증폭기(實時間遺傳子增幅器, real-time PCR), 실험의학(實驗醫學, experimental medicine), 실험동물(實驗動物, laboratory animal), 무균작업실험대(無菌作業實驗臺, clean bench), 시험관내실험(試驗管內實驗, in vitro experiment), 실생묘(實生苗, seedling), 경실종자(硬實種子, hard seed), 단성결실(單性結實, unisexual fruiting), 단위결실(單爲結實, parthenocarpy) 등이 있다.

균류학에서 낯선 용례가 많다. 버섯이나 포자형성기관은 자실체(子實體, fruiting body), 자실체 안에 있는 포자형성부위는 자실층(子實層, hymenium), 자실층이 식물의 책상조직처럼 나란히 존재하면 책상자실층(柵狀子實層, palisade hymenium), 자실층에 존재하는 무성 구조체는 자실층낭상체(子實層囊狀體, hymenial cystidium), 자실체를 둘러싼 막은 자실체포피(子實體包被, pericarp), 담자균류의 자실층과 다른 명칭을 갖는 자낭균자실층(子囊菌子實層, thecium)이 있다. 또한 개체에서 특별히 분화된 한 부분만 생식기능을 하는 분실성균체(分實性菌體, eucarpic thallus)와 개체의 모든 부분이 생식기관 역할을 하는 전실성균체(全實性菌體, holocarpic thallus)가 있다.

118

쌍(雙)

雙은 '두 쌍' 또는 '쌍 쌍'으로 읽으며, 둘·쌍·짝수 등을 뜻한다. 雙(쌍)은 隹(새 추) 2개와 又(또 우)가 결합한 모습이다. 본래 又자는 오른손의 형상을 본뜬 상형자인데, 후에 가차되어 '또·다시'라는 의미를 지니게 되었다. 그러니까 雙(쌍)은 오른손에 새 2마리를 올리고 있다는 뜻이므로 서로 관련이 있는 두 개체를 의미하는 '쌍'을 뜻하는 글자로 정착하게 되었다. 다만, 雙(쌍)을 일본어 신자체와 중국어 간체자에서는 모두 双으로 축약하여 쓰므로 유의해야 한다.

어느 학문분야이든 雙(쌍)은 둘이란 의미로 쓰인다. 수학에서 쌍대(雙對)·순서쌍(順序雙)·쌍곡선(雙曲線), 물리학에서 쌍극자(雙極子)·쌍대성(雙對性)·쌍곡공간(雙曲空間) 등이 있다.

동물학·의학에서 쌍봉낙타(雙峯駱駝, Bactrian camel), 쌍살벌(雙-, paper wasp), 쌍자임신율(雙子妊娠率, twin pregnancy rate), 이란성쌍생아(二卵性雙生兒, fraternal twins), 일란성쌍생아(一卵性雙生兒, identical twins), 쌍꺼풀수술(雙-手術, double-eyelid surgery, Asian eye surgery), 담수어류의 기생충으로 알려진 일본쌍자흡충(日本雙子吸蟲), 파리·각다귀·모기 따위의 곤충류가 속하여 파리목(-目)으로도 불리는 쌍시목(雙翅目, Diptera) 등이 있다.

식물학에서 쌍자엽식물(雙子葉植物, dicotyledon), 쌍간목(雙幹木, double stem tree), 쌍화탕(雙和湯) 등이 있다. 미생물학에서 쌍편모세균(雙鞭毛細菌, biflagellate bacteria), 쌍유적포자(雙油滴胞子, biguttulate spore), 쌍분지균사(雙分枝菌絲, dichohyphidium), 염기쌍(鹽基雙, base pair), 쌍구균(雙球菌, diplococcus), 쌍안현미경(雙眼顯微鏡, binocular microscope) 등이 있다. 참고로, 둘을 나타내는 글자로 이분법(二分法, binary fission)의 二(이)와 重(무거울 중)도 있는데[☞ 193쪽], 서로 쓰임새에 다소 차이가 있다.

119

아(亞)

亞는 '버금 아'로 읽으며, 버금·둘째·무리 등을 뜻한다. 亞(아)는 고대 중국의 주택 구조를 그린 것인데, 규모가 큰 집은 사면을 둘러싼 형식으로 지어졌었다. 이러한 저택은 규모가 크기는 했지만, 궁궐에 비교할 바는 되지 못했다. 그래서 亞(아)는 가장 큰 것에 다음가는 것이라는 뜻을 갖게 되었다.

아열대(亞熱帶)·아한대(亞寒帶) 등에서는 '버금'이란 의미의 영어 접두사 sub-와 같은 뜻이며, 생명과학에서 수많은 용례가 있다. 생물의 형태를 기술할 때 아구형(亞球形, subglobose)을 비롯하여 '~에 버금가다'는 의미로 sub-가 접두어로 붙는 경우가 무척 많은데, 우리말 학술용어에서 준-(準-) 또는 아-(亞-)로 쓰인다. 의학에서 만성과 급성의 중간이란 의미로 아급성(亞急性, subacute), 수목에서 교목과 관목의 중간 형태로 아교목(亞喬木, arborescent)이 있다.

한편, 분류학에서는 종·속·과·목·강·문의 분류계급에서 각각 하위 분류군을 두어 아종(亞種, subspecies), 아속(亞屬, subgenus), 아과(亞科, subfamily), 아목(亞目, suborder), 아강(亞綱, subclass), 아문(亞門, subdivision)을 둘 수 있다.

아마(亞麻)나 아연(亞鉛)처럼 '조금 못 미친다' 또는 '매우 유사하다'는 의미로 붙여진 경우도 있다. 아마박(亞麻粕)·아마섬유(亞麻纖維)·아마유(亞麻油)·아마인(亞麻仁)·아마포(亞麻布)와 함께 아연결핍증(亞鉛缺乏症)·아연산염(亞鉛酸鹽)·아연중독(亞鉛中毒) 등이 있다.

또한, 아질산(亞窒酸)이나 아황산(亞黃酸)처럼 '원자가(原子價)가 낮다'는 의미로 붙여진 경우도 있다. 아질산균(亞窒酸菌)·아질산암모늄(亞窒酸ammonium)·아질산염뇨(亞窒酸鹽尿)·아질산변색(亞窒酸變色)·아황산무수물(亞黃酸無水物)·아황산염(亞黃酸鹽)·아황산염산화효소(亞黃酸鹽酸化酵素) 등의 용례가 있다.

120

암(暗)

暗은 '어두울 암'으로 읽으며, 어둡다·보이지 않다·숨기다·은폐하다 등을 뜻한다. 暗(암)은 日(해 일)과 音(소리 음)이 결합한 모습이다. 音자는 입을 벌려 소리를 내는 모습을 그린 것으로 '소리'라는 뜻이 있다. 빛이 없는 어두운 곳에서 가능한 소통 수단은 소리뿐이다. 暗(암)은 그러한 의미가 반영된 글자로서 '어둡다'라는 뜻이 기본이지만, 여러 의미로 파생되어 쓰인다.

暗(암)이 접두사로 '어두운·짙은'의 의미를 나타내는데, 암청색(暗靑色)·암록색(暗綠色)·암적색(暗赤色)·암회색(暗灰色) 등이 있다. 한편, 균류학에서 암색분생포자(暗色分生胞子, phaeoconidium), 암색다실포자(暗色多室胞子, phaeophragmospore), 암색낭상체(暗色囊狀體, phaeocystidium), 암색선균류(暗色線菌類, dematiaceous hyphomycetes) 등에서 암색은 어둡고 칙칙한 색을 통칭하는 의미로서 담색(淡色)에 상대하는 용어이다[☞ 44쪽]. 농업용어로서 暗(암)이 '빛이 없음'을 나타내는 암막재배(暗幕栽培)·암발아종자(暗發芽種子)·암건소(暗乾所) 등이 있다. 암거배수(暗渠排水)에서 땅속에 배수시설을 만들거나 배수환경을 조성하는 것이다.

暗(암)의 상대자는 明(밝을 명)이다. 明자는 낮을 밝히는 해[日]과 밤을 밝히는 달[月]을 함께 그려서 밝음을 표현하였다. 암반응-명반응(暗反應-明反應)처럼 대응하는 용어가 많다. 상세불명천식(詳細不明喘息)처럼 특정 질병명 앞에 '詳細不明'이 붙어 '알 수 없는 원인이거나 불특정 원인'임을 나타낸다. 의식불명(意識不明)은 의식을 잃음이다. 견직물인 명주(明紬)에서 明은 반들거림을 뜻한다. 농작물의 조명재배(照明栽培)에서 간헐조명(間歇照明)·교호조명(交互照明)·근접조명(近接照明)·보조조명(補助照明)·심야조명(深夜照明)·연속조명(連續照明)·점멸조명(點滅照明) 등의 기법이 있다.

121

암(癌)

癌은 '암 암'으로 읽으며, 암·종양·악성종기 등을 뜻한다. 癌(암)은 疒(병질 엄, 병상에 드러누운 모양)과 嵒(바위 암)이 결합한 모습이다. 한의에서는 전통적으로 몸속에 덩이가 진 것을 岩(巖, 바위 암)이라 했는데, 차츰 뜻을 보충하기 위하여 岩의 이체자인 嵒자에 疒을 더한 형태인 癌자가 쓰였다. 근대에 악성종양을 나타내는 한자로 정착하면서 현재에 이르렀다. 이 글자에 있는 口(입 구)를 다양하게 해석하는 자료들이 있으나 정설은 아니다.

癌(암)과 관련하여 간암(肝癌, liver cancer), 갑상선암(甲狀腺癌, thyroid cancer), 난소암(卵巢癌, ovarian cancer), 대장암(大腸癌, colorectal cancer), 담낭암(膽囊癌, gallbladder cancer), 방광암(膀胱癌, bladder cancer), 식도암(食道癌, esophageal cancer), 신장암(腎臟癌, kidney cancer), 위암(胃癌, stomach cancer), 유방암(乳房癌, breast cancer), 전립선암(前立腺癌, prostate cancer), 췌장암(膵臟癌, pancreatic cancer), 혈액암(血液癌, hematologic malignancy), 폐암(肺癌, lung cancer), 피부암(皮膚癌, skin cancer), 후두암(喉頭癌, laryngeal cancer) 등이 있다. 학술용어로는 발암(發癌, carcinogenesis), 발암물질(發癌物質, carcinogen), 암세포(癌細胞, cancer cell), 암병동(癌病棟, cancer center), 항암(抗癌, anticancer), 항암물질(抗癌物質, anticancer substance), 항암제(抗癌劑, anticancer drug) 등이 흔히 등장한다.

세균 감염으로 인해 여러 식물에 발생하는 근두암종병(根頭癌腫病, crown gall)은 근두(뿌리와 줄기의 경계부)는 물론이고 줄기와 가지에도 혹[癌腫]이 생기는 증상을 나타내므로 '혹병'으로도 부른다. 이 질병을 동물의 암에 빗대어 식물암(植物癌, plant cancer)이라고도 부른다. 한편, 차가버섯의 감염으로 인해 자작나무에 발생하는 혹을 목재암(木材癌)으로 부르며, 약재로 이용한다.

122

압(壓)

壓은 '누를 압'으로 읽으며, 누르다·억압하다·무너뜨리다 등을 뜻한다. 壓(압)은 土(흙 토)와 厭(싫을 염)이 결합한 모습이다. 厭자는 집[厂, 굴바위 엄]에 있는 개[犬]가 배부른[胃] 모습을 그린 것이다. 여기에 土(흙 토)자를 더하여 '흙으로 눌러 압박하다'라는 뜻이 만들어졌다. 壓은 권력·위압감·세력 등 '눈에 보이지 않는 무언가'로 누르는 의미로 쓰이고, 押(누를 압)은 압수(押收)나 압화(押花)처럼 물리적으로 누를 때 쓴다. 억압하는 정치의 압정(壓政)과 문구용품인 압정(押釘)으로 대비된다. 壓자는 중국어 간체자로 压, 일본어 신자체로 圧으로 쓴다.

고기압(高氣壓)·전압(電壓)·수압(水壓)·압도(壓倒)·압박(壓迫) 등의 일상어가 있다. 고압멸균기(高壓滅菌器, autoclave)를 이용한 고압증기멸균(高壓蒸氣滅菌), 선택압(選擇壓)이라고도 부르는 도태압(淘汰壓, selection pressure), 돌연변이 유전자의 발현을 억제하는 억압유전자(抑壓遺傳子, suppressor), 보리쌀을 납작하게 누른 압맥(壓麥), 과실이나 채소에 충격이 가해져서 생기는 압상(壓傷), 과일이나 채소 저장고 압력을 낮춰 품온을 떨어뜨리는 감압예냉법(減壓豫冷法), 상업적으로 이용되는 압착효모(壓搾酵母) 등이 있다.

의학에서 용례가 많다. 혈압이 정상 수치보다 낮은 저혈압(低血壓, hypotension)과 높은 고혈압(高血壓, hypertension), 내부 기압을 낮게 유지함으로써 오염된 공기가 밖으로 나가지 못하도록 만든 음압병실(陰壓病室, negative pressure isolation room), 잠수부들이 유의해야 할 감압병(減壓病, decompression sickness), 눈알 내부의 일정한 압력을 뜻하는 안압(眼壓, intraocular pressure), 몸의 한 부분을 손가락으로 누르거나 주물러 치료하는 지압요법(指壓療法, acupressure)과 압박궤양(壓迫潰瘍, pressure sore, bed sore)을 비롯하여 압박붕대(壓迫繃帶)·고압관장(高壓灌腸)·고압산소투여(高壓酸素投與) 등이 있다.

123
액(液)

液은 '진 액'으로 읽으며, 진·진액·즙 등을 뜻한다. 液(액)은 氵(=水, 물 수)와 夜(밤 야)가 결합한 모습이다. 液(액)을 밤[夜] 늦게까지 일하면서 흘리는 땀[水]이란 해석도 있지만, 정설은 아니다. 夜자는 원래 사람의 겨드랑이를 나타내거나 겨드랑이 사이에 달[月]을 그려 넣은 글자였다. 신체 중에 어두운 부위에 해당하는 겨드랑이에다 밤을 상징하는 달까지 있으니 夜자는 '어둠·밤'을 의미하게 되었다. 후에 겨드랑이는 月(=肉, 육달월)을 변으로 사용하여 腋(겨드랑이 액)으로 씀으로써 그 뜻을 명확하게 하였다.

한의학에서는 사람 몸의 '진액'을 이렇게 설명한다. 진(津)은 양(陽)에 속하여 비교적 맑고 묽으며 피부와 근육에 분포되어 피부와 근육을 따뜻하게 적시고 촉촉하게 하는 역할을 한다. 액(液)은 음(陰)에 속하여 비교적 탁하고 걸쭉하며 뇌수·관설·눈·코·입·귀 등에 분포되어 촉촉하게 자양(滋養)하는 역할을 한다. 하지만 일반적인 과학용어로서는 모두 액(液)의 범주에 든다.

액체(液體, liquid)를 시작으로 침출액(浸出液, exudate), 완충액(緩衝液, buffer solution), 고정액(固定液, fixative), 유액균사(乳液菌絲, lactiferous hypha), 액체배양(液體培養, liquid culture), 액내배양(液內培養, submerged culture), 배양여액(培養濾液, culture filtrate), 액체종균(液體種菌, liquid spawn), 포자현탁액(胞子懸濁液, spore suspension), 보존용액(保存溶液, stock solution), 등장액(等張液, isotonic solution), 액침표본(液浸標本, immersion specimen), 액포(液胞, vacuole), 액비(液肥, liquid fertilizer), 양액재배(養液栽培, hydroponics), 액상과당(液狀果糖, high fructose corn syrup) 등 수많은 용례가 있다. 인체에도 점액(粘液, mucus), 혈액(血液, blood), 타액(唾液, saliva), 소화액(消化液, digestive fluids), 정액(精液, semen) 등이 있다.

124

야(野)

野는 '들 야'로 읽으며, 들·시골·교외·야생 등을 뜻한다. 野(야)는 里(마을 리)와 予(나 여)가 결합한 모습이다. 里자는 사람이 사는 곳을 나타낸다. 予(여→야)자는 본래 실을 감는 실패를 그린 것이나 여기서는 소리와 함께 뜻을 나타낸다. 그래서 野(야)는 마을에서 떨어진 곳을 가리키며, 넓고 넓은 곳을 나타낸다. 도시의 언저리를 郊(교)라 하고, 郊(교)의 언저리를 野(야)라 한다. 그래서 대도시 주변에서 하는 근교농업(近郊農業), 도시에서 멀지만 좋은 자연 조건과 적은 자본으로 운영하는 원교농업(遠郊農業)이 있다.

野(야)는 평야(平野)·야외(野外)·야적(野積)·야전(野戰)처럼 일상어에서는 '들판'이란 뜻으로도 쓰이는 경우가 많다. 그러나 생명과학에서는 많은 경우에 '야생(野生, wild)'으로 쓰여 '자연 상태 그대로임, 길들여지지 않음, 선발이나 육종되지 않음'을 나타낸다. 야생형(野生型, wild type), 야생식물(野生植物, wild plant), 야생화(野生花, wild flower), 야생동물(野生動物, wild animal), 야생마(野生馬, wild horse, bronco), 야잠(野蠶, wild silkworm), 야생효모(野生酵母, wild yeast) 등이 있다. 야토병(野兎病, 산토끼병, tularemia)은 야토병균에 의해 발생하는 인수공통감염병이다.

시력이 미치는 범위를 시야(視野)라고 하며, 여기서 野는 범주(range, field)를 뜻한다. 색감시야(色感視野)·시야결손(視野缺損)·시야측정계(視野測定計)·양안시야(兩眼視野)·중심시야측정법(中心視野測定法) 등의 용례가 있다. 본래 야채(野菜)는 '들에서 자라나는 나물'이고, 채소(菜蔬)는 '밭에서 기르는 나물'이다. 야저(野豬)는 글자 그대로 멧돼지를 가리킨다. 한의학에서 멧돼지의 피를 야저혈(野豬血), 멧돼지의 쓸개를 야저황(野豬黃)이라고 한다. 일본에서는 豬(저)를 멧돼지, 豚(돈)을 집돼지로 뚜렷이 구분하여 쓴다.

125

양(陽)

陽은 '볕 양'으로 읽으며, 볕·해·낮·양기(陽氣)·남성(男性) 등을 뜻한다. 陽(양)은 阝(=阜, 언덕 부)와 昜(볕 양)이 결합한 모습이다. 昜자는 햇볕이 제단 위를 비추고 있는 모습을 그린 것으로 '볕'이라는 뜻이 있다. 여기에 阜자까지 결합한 陽자는 태양이 제단과 주변 언덕[阜]까지 밝게 비추는 모습을 표현한 것이다. 한편, 陰(음)은 阝(=阜, 언덕 부)와 今(이제 금)과 云(=雲, 구름 운)이 결합한 모습이다. 今자는 '금→음'으로의 발음 역할만 하고 있다. 언덕과 구름은 햇볕을 차단해 그늘을 만들므로 이를 응용한 陰자는 '그늘'을 표현한다. 참고로, 중국어 간체자에서는 陰陽을 阴阳으로 쓴다.

석양(夕陽)·양력(陽曆)·양산(陽傘)·음양(陰陽)·태양(太陽) 등의 일상어가 있다. 생명과학에서 陽(양)은 陰(음)과 대응하여 쓰이는 경우가 대부분이다. 양성반응(陽性反應)과 음성반응(陰性反應), 그람양성균(Gram陽性菌)과 그람음성균(Gram陰性菌), 양수(陽樹)와 음수(陰樹), 양지식물(陽地植物)과 음지식물(陰地植物), 양이온(陽ion)과 음이온(陰ion), 양건(陽乾)과 음건(陰乾), 양성교질(陽性膠質)과 음성교질(陰性膠質), 양성원소(陽性元素)와 음성원소(陰性元素), 소양인(少陽人)과 소음인(少陰人) 등의 용례가 있다.

의학에서 양성신생물(陽性新生物, benign neoplasia)은 악성신생물(惡性新生物, malignant neoplasia)에 대응하는 용어이다. 여기서 양성(陽性)은 주변 조직으로 침범하거나 전이가 되지 않는 성질을 뜻한다. 동물이 태양의 위치와 자신의 시각으로 방향을 확인하는 태양나침반정위(太陽羅針盤定位)가 있다. 태양열토양소독(太陽熱土壤消毒, soil solarization), 양성자(陽性子, proton), 양산효과(陽傘效果, parasol effect) 등도 있다. 양열온상(陽熱溫床)은 태양열을 이용하는 온상이며, 양열온상(釀熱溫床)[☞ 127쪽]과 다르다.

126

양(樣)

樣은 '모양 양'으로 읽으며, 모양·형상·견본·본보기·종류 등을 뜻한다. 樣(양)은 木(나무 목)과 羕(강이길 양)이 결합한 모습이다. 羕자는 강줄기가 양떼처럼 길게 늘어져 있는 것을 뜻하고, 여기서는 발음 역할만 하고 있다. 樣자는 본래 나무에 주렁주렁 열린 열매를 뜻하기 위해 만든 글자였다. 그러나 후에 '모양'이라는 뜻으로 가차되면서 본래의 의미로는 쓰이지 않고 있다.

각양각색(各樣各色)·다양(多樣)·문양(紋樣)·양상(樣相)·양식(樣式)·외양(外樣) 등의 일상어가 있다. 모양(模樣)은 겉으로 나타나는 생김새나 모습이다. 모양이 들어간 학술용어는 대단히 많다. 나비모양꽃부리(-模樣-)는 꽃부리가 나비를 닮았다는 뜻이다. '모양'의 뜻으로 '양(樣)'만 들어간 학술용어도 있다. 눈의 앞쪽 공간을 채우는 맑은 용액을 수양액(水樣液, aqueous humor)이라고 하는데, '물처럼 맑은 액체'라는 뜻이다. 눈 안의 수정체를 둘러싸고 있는 모양체(毛樣體, ciliary body)가 있는데, 털[毛, 터럭 모]처럼 생긴 근육성의 조직이므로 이런 이름이 붙었다. 원핵생물 세포에서 볼 수 있는 핵양체(核樣體, nucleoid)는 '진핵생물의 핵을 닮은 것'이란 뜻이다. 원생동물의 세포 가장자리에 있는 근양체(筋樣體)는 수축·이완 기능은 있지만 근육세포는 아니므로 '근육을 닮은 것'이란 뜻이다. 증상이 마치 나병처럼 진행하는 건선을 나병양건선(癩病樣乾癬)이라고 한다.

생물다양성(生物多樣性, biodiversity)은 종다양성(種多樣性)·유전자다양성(遺傳子多樣性)·생태계다양성(生態系多樣性)을 통틀어 이르는 말이다. 다양성지수(多樣性指數, diversity index)는 생물군집의 종 수와 개체 수 사이의 비를 나타낸다. 특정 지역이나 생태계 내에 존재하는 조류의 종을 헤아려 부영양화 정도를 간접적으로 측정하는 조류종다양성(藻類種多樣性, algal species diversity)이 있다.

127

양(釀)

釀은 '술빚을 양'으로 읽으며, 양조하다는 뜻으로 쓰인다. 釀(양)은 酉(닭 유)와 襄(도울 양)이 결합한 모습이다. 酉자를 '닭 유'로 읽는 것은 십이지(十二支)의 열 번째 글자이기 때문이다. 酉자는 본래 뚜껑이 덮인 술항아리 또는 밑이 뾰족한 술항아리를 그린 것이기 때문에 부수로 쓰일 때는 '술'과 관련된 의미를 전달한다. 襄자는 돕는다는 뜻이므로, 술항아리를 돕는다는 것은 술을 만드는 알코올발효를 일으킨다는 뜻이다. 釀자는 중국어 간체자로 酿, 일본어 신자체로 醸으로 쓴다.

양조(釀造, brewing)는 '술이나 간장, 식초 따위를 담가 만드는 일'로 정의된다. 양조장(釀造場, brewery)은 '술이나 간장, 식초 따위를 담가 만들어 내는 공장'으로 정의된다. 술을 만드는 곳은 양조장이지만, 엄밀하게는 '막걸리 등의 발효주(醱酵酒, fermented liquor)를 만드는 곳'으로 규정한다. 주정을 희석하거나 향료 등을 첨가·침출하여 제조하는 혼성주(混成酒, compounded liquor)를 만드는 곳은 양조장이 아니다.

이와 반대로, 양조간장(釀造-醬)을 만드는 곳이라도 간장을 만드는 곳은 간장공장, 양조식초(釀造食醋)를 만드는 곳이라도 식초를 만드는 곳은 식초공장이라고 할 정도로 실제 양조는 술에 집중되어 있다. 한편, 한 번 빚은 술은 단양주(單釀酒)이고, 여러 번 나누어 빚은 술을 중양주(重釀酒)로서 이양주(二釀酒)와 삼양주(三釀酒)가 있다. 집에서 빚은 술은 가양주(家釀酒)라고 한다.

양열온상(釀熱溫床)은 낙엽·짚·퇴비·두엄·똥·겨 따위의 양열재료(釀熱材料)를 열원으로 하여 설치한 온상으로서 고구마 따위를 육묘하는 데 이용된다. 미생물이 이러한 유기물을 분해하면서 생기는 호흡열(呼吸熱)이 열원(熱源)이다. 여기서 釀(양)은 '미생물에 의한 물질전환'이란 의미이며 직접적으로 술이나 발효를 의미하지는 않는다. 釀자의 쓰임새로서는 다소 예외적이다.

128

억(抑)

抑은 '누를 억'으로 읽으며, 누르다·억누르다·굽히다·물러나다·막다 등을 뜻한다. 抑(억)은 手(=扌, 손 수)와 印(도장 인)이 결합한 것이다. 印자는 본래 무릎을 꿇고 있는 사람의 머리를 누르는 모습을 그린 글자이다. 그래서 印자는 '누르다'라는 뜻으로 쓰이다가 후에 도장(인장)이라는 뜻이 추가되었다. 印刷(인쇄)와 印章(인장)으로 쓰인다. 印자에 手자를 더한 抑(억)은 좀 더 강한 의미를 가지며 인위적인 행위를 표현하므로 '억누르다'라는 뜻이다.

억류(抑留)·억압(抑壓)·억양(抑揚)·억울(抑鬱)·억제(抑制)·억지(抑止) 등의 일상어가 있다. 생명과학에서 suppressor를 억압유전자(抑壓遺傳子) 또는 억제유전자(抑制遺傳子)라고 하는데, 종양억제유전자(腫瘍抑制遺傳子, tumor suppressor gene)처럼 누르고[抑] 제어함[制]이 더 논리적이다. 난센스억제유전자(nonsense抑制遺傳子)·억제단백질(抑制蛋白質)·억제물질(抑制物質)·억제해제(抑制解除)·생육억제배지(生育抑制培地)·유사분열억제제(有絲分裂抑制劑) 등이 있다. 의학에서 면역억제제(免疫抑制劑, immunosuppressant)를 비롯하여 부신피질억제제(副腎皮質抑制劑)·성욕억제제(性慾抑制劑)·구토억제제(嘔吐抑制劑)·식욕억제(食慾抑制)·이뇨억제(利尿抑制)·혈구응집억제(血球凝集抑制) 등이 있다. 농업에서 억제재배(抑制栽培, retarding culture)를 비롯하여, 농약의 생장조정제에는 개화결실억제제(開花結實抑制劑)·맹아억제제(萌芽抑制劑)·발아억제제(發芽抑制劑)·증산억제제(蒸散抑制劑) 등이 있다.

한편, 抑(억)과 유사한 뜻을 가진 壓(누를 압)과 押(누를 압)은 122쪽에 해설하였다. 按(누를 안)은 누르고[按] 문지르는[摩] 치료법인 안마요법(按摩療法)에 쓰인 글자이다. 捺(누를 날)은 풀을 바른 물감을 눌러서 [捺] 물들이는[染] 기법인 날염(捺染)에 쓰인다.

129

여(濾)

濾는 '거를 려(여)'로 읽으며, 거르다·여과하다·씻다 등을 뜻한다. 濾(여)는 氵(=水, 물 수)와 慮(생각할 려)가 결합한 모습이다. 慮자는 虎(범 호)와 思(생각할 사)가 결합한 글자이다. 思자는 사람의 정수리[囟, 정수리 신]와 심장[心, 마음 심]을 함께 그린 것으로 '생각'을 뜻한다. 囟자는 후에 간략화되어 田자 모양이 되었으므로, 思자는 농사짓는 밭과는 관련이 없다. 그러니까 호랑이[虎]를 생각하면[思] '걱정하다'를 의미한다. 그런 걱정을 물로 씻어내고 걸러낸다는 의미를 담아 만들어진 글자가 濾(려/여)이다. 濾자는 중국어 간체자로 滤, 일본어 신자체로 沪로 쓴다..

여과(濾過)와 관련된 용어가 많다. 여과기(濾過器, filter), 여과막(濾過膜, filtering membrane), 여과멸균(濾過滅菌, filtration sterilization), 여과섭식자(濾過攝食者, filter feeder), 여과성미생물(濾過性微生物, filterable microorganism), 여과액(濾過液, filtrate), 여과지(濾過紙, filter paper), 여과플라스크(濾過-, filter flask), 정밀여과(精密濾過, microfiltration), 한외여과(限外濾過, ultrafiltration), 공기여과장치(空氣濾過裝置, air filter), 우유여과기(牛乳濾過器, milk filter), 혈액여과(血液濾過, hemofiltration) 등 여러 용례가 있다. 한편, 여액(濾液) = 여과액, 여지(濾紙) = 여과지, 여상(濾床) = 여과상, 여층(濾層) = 여과층, 여재(濾材) = 여과재료, 여포(濾布) = 여과포 등과 같이 濾(여)가 단독으로 쓰여도 濾過(여과)와 같은 역할을 한다.

여포(濾胞, follicle)는 난소 등 동물의 내분비선 조직에 있는 주머니 모양의 세포 집합체로서 에스트로겐을 분비한다. 여포 속의 난자가 성숙하여 밖으로 나가면 남은 여포는 황체(黃體)로 변한다. 가장 중요한 기능을 가진 난자가 빠져나오는[濾] 태보[胞]라는 뜻을 가졌다. 영어 follicle은 '작은 주머니'를 뜻하는 라틴어 folliculus에서 유래하였다. 그러니까 follicle은 형태에 중점을 두었고, 濾胞는 기능에 맞춘 용어이다.

130

역(逆)

逆은 '거스를 역'으로 읽으며, 거스르다·거절하다·어긋나다·어기다·배반하다 등을 뜻한다. 逆(역)은 辶(쉬엄쉬엄갈 착)과 屰(거스를 역)이 결합한 모습이다. 屰(역)은 사람을 거꾸로 뒤집어 그린 것으로 '거스르다'라는 뜻이 있다. 여기에 辶(착)을 결합하여 '길을 거스르다'라는 역행(逆行)의 뜻을 가졌다. 차츰 뜻이 확장되어 여러 경우에서 '거꾸로'라는 뜻으로 쓰이고 있다.

일상어에서는 반역(反逆)·역광(逆光)·역적(逆賊)·역행(逆行)·역순(逆順)·역습(逆襲)·역차별(逆差別)·역발상(逆發想)·역개념(逆概念)·역주행(逆走行) 등 逆(역)이 '반대되는' 또는 '차례나 방법이 뒤바뀐'의 뜻을 더하는 접두사로 쓰인다.

생명과학 여러 분야에서도 역교배(逆交配, back crossing), 역돌연변이(逆突然變異, reverse mutation), 역접(逆接, reciprocal grafting), 역위(逆位, reversion), 역삼투(逆滲透, reverse osmosis), 역전사(逆轉寫, reverse transcription), 역분화(逆分化, dedifferentiation), 역춘화(逆春化, devernalization), 식물 잎의 가장자리 모양의 하나로 역거치(逆鋸齒, retroserrate) 등 많은 용례가 있다. 곰팡이 분야에서는 유주포자의 편모가 운동 방향의 앞쪽에 위치하는 역모균강(逆毛菌綱, Hyphochytridiomycetes)이란 분류군이 있다.

의학 분야에서 역류성식도염(逆流性食道炎, gastroesophageal reflux disease), 역류성후두염(逆流性喉頭炎, reflux laryngitis), 역행호흡(逆行呼吸, paradoxical breathing) 등이 있다. 화학에서 역촉매(逆觸媒, negative catalyst), 역추출(逆抽出, back extraction), 가역반응(可逆反應, reversible reaction), 비가역반응(非可逆反應, irreversible reaction), 역적정(逆滴定, back titration), 역합성분석(逆合成分析, retrosynthetic analysis)이 있다.

131

역(疫)

疫은 '부릴 역'으로 읽으며, 疒(병질 엄)과 殳(몽둥이 수)가 결합한 모습이다. 疒자는 사람이 병상에 드러누운 모양을 그린 글자이다. 여기서 殳자는 몽둥이라는 뜻이 아니라 役(부역 역)의 생략형이다. 役자는 본래 국가가 백성들의 노동력을 수취하던 제도를 지칭하는 글자이다. 그래서 지금도 병역(兵役)이나 징역(懲役)처럼 강제적이고 수취적인 경우에 쓰인다. 이러한 뜻이 점차 확장되어 재난이나 전쟁까지도 의미하게 되었다. 그래서 疫(역)은 질병으로 인하여 병상에 드러누운 재난적 상황을 표현하는 글자이다.

코로나바이러스가 전 세계적으로 유행하여 팬데믹을 일으키던 2020년에 대만에서 올해를 상징하는 한자로 '疫(역)'이 선정됐다는 보도가 있었다. 홍역(紅疫)·구제역(口蹄疫)·우역(牛疫) 등을 통해 疫(역)이 전염병을 의미한다는 것을 유추할 수 있다.

생명과학에서는 면역(免疫, immunity)과 관련하여 면역학(免疫學, immunology), 면역항체(免疫抗體, immune antibody), 자가면역질환(自家免疫疾患, autoimmune disease), 후천성면역결핍증(後天性免疫缺乏症, acquired immune deficiency syndrome, AIDS), 면역형광법(免疫螢光法, immunofluorescence), 교차면역(交叉免疫, cross-immunity), 국소면역(局所免疫, local immunity), 수반면역(隨伴免疫, concomitant immunity) 등 대단히 많다.

검역(檢疫, quarantine)과 관련되어 동물검역(動物檢疫, animal quarantine), 식물검역(植物檢疫, plant quarantine), 검역소(檢疫所, quarantine service) 등이 있다. 식물병으로서 역병(疫病, Phytophthora disease), 감자역병(-疫病, potato late blight), 토마토역병(-疫病, tomato late blight), 사과나무역병(沙果-疫病, apple collar rot) 등이 있다. 방역소독(防疫消毒)·가축방역(家畜防疫)·차단방역(遮斷防疫) 등도 있다.

132

연(軟)

軟은 '연할 연'으로 읽으며, 연하다・무르다・부드럽다・옅다 등을 뜻한다. 軟(연)은 車(수레 차)와 欠(하품 흠)이 결합한 모습이다. 軟자는 본래 '마차의 품질이 기대에 미치지 못하다'는 뜻으로 만들어졌는데, 欠자는 은유적 표현으로 여겨진다. 그래서 '(마차의)품질이 나쁘다'나 '(마차가)약하다'나 '(마차의 바퀴가)느슨하다'라는 부정적인 뜻이 있었지만, 지금은 어떤 물성이든 어떤 경우이든 연하고 부드러운 상태와 상황을 가리키는 글자로 널리 쓰인다.

軟(연)은 영어 pale이나 light에 해당하는 접두어로서 옅은 색깔을 의미한다. 연황색・연분홍・연보라・연초록・연두색 등 모두 軟(연)이다. 연두벌레(軟豆-, *Euglena*)는 몸 안에 엽록체를 가져 연두색을 나타내므로 그렇게 붙여졌다. 목재가 썩는 방식 중의 하나로서 곰팡이류에 의한 연부후(軟腐朽, soft rot)가 있다. 미생물에 의해 과실이나 채소가 물컹하게 썩는 현상을 연부(軟腐, soft rot)라고 한다. 연부병(軟腐病, soft rot disease)은 무름병으로 순화하여 부른다.

부드러운 털로 뒤덮인 상태의 경우에 짧은 털이면 단연모(短軟毛, downy), 긴 털이면 장연모(長軟毛, shaggy)라고 한다. 연모(軟毛)에 상대하는 용어는 강모(剛毛)이다[☞ 7쪽].

연(軟, 부드러움)과 경(硬, 강함)이 서로 대응하여 쓰이는 학술용어가 많다. 연수-경수(軟水-硬水), 연질유리-경질유리(軟質瑠璃-硬質瑠璃), 연질미-경질미(軟質米-硬質米), 연질밀-경질밀(軟質밀-硬質밀), 연재-경재(軟材-硬材), 연골어류-경골어류(軟骨魚類-硬骨魚類), 연화제-경화제(軟化劑-硬化劑) 등이 있다. 경(硬)으로 상대하지는 않지만 연(軟)이 독자적으로 쓰여 부드러운 속성을 나타내는 경우로는 연고(軟膏)・연골(軟骨)・연두부(軟豆腐)・연백재배(軟白栽培)・유연제(柔軟劑)・연체동물(軟體動物) 등이 있다.

133

연(連)

連은 '이을 련(연)'으로 읽으며, 잇다 · 잇닿다 · 맞닿다 · 이어지다 등을 뜻한다. 連(연)은 辶(쉬엄쉬엄갈 착)과 車(수레 거)가 결합한 모습이다. 車(거)는 짐이나 사람을 싣던 수레를 그린 것이다. 여기에 辶(착)을 결합하여 길 위로 수레가 다니는 모습을 표현했다. 그래서 連(연)은 본래 사람이 끌던 인력거를 뜻하기 위해 만든 글자였다. 길에 인력거가 연이어 다니는 모습에서 점차 '잇닿다'나 '연속하다'라는 뜻을 갖게 되면서 인력거라는 본래의 뜻은 퇴색하였다.

연결(連結) · 연속(連續) · 연휴(連休) · 연락(連絡) · 연전연승(連戰連勝) · 연재소설(連載小說) 등의 일상어가 있다. 생명과학에서는 원형질연락사(原形質連絡絲, plasmodesma), 연속변이(連續變異, continuous variation), 먹이연쇄(-連鎖, food chain), 포식연쇄(捕食連鎖, predatic chain), 기생연쇄(寄生連鎖, parasite chain), 중합효소연쇄반응(重合酵素連鎖反應, polymerase chain reaction, PCR), 연속배양장치(連續培養裝置, chemostat) 등이 있다.

미생물 전문용어로 연쇄상구균(連鎖狀球菌, *Streptococcus*), 꺽쇠연결(-連結, clamp connection), 연결균사(連結菌絲, binding hypha), 연쇄상포자(連鎖狀胞子, catenate conidia) 등이 있다.

連(연)과 훈이 같고 뜻도 비슷하여 혼동되기 쉬운 글자로 聯(연이을 련)이 있다. 聯(연)은 耳(귀 이)와 絲(실 사)와 鼎(솥 정)이 결합한 모습이다. 솥의 귀에 끈을 매었음은 '서로 붙어 있어 떼어낼 수 없는 연결'을 뜻한다. 그래서 유전학 분야의 용어에도 널리 쓰인다. 상동염색체에 있는 유전자들이 염색체 단위로 함께 행동하여 유전하는 유전자연관(遺傳子聯關, genetic linkage)을 비롯하여 연관가(聯關價) · 연관군(聯關群) · 연관분석(聯關分析) · 완전연관(完全聯關) · 상인연관(相引聯關) · 상반연관(相反聯關) 등이 있다.

134

연(緣)

緣은 '인연 연'으로 읽는데, 인연·연분·가장자리·겉·장식·이유 등을 뜻한다. 緣(연)은 糸(가는실 멱)과 彖(판단할 단)이 결합한 모습이다. 彖자는 '단→연'으로의 소리만 가리킨다. 緣(연)은 가는 실을 그린 糸자를 응용해서 '사람 사이를 연결하고 있는 보이지 않는 줄'을 뜻하기 위해 만든 글자이다. 그것을 '인연(因緣)'이라고 한다. 또한, 의복의 가장자리를 다른 헝겊으로 가늘게 싸서 돌린 선(縇)을 가리키기도 하는데, 이 경우는 '가장자리 연'으로 읽는다.

우선 緣(연)이 '인연'의 의미로 쓰인 용례를 살펴보자. 생물분류학에서는 종을 비롯한 분류단위 사이의 유연관계(類緣關係)를 따져 서로 가까운 관계의 근연(近緣)이면 근연종(近緣種), 서로 먼 관계의 원연(遠緣)이면 원연종(遠緣種)이라 한다.

한편, 유연관계가 멀어 유전형질의 특성이 서로 다른 작물끼리의 교잡을 원연교잡(遠緣交雜, out breeding)이라 하며, 축산에서는 원연교배(遠緣交配) 또는 원연번식(遠緣繁殖)이라고 한다.

이제 緣(연)이 '가장자리'의 의미로 쓰인 용례를 살펴보자. 버섯의 갓이나 식물의 잎을 기재할 때 '전연'이란 용어는 全緣(entire)이며, 갓이나 잎의 가장자리[緣]가 굴곡 없이 매끈하다[全]는 의미이다. 버섯 균사의 격벽에 있는 구멍을 일컫는 '유연공'이란 용어는 有緣孔(dolipore)이며, 테두리·가장자리[緣]를 가진[有] 구멍[孔]이란 의미이다. doli가 나무 술통[樽, 술통 준]을 의미하므로 일본에서는 樽形孔(준형공)이라고도 한다. 생물의 형태에서 어떤 부위의 가장자리를 주연부(周緣部)라고 하며, 공간적으로 떨어져 있는 상태의 주변부(周邊部)와 구분한다. 의학에서도 가장자리를 의미하는 변연(邊緣)이 들어간 용어가 수십 개에 이른다. 논밭의 가장자리에 있는 개체들이 나타내는 특성을 주연효과(周緣效果, edge effect)라고 한다.

134 / 연(緣)

135

열(裂)

裂은 '찢어질 렬'로 읽으며, 찢어지다·갈라지다·쪼개다 등을 뜻한다. 裂(열)은 衣(옷 의)와 列(벌릴 열)이 결합한 모습이다. 列(열)은 歹(부서진 뼈 알)과 刀(=刂, 칼 도)가 결합한 글자인데, 장례를 치를 수 있도록 뼛조각을 수습해 정리한다는 의미에서 '벌이다'라는 뜻을 갖고 있다. 여기에 衣(의)를 결합함으로써 裂(열)은 본래 '(옷을)찢는다'는 글자였다. 지금은 어떤 물성이든 어떤 경우이든 찢거나 쪼개지거나 갈라지는 상태와 상황을 가리키는 글자로 쓰인다.

분열(分裂)·파열(破裂)·균열(龜裂)·결렬(決裂)·사분오열(四分五裂)·지리멸렬(支離滅裂) 등의 일상어가 있다. 생명과학에서 세포분열(細胞分裂)·감수분열(減數分裂)·체세포분열(體細胞分裂)·유사분열(有絲分裂)·무사분열(無絲分裂)·동형분열(同型分裂)·핵분열(核分裂)을 비롯하여 식물의 분열조직(分裂組織, meristem)과 둘로 갈리지는 분열효모(分裂酵母, fission yeast) 등 생물이 '갈라지는' 현상은 모두 分裂(분열)이다. 과실 등이 갈라져 벌어지는 현상을 열개(裂開), 그런 과실을 열과(裂果)라고 한다. 단풍잎처럼 잎이 여러 가닥으로 갈라지면 개개의 부분을 열편(裂片), 얕게 갈라지면 천열(淺裂), 깊게 갈라지면 심열(深裂)이라고 한다. 꽃받침을 구성하는 낱개는 악열편(萼裂片)이다. 팝콘용으로 쓰이는 옥수수는 폭렬종(爆裂種)이다. 목재의 건조에서 표면할렬(表面割裂)이나 내부할렬(內部割裂)이 나타난다.

裂(열)과 列(열)의 차이를 살펴보자. 列의 독음은 '벌일 열'인데, 벌이다(일을 계획하여 시작하거나 펼쳐 놓다. 놀이판이나 노름판 따위를 차려 놓다. 여러 가지 물건을 늘어놓다)라는 뜻이다. 그래서 '벌리다'는 뜻을 가진 裂과 혼동되기도 한다. 列은 열거(列擧)·계열(系列)·치열교정(齒列矯正)·서열(序列)·염기서열(鹽基序列)에서 보듯이, '늘어놓다'와 '순서'의 의미를 가진다.

135 / 열(裂)

136

염(炎)

炎은 '불꽃 염'으로 읽으며, 불꽃·더위·남쪽 등을 뜻한다. 염(炎)은 火(불화)를 세로로 배열하여 불이 활활 타오르면서 일어나는 불꽃을 의미한다. 火(화) 하나만으로는 뜨거움을 표현하기 부족하므로 이렇게 겹쳐놓는 방식으로 불길의 뜨거움을 표현했다.

그런데 焰(불꽃 염)이 불꽃·기세·불을 의미하면서, 도리어 炎(염)은 질병이나 더위를 나타내는 글자로 쓰이게 되었다. 더위에 쓰인 용례로는 극심한 더위를 이르는 폭염(暴炎)이 대표적이며, 몹시 더운 날씨를 일컫는 염천(炎天)이나 더운 여름을 가리키는 염하(炎夏) 등은 근엄한 편지 문구에서나 볼 수 있다.

염증(炎症, inflammation)은 유해한 자극에 대한 생체반응 중 하나로 면역세포·혈관·염증매개체 등이 관여하는 보호반응이다. 염증의 임상적 징후로는 발적·열감·부종·통증 등이 있는데, 공통분모는 화끈거림이다. 이를 표현하는 글자가 炎(염)이다.

염(炎)이 질병에 쓰인 용례로는 뇌염(腦炎, encephalitis), 비염(鼻炎, rhinitis), 중이염(中耳炎, otitis media), 폐렴(肺炎, pneumonia), 간염(肝炎, hepatitis), 위염(胃炎, gastritis), 질염(膣炎, vaginitis), 요도염(尿道炎, urethritis), 결막염(結膜炎, conjunctivitis), 맹장염(盲腸炎, typhlitis), 복막염(腹膜炎, peritonitis), 피부염(皮膚炎, dermatitis), 관절염(關節炎, arthritis), 모낭염(毛囊炎, folliculitis), 고막염(鼓膜炎, myringitis), 그리고 힘줄을 싸고 있는 막에 생기는 건초염(腱鞘炎, tenosynovitis) 등 대단히 많다.

화염멸균(火炎滅菌, flame sterilization)을 비롯하여 소염진통제(消炎鎭痛劑, anti-inflammatory painkiller), 냉염(冷炎, cold flame), 항염제(抗炎劑, anti-inflammatory drugs), 염광분광계=염광광도계(炎光分光計=炎光光度計, flame photometer) 등도 있다.

137

염(染)

染은 '물들일 염'으로 읽으며, 물들다·염색하다·적시다 등을 뜻한다. 染(염)은 염색 과정을 담아 만든 글자이다. 옷감에 색을 내는 염료는 보통 나무나 풀에서 추출했다. 그래서 染(염)에 쓰인 木(나무 목)은 염료를 채취하던 나무나 풀을 의미한다. 염색 후에는 물에 헹궈야 하는데, 水(=氵, 물 수)는 헹구는 물을 뜻한다. 九(아홉 구)는 사람의 팔뚝을 그린 것이란 의견과 여러 번 물로 헹구는 정성을 나타낸다는 의견이 있는데, 여기서는 염색하는 과정에 필요한 노동력을 표현한 것이라 할 수 있다.

이처럼 염색에서 출발한 의미의 染(염)이 질병을 옮긴다는 뜻으로 확장되어 '옮길 염'으로도 읽는다. 이러한 뜻으로는 감염(感染)이 있다. 균류학에서 감염균사(感染菌絲, infection hypha), 감염좌(感染座, 感染뭉치, infection cushion), 국부감염(局部感染, local infection), 전신감염(全身感染, systemic infection), 기회감염(機會感染, opportunistic infection), 상처감염(傷處感染, wound infection), 감염공포증(感染恐怖症, infection phobia) 등이 있다.

한편, 전염(傳染)이 들어가는 용어로는 전염원(傳染源, infection source), 간접전염(間接傳染, indirect transmission), 수인성전염병(水因性傳染病, water-borne disease), 인수공통감염병(人獸共通感染病, anthropozoonosis), 전염경로(傳染經路), 충매전염(蟲媒傳染), 공기전염(空氣傳染) 등이 대표적이다.

생명과학에서 염색체(染色體, chromosome), 염색사(染色絲, chromatin), 매염제(媒染劑, mordant), 염료(染料, dye), 오염(汚染, contamination), 염색액(染色液, dyeing solution), 유전적오염(遺傳的汚染, genetic pollution), 형광염료(螢光染料, fluorescent dye) 등이 있다. 속된 말로 이르는 염병(染病)은 좁은 의미로 장티푸스를 특정하여 가리키거나 넓은 의미로 전염병을 뜻한다.

138

염(鹽)

鹽은 '소금 염'으로 읽으며, 소금을 뜻한다. 鹽(염)은 監(볼 감)과 皿(그릇 명)이 결합한 모습이다. 監자는 대야[皿]에 비친 자신을 바라보는 모습을 그린 것이다. 소금을 뜻하는 글자로는 이미 鹵(소금밭 로)자가 있지만 鹽자는 식용소금을 뜻하기 위해 만든 글자다.

전통적으로 바닷물을 가마솥에 끓여서 증발시켜 소금을 만들었다. 鹽자는 대야를 내려다보고 있는 모습으로써 가마솥에서 소금이 만들어지는 과정을 지켜보는 모습을 표현하고 있다. 鹽자를 일본어 신자체에서는 塩, 중국어 간체자에서는 盐으로 쓴다.

정제염(精製鹽)·염장(鹽藏)·무염식(無鹽食)·염전(鹽田)·식염수(食鹽水)·염도계(鹽度計) 등의 일상어에서 鹽(염)이 소금을 뜻한다는 것을 알 수 있다. 그러나 염기쌍(鹽基雙)이나 염산(鹽酸) 같이 과학교과서에 나오는 단어에서 鹽(염)이 소금은 아니라는 것도 알고 있다. 鹽(염)의 화학적 정의나 설명은 전문자료에 맡기고, 여기서는 몇 가지 용례를 살펴본다. 염화나트륨(鹽化-, sodium chloride), 염화비닐(鹽化-, vinyl chloride), 염소소독(鹽素消毒, chlorine disinfection), 질산염(窒酸鹽, nitrate), 탈염(脫鹽, desalination), 염류장해(鹽類障害, salt damage) 등 매우 많다. 산(酸, acid)과 염기(鹽基, base)는 상대어로서 수많은 파생어를 갖는다.

분자생물학에 염기쌍(鹽基雙, base pair), 염기서열결정(鹽基序列決定, sequencing), 염기치환(鹽基置換, base substitution) 등이 있다. 경작지의 염류집적(鹽類集積, salinization)은 토양미생물에도 영향을 준다. 높은 염도의 환경에서 자라는 생물을 호염성생물(好鹽性生物, halophile)이라고 하며, 내염성(耐鹽性, salt tolerance)을 가졌다는 의미로도 쓰이지만 사실상 다소 다른 개념이다[☞ 38쪽]. 호염균류(好鹽菌類, halophilic fungi)와 호염세균(好鹽細菌, halophilic bacteria)이 있다.

139

엽(葉)

葉은 '잎 엽'으로 읽으며, 잎을 뜻한다. 葉(엽)은 ++(풀 초)와 枼(나뭇잎 엽)이 결합한 모습이다. 枼자는 나무 위로 새잎이 올라오는 모습을 그린 것으로 '나뭇잎'이라는 뜻이 있다. 그런데, 본래 나뭇가지 위에 붙은 나뭇잎을 그린 글자는 世였다. 후에 世자가 '세대'라는 뜻으로 쓰이게 되면서 본래 '나뭇잎'이라는 뜻을 확실하게 전달하기 위하여 木자가 더해지고 ++자를 더하여 葉자가 만들어졌다. 낙엽이 떨어지면 한해가 지나가는 것이기 때문에 '시대'나 '세대'를 뜻하기도 한다. 가지에서 잎으로 갈래지는 모습에서 '갈래'라는 뜻도 있다. 葉은 중국어 간체자로 叶로 쓴다.

먼저 '갈래'라는 뜻으로 쓰인 용례를 보자. 동물의 수정란이 발생과정에서 세포분열을 거듭하여 나타나는 세포층을 배엽(胚葉, germ layer, germinal epithelium)이라고 한다. 이는 내배엽(內胚葉, endoderm), 외배엽(外胚葉, ectoderm), 중배엽(中胚葉, mesoderm)으로 나뉘며, 각각의 배엽은 성장 분화하여 특수한 여러 조직을 만든다. 허파에서 갈래진 우상엽기관지(右上葉氣管支) · 중엽기관기(中葉氣管支) · 우하엽기관지(右下葉氣管支)와 좌상엽기관지(左上葉氣管支) · 좌하엽기관지(左下葉氣管支)가 있다.

식물의 잎을 뜻하는 葉(엽)이 들어가는 학술용어는 대단히 많다. 낙엽활엽수(落葉闊葉樹, deciduous broad-leaved tree)와 침엽상록수(針葉常綠樹, coniferous evergreen tree)를 비롯하여 엽록소(葉綠素) · 엽록체(葉綠體) · 엽상체(葉狀體) · 엽채소(葉菜蔬) · 엽서(葉序) · 근생엽(根生葉) · 경생엽(莖生葉) 등이 있다.

잎의 세부 용어로서 엽신(葉身) · 엽병(葉柄) · 엽맥(葉脈) · 엽저(葉底) · 엽육(葉肉) · 엽연(葉緣) · 엽흔(葉痕) · 엽초(葉鞘) 등이 있다. 엽산(葉酸, folic acid)은 비타민B9이며, 엽채류(葉菜類)에서 발견되어 잎을 뜻하는 라틴어 folium에서 유래되었다.

140

예(銳)

銳는 '날카로울 예'로 읽으며, 날카롭다·날래다·민첩하다·급박하다 등을 뜻한다. 銳(예)는 金(쇠 금)과 兌(바꿀 태/기뻐할 열/날카로울 예)가 결합한 모습이다. 兌자는 본래 환하게 웃고 있는 사람을 그린 것인데, 여기서는 '날카롭다'라는 뜻을 가지며 '예'로 발음한다. 그러니까 銳자는 본래 칼의 날카로움을 뜻하기 위해 만든 글자였다. 그래서 '날카롭다'라는 뜻을 가진 兌자에 金자를 더해 '쇠가 날카롭다'라는 뜻을 갖게 되었다. 지금은 뜻이 더욱 확대되어 쇠와 관련없이 날카롭거나 뾰족하거나 예리한 경우에 널리 쓰인다.

신예(新銳)·예각삼각형(銳角三角形)·예리(銳利)·예민(銳敏)·소수정예(少數精銳)·첨예(尖銳) 등의 일상어가 있다. 銳(예)는 식물형태학에서 흔히 등장한다. 잎 가장자리의 거치가 날카롭고 예리한 예거치(銳鋸齒, serrate), 그런 톱니가 다시 한 번씩 갈라진 복예거치(複銳鋸齒, biserrate), 톱니가 아주 작은 소예거치(小銳鋸齒, serrulate)가 있다. 잎사귀·꽃받침조각·꽃잎 따위의 끝이 뾰족한 예두(銳頭, acute apex), 끝이 날카롭게 뾰족한 예첨두(銳尖頭, acuminate), 끝이 짧으면서 뾰족한 예철두(銳凸頭, cuspidate), 잎 아래쪽의 양쪽 가장자리 각도가 90도보다 좁을 때 쓰는 표현으로 예저(銳底, acute base)가 있다.

참고로, 식물학에서 수술을 웅예(雄蕊, stamen), 암술을 자예(雌蕊, pistil)라고 한다. 蕊(꽃술 예)는 식물학 용어 이외에는 쓰임새를 찾을 수 없는 글자이다. 한 꽃에서 수술이 암술보다 먼저 성숙하는 현상은 웅예선숙(雄蕊先熟, protandry)이다. 반면에, 한 꽃에서 암술이 수술보다 먼저 성숙하는 현상은 자예선숙(雌蕊先熟, protogyny)이다. 수술이 변형되어 꽃밥이 생기지 아니한 불임 상태의 수술을 헛수술 또는 가웅예(假雄蕊, staminode)라고 하는데, 자료에 따라서는 의웅예(擬雄蕊)나 위웅예(僞雄蕊)로 쓰기도 한다.

141

오(汚)

汚는 '더러울 오'로 읽으며, 더럽다·더럽히다·나쁘다·욕되다 등을 뜻한다. 汚(오)는 氵(=水, 물 수)와 亏(어조사 우)가 결합한 모습이다. 亏(우)는 사물이 구부러진 모습을 표현한 것으로 '굽다'라는 뜻도 가지고 있다. 여기에 水(수)가 결합하여 물길이 구부러져(亏) 흐름이 막혔다는 뜻이다. 물이 흐르지 못하면 고여서 썩고 더러워진다. 汚(오)는 그러한 뜻을 표현한 글자이다.

오물(汚物)·오점(汚點)·오수(汚水)·오명(汚名)·오욕(汚辱)·탐관오리(貪官汚吏) 등의 일상어가 있다. 오염(汚染, contamination, pollution)과 관련하여 대기오염(大氣汚染)·수질오염(水質汚染)·토양오염(土壤汚染)·비점오염(非點汚染) 등이 있다.

또한 유전자오염(遺傳子汚染)처럼 유전자 변형 생물체 개발이나 유전자 변형 식품의 유통으로 각종 유전자가 확산되면서 인간이나 생태계가 입게 되는 여러 가지 해악을 가리키는 경우에도 쓰인다. 오니(汚泥, sludge)와 관련하여 활성오니(活性汚泥)·오니퇴비(汚泥堆肥)·오니농축(汚泥濃縮)·오니소각(汚泥燒却)·오니건조(汚泥乾燥)·소성오니(燒成汚泥) 등 관련 용어가 여럿 있다.

오수(汚水, sewage)와 관련하여 오수관거(汚水管渠)·오수정화시설(汚水淨化施設)·오수처리체계(汚水處理體系)·가정오수(家庭汚水)·생활오수량(生活汚水量) 등이 있다. 오수생물계열(汚水生物系列, saprobic system)은 수질이 오염되고 탁한 정도를 판정하기 위하여 수역에 서식하는 생물군을 분류하여 만든 체계이다. 한편, 곰팡이의 감염과 번성으로 인해서 식물 잎이 지저분한 모습으로 변하는 오반병(汚斑病, sooty blotch)이 있는데, 최근에는 '그을음병'으로 불린다. 오염란(汚染卵)은 분변이나 혈액 같은 이물질이 묻어 있는 계란이다. 오염견(汚染繭)은 이물질로 더러워진 고치를 가리킨다.

142

온(溫)

溫은 '따뜻할 온'으로 읽으며, 따뜻하다·데우다·부드럽다·온화하다 등을 뜻한다. 溫(온)은 氵(=水, 물 수)와 囚(가둘 수)와 皿(그릇 명)이 결합한 모습이다. 본래 이 글자는 수증기가 올라오는 큰 대야에서 몸을 씻고 있는 사람을 그린 것이었다. 후에 글자가 바뀌면서 수증기는 水, 대야는 皿, 그 속에 들어가 있는 사람은 囚으로 표현되었다.

생명과학에서 기본 개념인 온도(溫度), 높은 온도인 고온(高溫), 낮은 온도인 저온(低溫), 적당한 온도인 적온(適溫), 사계절이 있는 온대(溫帶), 온도에 감응하는 감온(感溫), 따뜻한 온도를 좋아하는 호온(好溫) 등과 결합된 용어는 수백 개에 달한다.

온천 주위의 고온에서 살고 있는 온천생물(溫泉生物, hot spring creatures), 주변 환경의 온도에 따라 체온이 변하는 변온생물(變溫生物, poikilotherm), 체온을 항상 일정하게 유지하는 정온동물(定溫動物, homothermal animal)이 있다. 또한, 태양열이 공간으로 들어와서 나가지 못하고 순환되는 온실효과(溫室效果, greenhouse effect), 파종할 씨앗을 더운물에 담가 소독하는 온탕침법(溫湯浸法, hot water soaking method), 땅속에 전열선을 부설하여 열원으로 쓰는 전열온상(電熱溫床, electric hotbed), 온도를 항상 일정하게 유지하는 항온기(恒溫器, incubator) 등 많은 용례가 있다.

溫(온)에 상대하는 冷(찰 랭)은 冫(얼음 빙)과 令(영 령)이 결합한 모습이다. 令자는 군주가 명령을 내리고 있는 모습을 나타낸다. 냉동(冷凍, freezing), 냉각(冷却, cooling), 냉수(冷水, cold water), 냉장(冷藏, cold storage) 등과 결합된 단어가 많다. 농산물의 출하와 저장 전에 품온을 떨어뜨리는 예냉(豫冷, pre-cooling), 이상 저온으로 인한 농작물의 피해를 가리키는 냉해(冷害, cold damage), 에어컨병으로 불리는 냉방병(冷房病, air-conditioningitis) 등이 있다.

143

완(緩)

緩은 '느릴 완'으로 읽으며, 느리다·느슨하다·늦추다·누그러지다 등을 뜻한다. 緩(완)은 糸(가는실 멱)과 爰(이에 원)이 결합한 모습이다. 爰자는 누군가에게 줄을 건네주는 모습을 그린 것이다. 여기에 糸자를 결합한 緩(완)은 '(줄이)느슨하다'를 표현했다. 차츰 뜻이 확장되면서 緩(완)은 어떠한 상황이나 분위기가 누그러진다는 의미까지 쓰이게 되었다. 완강기(緩降機)·완급조절(緩急調節)·완행열차(緩行列車)·완속차로(緩速車路) 등의 일상어가 있다.

생명과학에서는 물곰이나 곰벌레로 대표되는 완보동물(緩步動物, tardigrade), 설사약으로 알려진 완하제(緩下劑, laxative), 화학교과서에 나오는 완충용액(緩衝溶液, buffer solution)과 완충용량(緩衝容量, buffer capacity) 등이 있다. 환경과학에서 완속여과(緩速濾過, slow rate filtration)와 완속교반(緩速攪拌, slow stirring)이 있다. 토양학에서 토양완충효과(土壤緩衝效果, soil buffer effect)와 완효성비료(緩效性肥料, controlled release fertilizer)가 있다. 의학에서 이완기혈압(弛緩期血壓, diastolic blood pressure)과 수축기혈압(收縮期血壓, systolic blood pressure)이 있다. 피부이완증(皮膚弛緩症, dermatolysis)은 피부에 탄력섬유가 소실되어 피부가 늘어져 주머니가 달린 것 같은 모양을 나타내는 유전질환이다.

緩(완)과 유사한 뜻으로 徐(천천히할 서)는 彳(조금걸을 척)과 余(나머지 여)가 결합한 모습이다. 徐자는 여유를 갖고 천천히 길을 걷는 것을 표현한 글자이다. 예를 들어, 성인의 경우에 분당 맥박수가 60회 이하이면 서맥(徐脈, bradycardia), 100회 이상이면 빈맥(頻脈, tachycardia)이다. 약효가 서서히 퍼지도록 만든 약은 서방형(徐放型, extended release, controlled release, delayed release)이고, 빠른 효과를 가진 속방형(速放型, immediate release)의 상대어이다.

144

용(溶)

溶은 '녹을 용'으로 읽으며, 녹다·용해되다·(물이)질펀하다 등을 뜻한다. 溶(용)은 氵(=水, 삼수변)과 容(얼굴 용)이 결합한 모습이다. 여기서 容자는 발음요소로 쓰였지만 鎔(쇠녹일 용)과 熔(녹일 용)에서 보듯이 기본적으로 '녹다'라는 뜻을 포함하고 있다.

溶(용)이 들어간 학술용어를 살펴보자. 두 가지 이상의 물질이 균일하게 혼합된 상태의 액체를 용액(溶液, solution), 물질을 녹거나 녹이는 현상을 용해(溶解, dissolution), 고체가 열에 녹아서 액체로 되는 것을 용해(鎔解, melting)라고 한다. 녹이는 쪽이 용매(溶媒, solvent)이고, 녹는 쪽이 용질(溶質, solute)이다. 물질을 용해하는 데 쓰는 용제(溶劑, solvent), 녹아 흘러나오는 용출(溶出, elution), 물에 녹는 수용성(水溶性, water-soluble), 기름에 녹는 지용성(脂溶性, fat-soluble), 잘 녹지 않는 난용성(難溶性, sparingly soluble), 녹아서 섞이는 용융(溶融, melting), 토양 중의 양분이 물에 녹아 이온 상태로 이동하여 제자리를 벗어나는 용탈(溶脫, leaching), 물속에 녹아 있는 용존산소(溶存酸素, dissolved oxygen) 등이 대표적이다.

용혈(溶血, hemolysis)은 적혈구의 세포막이 파괴되어 그 안의 헤모글로빈이 혈구 밖으로 나오는 현상으로서 용혈빈혈(溶血貧血, hemolytic anemia)의 원인이다.

용균(溶菌, bacterial lysis) 또는 용균현상(溶菌現象)은 박테리오파지가 세균 내에 들어가서 세균[菌]을 녹이는[溶], 즉 세균 세포가 파괴되는 일이다. 세균이 증식한 배지에서 용균작용에 의해 형성된 원형 반점을 용균반(溶菌斑, plaque)이라고 한다. 용균현상이 일어나지 않는 용원세균(溶原細菌, lysogenic bacteria)도 있다. 초록곰팡이(*Trichoderma*)가 숙주 곰팡이를 침입하기 위하여 세포벽에 구멍을 뚫어 용해하는 것을 천공용균(穿孔溶菌, perforation lysis)이라고 한다.

145

우(優)

優는 '넉넉할 우'로 읽으며, 넉넉하다·뛰어나다·좋다·우수하다 등을 뜻한다. 優(우)는 人(사람 인)과 憂(근심할 우)가 결합한 모습이다. 憂자는 頁(머리 혈), 冖(덮을 멱), 心(마음 심), 夊(올 치)가 결합함으로써 근심·걱정을 하며 느릿하게 걸어가는 모습을 표현한 것이다. 그래서 優(우)는 느릿하게 걸어가는 모습을 그린 憂(우)를 응용해서 사람의 삶이 여유롭다는 뜻을 표현했다. 이러한 뜻이 확장되어 후에 '뛰어나다'라는 뜻으로 정착되었다. 優자는 중국어 간체자에서 优로 쓴다.

우등(優等)·우대(優待)·우량(優良)·최우선(最優先)·우세(優勢)·우수(優秀)·우승(優勝)·우아(優雅)·우월(優越)·우위(優位) 등의 일상어에서 優의 뜻을 쉽게 알 수 있다. 생명과학에서는 우점(優占, dominance), 우점종(優占種, dominant species), 우선권원칙(優先權原則, rule of priority), 우생학(優生學, eugenics), 우성(優性, dominant), 우성형질(優性形質, dominant traits), 우성인자(優性因子, dominant gene), 우성돌연변이(優性突然變異, dominant mutation), 불완전우성(不完全優性, incomplete dominance), 정아우세(頂芽優勢, apical dominance) 등의 용례를 들 수 있다.

優(우)에 상대하는 글자는 劣(못할 열/렬)이다. 劣자는 少(적을 소)와 力(힘 력)이 결합한 모습이다. 劣자는 남보다 뒤떨어진다는 것을 뜻하기 위해 만든 글자이다. 우성-열성에서 파생된 용어가 다수 있다. 생명과학에서는 열성(劣性, recessive)과 관련되지 않고 劣자가 들어간 용어는 없을 정도이다.

유전학 용어로서 '멘델의 우열법칙'이나 '우성인자-열성인자' 등의 표현에 문제가 있다는 인식이 있다. 유전학에서 우성(優性)-열성(劣性)으로 쓰던 용어를 현성(顯性)-잠성(潛性)으로 바꾼 일본유전학회의 결정은 생물학에서도 옳고, 인문학에서도 옳고, 문자학에서도 옳다.

146

원(原)

原은 '언덕 원'으로 읽으며, 언덕·들판·근원·본래 등을 뜻한다. 原(원)은 厂(굴바위 엄)과 泉(샘 천)이 결합한 모습이다. 厂자는 언덕의 바위가 앞으로 튀어나와 그 아래에 사람이 거주할 수 있는 공간이 있는 모양을 본뜬 글자이다. 泉자에서 白(백)은 희다는 뜻이 아니라 상형문자에서는 밑쪽이 뚫려 있는 사각형의 형태이다. 즉, 泉자는 바위의 틈새에서 흘러나오는 샘의 모습을 본뜬 것이다. 그래서 본래 原(원)은 '샘이 있는 굴바위'를 나타낸 글자이다.

과학용어에서 原(원)이 '근원'의 뜻으로 쓰인 용례가 많다. 병을 일으키는 생물체를 병원체(病原體, pathogen), 병을 일으키는 병원체의 능력을 병원력(病原力, aggressiveness, virulence), 병의 원인을 밝히는 학문 영역을 병원학(病原學, etiology), 버섯이 처음 생기는 시원체로서의 원기(原基, primordium), 면역반응을 일으키는 항원(抗原, antigen), 피부에 있는 교원질(膠原質, collagen) 등이 있다. '들판'의 뜻으로 쓰인 原(원)의 용례로는 습원(濕原, wetland)과 초원(草原, prairie)으로서 염성습원(鹽性濕原)·습지초원(濕地草原)·고층습원(高層濕原)·온대초원(溫帶草原) 등이 있다.

'본래'의 뜻으로 쓰인 原(원)의 용례로는, 표고버섯을 통나무에서 키우는 원목재배(原木栽培, log cultivation), 생물을 신종으로 기재할 때 쓰는 원기재(原記載, original description), 세포에서 후형질에 상대하는 개념의 원형질(原形質, protoplasm), 연구소에서 만들어지고 유지되고 있는 원원종종자(原原種種子, breeder's seed), 희석하여 사용하기 위해 조제된 원액(原液, stock solution) 등이 있다.

'원시(原始)'의 뜻이 강하게 쓰인 原(원)의 용례로는 원핵생물(原核生物, prokaryote), 원생생물(原生生物, protista), 원담자기(原擔子器, probasidium), 베이징원인(北京原人, Beijing man) 등이 있다.

147

원(源)

源은 '근원 원'으로 읽으며, 근원을 뜻한다. 原[☞ 146쪽]과 源은 발음이 같고 자원(字源)을 공유하므로 종종 혼동되거나 혼용되어 쓰이기도 한다. '물이 나오는 원천'을 직접적으로 표현할 경우에는 이에 삼수변(氵=水)을 붙여 수원(水源)·수원지(水源池)·수원림(水源林)·급수원(給水源)·상수원(上水源)처럼 쓴다. 차츰 물뿐만 아니라 '어떤 물질이나 개념의 직접적인 공급원(source)'이라면, 熱源(열원)이나 語源(어원)처럼 源(원)을 쓰게 되었다.

미생물을 배양할 때 질소원(窒素源, nitrogen source)과 탄소원(炭素源, carbon source)이 있다. 그 외에도 광원(光源, light source), 밀원식물(蜜源植物, honey plant), 근원직경(根源直徑, diameter at root collar), 수원함양림(水源涵養林), 화분원(花粉源) 등도 있다.

한편, 돌연변이원(突然變異源, mutagen), 전염원(傳染源, source of inoculum), 접종원(接種源, inoculum), 감염원(感染源, source of infection) 등의 경우에는 源이 아니라 原으로 쓴 국어사전이나 전문자료가 많아 혼동되기도 하므로 토의가 필요하다.

환경학에서 탄소흡수원(炭素吸收源, carbon sink)를 비롯하여 악취발생원(惡臭發生源)·대기오염배출원(大氣汚染排出源)·비점오염원(非點汚染源)·무가환경자원(無價環境資源)·순환자원(循環資源)·재생자원(再生資源)·대체수원(代替水源)·상수원호소(上水源湖沼)·황사발원지(黃沙發源地)·소음발생원(騷音發生源)·오염원저감(汚染源低減)·자원회수시설(資源回收施設) 등이 있다.

생명과학에서 유전자원(遺傳子源, gene source)과 유전자원(遺傳資源, genetic source)을 비롯하여 생물자원(生物資源)·다원유전자(多源遺傳子)·배수성유발원(倍數性誘發源)·분원성대장균(糞源性大腸菌)·섬모충류기원설(纖毛蟲類起源說)·근원종(根源種) 등이 있다.

148

위(萎)

萎는 '시들 위'로 읽고, 풀이 시든다는 뜻이다. 萎(위)는 艸(=草, 풀 초)와 委(맡길 위)가 결합한 모습이다. 委자는 벼[禾, 벼 화]를 안고 있는 여인[女, 계집 녀]을 그린 글자로서 '맡기다'는 의미와 '내버려두다'는 뜻을 나타낸다. 따라서 위(萎)는 벼를 여인에게 맡기고 내버려둬서 시들어버린 상태를 가리킨다. 차츰 뜻이 확대되면서 지금은 시듦, 쪼그라듦, 기죽음 등을 의미한다.

의학에서 코의 점막이 줄어드는 위축성비염(萎縮性鼻炎), 설유두의 소실로 혀의 표면이 매끈해지는 위축성설염(萎縮性舌炎), 위샘이 위축하는 위축성위염(萎縮性胃炎), 후두 점막 감소와 분비물 감소로 인한 위축성후두염(萎縮性喉頭炎), 혈관의 활력이 부족하여 발생하는 위축혈전증(萎縮血栓症), 갑상샘 호르몬이 분비되지 않아 생기는 갑상샘위약증(甲狀샘萎弱症), 뼈가 축소하는 골위축증(骨萎縮症), 근육이 위축되는 근위축증(筋萎縮症) 등이 있다.

식물이 시드는 현상을 위조(萎凋, wilt)라고 한다. 물을 공급하면 회복되는 시듦은 일시위조(一時萎凋), 물을 공급해도 회복되지 못하는 시듦은 영구위조(永久萎凋)라고 한다. 시듦이 시작되는 경계점을 위조점(萎凋點, wilting point)이라고 한다.

세균이나 곰팡이의 감염으로 인하여 식물이 시드는 경우가 있는데, 이를 위조병(萎凋病, wilt disease)이라고 한다. 학술용어를 우리말로 바꾸는 추세이므로 '시듦병'으로 부른다. 위축병(萎縮病)은 식물이 바이러스나 파이토플라스마에 감염되어 잘 자라지 못하고 왜소한 상태에 머무는 질병인데, 최근에는 오갈병으로 부른다. 위황병(萎黃病)은 식물이 각종 병원체에 감염되어 잎과 줄기가 누렇게 변하면서 시드는 질병인데, 최근에는 누른오갈병으로 부른다. 따라서 위(萎)는 생물적 원인이든 비생물적 원인이든 식물체가 팽압을 잃고 축 늘어지는 상태를 가리킨다.

149

위(僞)

僞는 '거짓 위'로 읽으며, 거짓·속임·잘못 등을 뜻한다. 僞(위)는 人(사람 인)과 爲(할 위)가 결합한 모습이다. 본래 爲자는 코끼리를 조련하는 모습을 그려서 '~하도록 하다'라는 뜻을 표현한 글자이다. 야생 코끼리를 인간이 길들인다는 것은 자연스러운 일이 아니다. 여기에 人자를 결합해 인간이 코끼리를 길들이는 것은 자연스럽지 못하다는 의미에서 '거짓'을 뜻하게 되었다.

위선자(僞善者)·위작시비(僞作是非)·위조지폐(僞造紙幣)·허위계약(虛僞契約) 등의 일상어가 있다. 생명과학에서 많은 용어에 위(僞)가 접두어처럼 붙는다. 식물의 위수정생식(僞受精生殖, apomixis)과 의학의 위약효과(僞藥效果, placebo effect)를 비롯하여 위우성(僞優性)·위족(僞足)·위양성(僞陽性)·위음성(僞陰性)·위사춘기(僞思春期)·위빈혈(僞貧血)·위혈우병(僞血友病) 등이 있다.

균류학에도 여러 용례가 있다. 위균사(僞菌絲, pseudohypha)는 긴 균사와 단세포 효모의 중간 형태를 이르는데, 칸디다효모에서 늘 등장하는 용어이다. 의학에서는 가성균사(假性菌絲)라고도 한다. 중국에서는 假菌絲(가균사)라고 하는데, 假[☞ 1쪽]는 僞(위)와 마찬가지로 false의 의미이지만, 실제 쓰임새에는 다소간 차이가 있다.

한편, 위균사체(僞菌絲體, pseudomycelium)은 원칙적으로 위균사(僞菌絲)의 집합체로 정의될 수 있다. 그러나 때로는 세균과 효모가 엉겨서 마치 균사체처럼 보이는 것을 이르는 경우도 있으므로 모순되고 혼동되기도 한다. 위유조직(僞柔組織, pseudoparenchyma)은 유조직을 닮았지만 진정한 유조직이 아니다. 위균핵(僞菌核, pseudosclerotium)은 균핵을 닮았지만 진정한 균핵이 아니다. 위측사(僞側絲, pseudophysis)는 측사를 닮았지만 진정한 측사가 아니다. 모든 경우에 [위:균사]처럼 '위'는 긴소리로 발음한다.

150

유(柔)

柔는 '부드러울 유'로 읽으며, 부드럽다·순하다·연약하다·여리다·무르다 등을 뜻한다. 柔(유)는 木(나무 목)과 矛(창 모)가 결합한 모습이다. 矛자는 고대에 사용하던 창의 일종을 그린 것이다. 柔자는 본래 나무에서 올라오는 새순을 뜻하기 위해 만든 글자이다. 그래서 柔자에 쓰인 矛자는 '창끝처럼 뾰족하게 올라오는 새순'을 표현한 것으로 이해된다. 새순은 부드럽고 연약하다. 그래서 柔(유)는 '부드럽다'와 '연약하다'를 기본 뜻으로 쓰이게 되었다.

온유(溫柔)·유약(柔弱)·섬유유연제(纖維柔軟劑)·유연성(柔軟性)·회유책(懷柔策)·유연근무제(柔軟勤務制)·외유내강(外柔內剛) 등의 일상어가 있다. 유도(柔道)는 무술이지만 유능제강(柔能制剛)처럼 부드러움이 기본이라는 철학적 뜻이 있다. 가열하거나 용매에 섞어 녹이기 쉬운 사슬 구조를 유연쇄(柔軟鎖, flexible chain) 또는 유연사슬(柔軟-)이라고 한다. 유연(柔軟, languid)은 연하고 부드러운 조직을 기재할 때 흔히 쓰이는 형용사이다.

식물 잎은 대부분 유세포(柔細胞, parenchyma cell)로 구성되며, 이를 유조직(柔組織, parenchyma)이라고 한다. 유조직은 식물의 다른 부위에 비해 세포벽이 얇아 연약한 상태의 조직을 일컫는 일본식 용어이다. 중국에서는 박벽조직(薄壁组织=薄壁組織)으로 부르는데, 얇은[薄, 얇을 박] 세포벽[壁, 벽 벽]을 가진 세포들로 구성된 조직이란 뜻이다. 이 용어는 유조직보다 더 직관적이라서 유조직을 대신하여 적극적으로 널리 사용할 필요가 있다고 생각된다.

목재학에서 사부유조직(篩部柔組織, phloem parenchyma), 방사유조직(放射柔組織, ray parenchyma), 망상유조직(網狀柔組織, reticulate parenchyma), 산재유조직(散在柔組織, diffuse parenchyma), 상해유조직(傷害柔組織, traumatic parenchyma) 등 여러 유조직이 있다.

151

유(游)

游는 '헤엄칠 유'로 읽으며, 헤엄치다·놀다·뜨다 등의 뜻을 가진다. 游(유)는 氵(=水, 물 수)와 斿(놀 유)가 결합한 모습이다. 어원적으로 斿자는 깃발[旗]을 든 사람[子]의 모습을 표현한 글자이다. 이는 사람들이 본래 살던 땅을 떠나서 행동하는 것을 의미한다. 이러한 움직임/이동의 의미에서, 물에서 움직이면 氵(=水, 물 수)를 더하여 游(헤엄칠 유)가 되었고, 땅에서 움직이면 발걸음과 관련된 止(그칠 지)가 변형되어 遊(놀 유, 돌아다닐 유)가 되었다.

물고기 등이 한 서식지에서 다른 장소로 떼를 지어서 일정한 경로로 이동하는 일을 회유(回游, fish migration)라고 한다. 회유어(回游魚)·회유성어족(回游性魚族)·월동회유(越冬回游)·성육회유(成育回游)·산란회유(産卵回游)·생식회유(生殖回游)·계절회유(季節回游)·근해회유(近海回游)·회유성해양동물(回游性海洋動物) 등이 있다. 일본어에서는 回遊, 중국어에서는 洄游로 쓴다.

『표준국어대사전』에 강에서 사는 물고기가 산란을 위해 바다로 갔다가 다시 강으로 거슬러 올라오는 소하회유(溯河回遊), 물고기가 적은 범위 내에서 먹이를 찾아 이동하는 색이회유(索餌回遊), 수평 방향으로 이동하는 수평회유(水平回遊), 해양포유류가 새끼를 낳아 기르기 위하여 따뜻한 바다로 이동하는 양육회유(養育回遊)가 올라있다. 이 4개 단어는 回游로 쓰는 것이 옳아 보이는데, 토의가 필요하다.

곰팡이 포자 중에서 편모를 가지고 운동성이 있는 부류를 유주포자(游走胞子, zoospore)라고 부른다. 이를 일본어에서는 遊走子(유주자) 또는 遊走胞子(유주포자)로 쓴다. 중국어에는 游动孢子(=游動孢子, 유동포자)로 쓴다. 현재의 서법에서는 斿·遊·游 세 글자 구분에 차이가 거의 없이 혼용되기도 한다는 학설과 주장이 있다. 그러나 물에서 헤엄치면 游이고, 땅에서 돌아다니면 遊라는 사실은 변함이 없다.

152

유(遺)

遺는 '남길 유'로 읽으며, 남기다·남다·잃다·버리다 등을 뜻한다. 遺(유)는 辵(쉬엄쉬엄갈 착)과 貴(귀할 귀)가 결합한 모습이다. 귀중한[貴] 것을 놓고 가는[辵→辶] 것이 진정한 남김이기 때문에 유(遺)는 후세나 미래에 사라지지 않고 남아 전해질 수 있는 것을 의미한다.

일상생활에서 쓰이는 유산(遺産)·유물(遺物)·유적(遺蹟)·유언(遺言)·유가족(遺家族)·유품(遺品)·유골함(遺骨函) 등의 단어를 통해서 유(遺)가 '진정한 남김'의 뜻을 가진 속 깊은 글자라는 것을 쉽게 유추할 수 있다. 과학용어에 사용된 遺(유)는 이런 본래의 뜻이 잘 녹아있다. 윗대의 생김새·성격·체질 등이 다음 세대에게 전해짐이 유전(遺傳, heredity)이다. 생물체 개개의 유전형질을 발현시키는 원인이 되는 인자는 유전자(遺傳子, gene)이다. 유전자원(遺傳資源, genetic resource)을 비롯하여 유전정보(遺傳情報)·격세유전(隔世遺傳)·유전법칙(遺傳法則)·유전암호(遺傳暗號)·한성유전(限性遺傳)·유전자감식(遺傳子鑑識)·유전자변형생물체(遺傳子變形生物體)·유전자조작(遺傳子操作)·유전자재조합(遺傳子再組合)·후성유전학(後成遺傳學)·농업유전학(農業遺傳學)·분자유전학(分子遺傳學)·방사선유전학(放射線遺傳學) 등 수천 개에 이른다.

어떤 병을 앓고 난 뒤에도 남아 있는 병적인 증상을 후유증(後遺症, aftereffects, sequela)이라고 한다. 유산후유증(流産後遺症)·방사선후유증(放射線後遺症)·고엽제후유증(枯葉劑後遺症)·결핵후유증(結核後遺症)·교통사고후유증(交通事故後遺症) 등이 있다. 후유장애(後遺障礙, disability)도 있다. 식량농업기구가 2002년에 도입한 세계중요농업유산(世界重要農業遺産, Globally Important Agricultural Heritage Systems)이 있고, 세계관개시설유산(世界灌漑施設遺産, Heritage Irrigation Structures)도 있다.

153

윤(輪)

輪은 '바퀴 륜'으로 읽으며, 바퀴·수레바퀴·수레·둘레·외곽 등을 뜻한다. 輪(륜)은 車(수레 차)와 侖(둥글 륜)이 결합한 모습이다. 侖자는 죽간이 둥글게 말려 있는 모습을 그린 것이다. 여기에 車자를 결합한 輪(륜)은 수레의 둥근 바퀴를 뜻한다. 수레바퀴는 끊임없이 돌아간다. 그래서 輪자는 단순히 '바퀴'라는 뜻 외에도 세상만사 돌고 도는 여러 이치를 뜻하기도 한다.

경륜장(競輪場)·사륜차(四輪車)·연륜(年輪)·오륜기(五輪旗)·윤전기(輪轉機)·육도윤회(六道輪廻)·윤곽(輪廓) 등의 일상어가 있다. 윤형동물문(輪形動物門)에 속하는 동물을 윤충류(輪蟲類, rotifers)라고 부른다. 식물의 잎이 돌려나면 윤생엽(輪生葉, verticillate leaf)이고 가지가 돌려나면 윤생지(輪生枝, verticillate branch)이다. 과수원에서 나무 주변에 둥글게 퇴비나 비료를 주면 윤상시비(輪狀施肥), 구덩이[溝, 도랑 구]를 파고 시행하면 윤구시비(輪溝施肥)이다.

같은 땅에 여러 농작물을 바꾸어 심어서 돌려짓기라고 부르는 윤작(輪作, crop rotation), 논 상태와 밭 상태를 서로 바꾸면 답전윤환(畓田輪換), 가축 방목 후 다른 구역으로 이동시키는 윤환방목(輪換放牧), 기상 이변이나 병해충으로 인해 생겨 헛나이테라고 부르는 나무의 위연륜(僞年輪, false annual ring) 등이 있다.

곰팡이 감염으로 인해 식물 잎에 생긴 둥근 무늬가 생기는 윤문병(輪紋病, zonate spot)에서 가장 흔한 증상은 동심윤문(同心輪紋, concentric ring)이다. 세균 감염으로 인해 감자 괴경에 생기는 윤부병(輪腐病, ring rot)은 둘레썩음병으로도 부른다. 풀밭에 버섯이 둥글게 줄지어 돋아난 상태를 균륜(菌輪, fairy ring) 또는 균환(菌環)이라고 한다. 푸른곰팡이(*Penicillium*)의 분생포자경에서 가지를 치는 방식에 따라 단륜생(單輪生, monoverticillate)과 삼륜생(三輪生, terverticillate)이 있다.

154

융(融)

融은 '녹을 융'으로 읽으며, 녹다·녹이다·화(和)하다·성(盛)하다 등을 뜻한다. 融(융)은 鬲(다리굽은솥 력)과 虫(벌레 훼)가 결합한 모습이다. 鬲자는 곡식을 찌는 솥으로서 밖으로 구부려졌거나 벌어진 다리가 3개여서 바로 밑에서 불을 때는 방식이다. 여기서 虫자는 蟲(벌레 충)의 생략형이기도 하지만, '끄집어내다·빼내다'를 가리키는 글자이다. 따라서 融(융)은 솥에서 김이 빠지도록 푹 삶아내는 것을 의미한다. 또는 솥에서 나온 김이 금세 사라져 모습을 알 수 없음을 빗대어 본연의 모습이 사라짐을 뜻하는 글자이기도 하다.

금융(金融)이나 융자(融資)처럼 미묘한 뜻도 있지만, 여기서는 해설하지 않는다. 융합(融合)·융해(融解)·융화(融和)·융화(融化) 등의 단어에서 融(융)은 '녹아서 섞임'이라는 기본 뜻에 충실하다. 본래 融(융)은 푹 삶아 형태를 알아보기 힘듦을 의미하는데, 과학용어에도 그대로 적용되었다. 融(융)은 다른 종류의 것이 녹아서 서로 구별이 없게 하나로 합하여지거나 그렇게 만드는 것을 의미한다.

용융(溶融)은 두 재료가 녹아 섞이는 일이다. 용융(鎔融)은 고체(금속)에 열을 가했을 때 액체로 되는 현상이다. 용융온도(熔融溫度, melting temperature), 용융도금(鎔融鍍金, hot dipping), 용융용접(鎔融鎔接, fusion welding) 등의 용어가 있다.

균류학 분야에도 균사융합(菌絲融合, hyphal anastomosis), 세포질융합(細胞質融合, plasmogamy), 핵융합(核融合, karyogamy, caryogamy), 세포융합(細胞融合, cell fusion), 원형질체융합(原形質體融合, protoplast fusion), 융합단백질(融合蛋白質, fusion protein) 등이 있다. 참고로, 비슷한 뜻의 글자로 溶(녹을 용)이 있다[☞ 144쪽]. 일례를 들면, 소금이 물에 녹으면 溶(용)이고, 구리와 주석을 함께 녹여 청동(靑銅, bronze)을 만들면 融(융)이다.

155

응(凝)

凝은 '엉길 응'으로 읽으며, 엉기다·뭉쳐지다·응결하다·집중하다 등을 뜻한다. 凝(응)은 冫(=氷, 얼음 빙)과 疑(의심할 의)가 결합한 모습이다. 疑자는 비수[匕, 비수 비]와 화살[矢, 화살 시]을 메고 있는 사람[人, 사람 인]이 어디로 갈지[疋, 짝 필] 머뭇거리는 모습이 형상화되면서 '의심하다·멈추다·정체하다'의 뜻이 되었다. 여기에 얼음[氷=冫]이 더해진 凝(응)은 '물이 얼어붙어서 하나로 뭉치다'에서 발전하여 '엉기다'는 의미로 정착되었다.

露凝千片玉(노응천편옥; 이슬이 어리니 수많은 구슬이요)이라는 멋진 한시 구절을 과학적으로 표현하자면 凝結(응결)이다. 응고(凝固)·응집(凝集)·응축(凝縮) 등도 자연과학에서 널리 등장한다. 응결(凝結, coagulation), 응결제(凝結劑, coagulant), 혈액응고(血液凝固, clotting), 응집(凝集, flocculation), 응집제(凝集劑, flocculant), 응집보조제(凝集補助劑, flocculant aids), 항응고제(抗凝固劑, anticoagulant), 응집반응(凝集反應, agglutination), 응축열(凝縮熱, heat of condensation), 응집오니(凝集汚泥, clumped sludge), 응집침전(凝集沈澱, coagulation settling) 등도 있다.

응유효소(凝乳酵素, rennet)는 우유를 굳게 하는 단백질 가수 분해 효소의 하나로서 치즈 제조에 사용된다. 산응고치즈(酸凝固-, acid-set cheese)는 유단백질을 산으로 응고시켜 나온 응유(凝乳, curd)로 제조한 치즈이다. 응고유(凝固乳, curdled milk)는 카세인 미셀이 결합하여 응고된 커드를 생성한 우유이다. 증산응집력설(蒸散凝集力說, cohesion tension theory)은 식물체 내 수분 상승의 구동력은 증산작용이고, 상승의 기본 요인은 물의 응집력(凝集力, cohesion)이라는 학설이다. 응회석(凝灰石, tuff)은 화산이 분출할 때 나온 화산재[灰] 따위의 물질이 굳어져[凝] 만들어진 암석[石]이다.

156

응(應)

應은 '응할 응'으로 읽으며, 응하다·대답하다·맞장구치다·승낙하다 등을 뜻한다. 應(응)은 雁(매 응)과 心(마음 심)이 결합한 모습이다. 雁자는 길들여 사냥에 쓰는 매를 그린 것이다. 매사냥은 잘 훈련된 매를 날려 꿩이나 토끼 따위의 짐승을 잡는 사냥법이다. 매는 사냥을 끝내면 잡은 짐승을 가지고 주인에게 되돌아온다. 매가 내 요구에 응하듯이 상대방이 나의 요구에 응해 준다는 뜻으로 心자를 더하여 기대와 긍정의 의미가 담긴 '응하다'라는 뜻으로 정착되었다.

상응(相應)·응급실(應急室)·응모(應募)·호응(呼應)·응답(應答)·응시(應試) 등의 일상어가 있다. 반응(反應)과 관련하여 여러 학술용어가 있는데, 세부적인 뜻에 다소 차이가 있지만 모두 response에 해당하는 의미를 나타낸다. 광합성의 암반응(暗反應, dark reaction)과 명반응(明反應, light reaction)이 있다. 역반응(逆反應, reverse reaction), 가역반응(可逆反應, reversible reaction), 광화학반응(光化學反應, photochemical reaction), 정색반응(呈色反應, coloring reaction), 양성반응(陽性反應, positive reaction), 음성반응(陰性反應, negative reaction) 등 대단히 많은 용례가 있다.

적응(適應)과 관련해 보면 적응성시험(適應性試驗, adaptability test), 적응진화(適應進化, adaptive evolution, adaptiogenesis), 한랭적응(寒冷適應, cold adaptation), 적응지형도(適應地形圖, adaptive topography), 보색적응(補色適應, complementary chromatic adaptation) 등이 있다. 곰팡이(균류)의 산업적 이용에 관한 분야를 응용균학(應用菌學, industrial mycology, applied mycology)이라고 한다.

참고로, 應을 중국어 간체자에서는 应, 일본어 신자체에서는 応으로 쓰므로 혼동되기 쉽다. 한·중·일이 '반응'을 각각 反應·反应·反応으로, '적응'을 각각 適應·适应·適応으로 쓴다.

157

의(擬)

擬는 '빗댈 의'로 읽으며, 빗대다・헤아리다・견주다・본뜨다 등을 뜻한다. 擬(의)는 手(=扌, 손 수)와 疑(의심할 의)가 결합한 모습이다. 疑자는 '의심할 만큼 비슷하게 흉내 내다'라는 뜻도 내포하고 있다. 그래서 손[手]으로 흉내 내어 의심할 정도로 닮게 만든다[疑]는 뜻이 차츰 바뀌어 '빗대다'를 기본뜻으로 갖게 되었다. 모의고사(模擬考査)・모의재판(模擬裁判)・모의실험(模擬實驗)에서 모의(模擬)는 '실제의 것을 흉내 내어 그대로 해 봄'이다. 의성어(擬聲語)는 소리를 흉내 낸 말이고, 의태어(擬態語)는 움직임이나 상태를 흉내 낸 말이다. 모두 '흉내 내다'는 뜻을 가진 의(擬)를 담고 있다. 擬는 중국어 간체자에서 拟로 쓴다.

의태(擬態, mimesis)는 어떤 모양이나 동작을 본떠서 흉내 냄이다. 생물의 의태(擬態)로는 나뭇가지를 흉내 낸 대벌레, 말벌을 흉내 낸 나방 등 곤충류에서 잘 알려져 있다. 동물학에서 의사반응(擬死反應, death feigning)은 외부로부터 갑작스러운 자극을 받은 동물이 움직이지 않고 죽은[死, 죽을 사] 체하는 일로서 곤충・뱀・조류・포유류 따위에서 볼 수 있다. 의상행동(擬傷行動, injury feigning)은 다친[傷, 다칠 상] 것처럼 위장하여 적을 교란하는 행동으로서 물떼새・물오리・수리부엉이 따위에서 볼 수 있다.

의사증(擬似症)은 진성(眞性)의 감염병과 비슷한 병을 가리킨다. 의학에서 의사콜레라(擬似-, paracholera)는 콜레라균은 검출되지 않으나 증상이 콜레라와 비슷한 병을 가리킨다. 참고로, 일본어에서는 疑似コレラ로 쓰는데, 擬와 疑를 같은 뜻으로 쓰기 때문이다. 오이지를 담으면 숙성하면서 소금물 표면에 흰 막이 생기는데, 이를 골마지라고 한다. 한자식 표현으로는 의막(擬膜)이라 하는데, 가짜 막이란 뜻이다. 의사균사(擬似菌絲)는 위균사(僞菌絲 ☞ 149쪽)의 다른 말로서 국립국어원의 『우리말샘』에 실려 있고 뜻은 통하지만, 실제 쓰이지는 않는다.

158

이(茸)

茸을 '풀날 용'으로 읽으면 (풀이)나다·우거지다·어지럽다(풀의)싹·녹용 등을 뜻한다. 茸를 '버섯 이'로 읽으면 버섯을 뜻한다. 茸자는 사슴의 뿔을 이르는 녹용(鹿茸)에서 익숙하듯, '뿔 용'으로도 알려져 있다. 새로 돋아 연한 뿔은 茸(용)이고, 오래 되어 굳은 뿔은 角(뿔 각)이다[☞ 2쪽]. 茸자는 초두머리(艸, 풀의 싹)와 耳(귀 이)가 결합한 모습이다. 耳자는 홀로 쓰여 귀를 뜻하지만, 다른 글자와 결합하여 '성(盛)한 모습'을 전달한다. 그래서 茸자는 '풀이 왕성하게 돋아나다'란 뜻이다. 의학에서는 코·위·창자·방광 따위의 점막에서 증식하여 혹처럼 돌출한 것을 용종(茸腫, polyp)이라고 한다.

풀이든 뿔이든 버섯이든 '(왕성하게)돋아나다'는 뜻을 나타낸 글자가 茸이다. 여기서는 茸(이)가 버섯이란 의미로 쓰인 경우만 다룬다. 식용버섯을 의미하는 글자로 중국에서 菇(고)[☞ 18쪽]가 쓰이듯 일본에서는 茸(이)가 널리 쓰인다. 松茸(송이)는 송이버섯, 椎茸(추이)는 표고버섯, 榎茸(가이)는 팽이버섯, 香茸(향이)는 능이버섯, 舞茸(무이)는 잎새버섯을 의미한다. 독버섯에 속하는 붉은사슴뿔버섯을 일본과 중국에서 火焰茸로 쓰는데, 이 버섯이 붉은색[火焰, 화염]이고 사슴뿔[茸]을 닮았기 때문이기도 하다.

한편, 松栮(송이)처럼 栮(이)를 쓰는 경우가 있는데, 구전되는 버섯 이름을 한자로 표기한 것에 불과하다는 의견은 설득력이 있다. 栮(이)를 나무에서 나는 버섯을 지칭한다는 의견도 있으나, 반드시 그러하지는 않은 것으로 보인다. 반면에 耳(이)는 木耳(목이=목이버섯), 銀耳(은이=흰목이버섯), 雪耳(설이=흰목이버섯), 云耳(=雲耳, 운이=구름버섯) 등에서는 귀처럼 넓적하게 자라는 버섯류에만 쓰이는데, 대와 갓을 가진 전형적인 버섯을 이르는 茸(이)와 뚜렷이 구분된다. 참고로, 耳(이)는 홀로 쓰여 버섯을 의미하지는 않는다.

159

이(異)

異는 '다를 이'로 읽으며, 다르다·달리하다·기이하다·뛰어나다 등을 뜻한다. 異(이)는 田(밭 전)과 共(함께 공)이 결합한 모습이지만, '밭'이나 '함께'라는 의미는 전혀 없다. 원래 옛글자 모양은 얼굴에 이상한 가면을 쓴 사람을 그린 것이었다. 그런 글자를 엉뚱하게 異로 인지하여 현재의 글자가 되었다. 여하튼 가면을 쓴 사람은 보통 사람과 무언가 다르지 않을 수 없다. 그래서 異(이)는 '다르다'를 원뜻으로 지닌 채 차츰 뜻이 확장되었다. 異는 중국어 간체자에서 异로 쓴다.

異(이)는 '똑같지 아니하다'는 뜻을 나타낸다. 자웅이주(雌雄異株, dioecism), 이종교배(異種交配, cross breeding), 이핵공존성(異核共存性, heterokaryosis), 이종기생성(異種寄生性, heteroecism), 이형배우자(異形配偶子, heterogamete), 이형자웅이숙(異型雌雄異熟, heterodichogamy) 등이 있다. 분류학에서 이물동명(異物同名, homonym)은 둘 이상의 서로 다른 분류군에 적용한 학명이 서로 같은 경우이다. 반면에, 동물이명(同物異名, synonym)은 한 분류군에 적용한 학명이 서로 다른 것이 둘 이상인 경우이다.

異(이)는 '정상에서 벗어나다' 또는 '다른 것으로 변하다'는 의미로도 쓰인다. 돌연변이(突然變異, mutation), 이화작용(異化作用, catabolism), 이담자기(異擔子器, heterobasidium), 숙주특이성(宿主特異性, host specificity), 이형치(異形齒, heterodont), 이형화(異形花, heteromorphous flower), 이상난자(異常卵子, abnormal egg), 이상정자(異常精子, abnormal sperm), 이소기생충(異所寄生蟲, ectopic parasite), 이속교배(異屬交配, heterogeneous mating), 이종기생(異種寄生, heteroecism) 등이 있다.

한편, 남조류에서 비공생적으로 질소고정을 하는 세포인 heterocyst를 異形細胞, 異型細胞, 異質細胞 중에 어느 글자가 옳을지 토의가 필요하다.

160

인(燐)

燐은 '도깨비불 린(인)'으로 읽으며, 도깨비불·인(화학원소)·반딧불 등을 뜻한다. 燐(인)은 火(불 화)와 粦(도깨비불 린)이 결합한 모습이다. 粦자는 본래 㷠으로서 炎(불꽃 염)과 舛(어그러질 천)이 합쳐진 글자이다. 후에 炎자가 米자로 간략화 되면서 그 뜻을 명확히 전달하기 위하여 火를 더하였다. 지금은 원자번호 15번, 즉 phosphorus를 나타내는 한자로 쓰인다. 따라서 쌀[米]과는 관련이 없다. 인광(燐光, phosphorescence)은 인이 공기 중에서 자연 변화에 의하여 발하는 빛이다. 참고로, 중국어에서는 원소로서의 인을 나타낼 때는 상온에서 고체임을 나타내기 위해 火변 대신 石(돌 석) 변을 넣은 磷을 쓴다.

인을 포함하는 지질로서 생체막의 주요 성분 중 하나인 인지질(燐脂質, phospholipid)과 인지질이중층(燐脂質二重層, phospholipid bilayer)이 있다. 생명과학에서 인산(燐酸, phosphoric acid)과 관련된 용어가 굉장히 많은데, 광인산화(光燐酸化, photophosphorylation), 산화적 인산화(酸化的燐酸化, oxidative phosphorylation), 오탄당인산경로(五炭糖燐酸經路, pentose phosphate pathway), 삼인산구아노신(三燐酸guanosine), 인산화효소(燐酸化酵素, kinase), 탈인산화효소(脫燐酸化酵素, phosphatase), 인산염(燐酸鹽, phosphate), 유기인산염(有機燐酸鹽, organophosphate) 등이 있다.

의학에도 인산뇨증(燐酸尿症, phosphaturia), 인산염혈증(燐酸鹽血症, hyperphosphatemia), 인중독(燐中毒, phosphorus poisoning) , 인산염성당뇨병(燐酸鹽性糖尿病, phosphate-induced diabetes) 등이 있다.

농업용어로 사료용인산(飼料用燐酸, feed phosphates), 유기인계농약(有機燐系農藥, organophosphorus pesticides), 과인산석회(過燐酸石灰, calcium superphosphate), 인산질비료(燐酸質肥料, phosphatic fertilizer), 가용성인산(可溶性燐酸, available phosphate) 등이 있다.

161

잔(殘)

殘은 '남을 잔'으로 읽으며, 남다 · 남겨지다 · 모자라다 등을 뜻한다. 그러나 잔인(殘忍)이나 잔혹(殘酷)의 경우에서 殘은 '잔인할 잔'으로 읽는다. 서로 다른 뜻이지만, 자원(字源)을 보면 이해가 된다. 殘자는 歹(뼈앙상할 알)과 戔(나머지 잔)이 결합한 모습이다. 즉, 뼈가 앙상하게 되는 것은 그 과정이 '잔인하다'는 뜻이며, 그 결과는 앙상한 뼈가 '남아 있음'이기 때문이다. 戔자는 '해칠 잔'으로도 읽는데, 그럴 경우에도 뜻은 같다. 과학 용어에서 殘(잔)은 모두 '남을 잔'의 의미로 쓰인다.

잔량(殘量) · 잔반(殘飯) · 잔액(殘額) · 잔업(殘業) · 잔재(殘滓) · 잔존(殘存) · 패잔병(敗殘兵) · 잔해(殘骸) 등의 일상어가 있다. 환경학에서는 다음과 같이 정의한다. 잔류물(殘留物)은 '그 자체로는 후속 용도로 사용되지 않는, 생산 공정으로 인해 발생하는 물질'이다. 잔재물(殘滓物)은 '처리과정에서 새로이 발생하는 폐기물'이다. 잔존물(殘存物)은 '없어지지 않고 남아 있는 물질'이다.

잔류농약(殘留農藥, pesticide residues)은 사실상 농약잔류물(農藥殘留物)이 어법에 옳다. 농작물을 수확하고 남은 부분들을 식물잔사(植物殘渣) · 식물잔여(植物殘餘) · 식물잔여물(植物殘餘物) · 식물잔해(植物殘骸)라고 하는데, 실질적으로 같은 뜻이다.

화학에서는 잔류물(殘留物, residue), 잔류염소(殘留鹽素, residual chlorine), 잔류인(殘留燐, residual phosphorus), 잔류탄소분(殘留炭素分, carbon residue), 잔여적정(殘餘滴定, residual titration), 잔류허용기준(殘留許容基準, maximum residue limit), 잔류독성(殘留毒性, residual toxicity) 등이 자주 등장한다.

의학에서는 잔뇨(殘尿, residual urine), 저잔사식이(低殘渣食餌, low residue diet)와 저잔류식이(低殘留食餌), 잔존치아(殘存齒牙, remaining teeth), 잔상(殘像, afterimage) 등이 있다.

162

잠(潛)

潛은 '잠길 잠'으로 읽으며, '물에 잠기다'를 기본 뜻으로 숨다·달아나다·깊다 등의 뜻으로 확장되었다. 潛(잠)은 水(=氵, 물 수)와 朁(일찍이 참)이 결합한 모습이다. 朁자는 兓(침)과 曰(왈)이 결합한 글자이다. 先(비녀 잠)을 겹쳐 쓰면 兓(날카로울 침)이 된다. 말[曰]을 날카롭게[兓] 하는 것은 '말을 자르며 끼어들다'는 의미이고, 이런 뜻과 물이 합쳐져서 '물에 끼어들다→물에 잠기다'로 정착되었다. 朁(참)이 두 개의 旡(목맬 기)와 曰(가로 왈)로 구성되었다는 학설도 있으나 정설은 아닌 듯하다. 潛은 중국어 간체자와 일본어 신자체에서 모두 潜으로 쓴다.

과학용어에 쓰이는 잠(潛)은 대체로 '드러나지 않고 숨어있다'는 잠재(潛在)와 잠복(潛伏)의 의미로 쓰인다. 잠재감염(潛在感染, latent infection)과 잠복감염(潛伏感染)은 병원체가 몸에 있으나 어떤 증상도 나타나지 않은 상태의 감염이다. 잠재골절(潛在骨折, occult fracture), 잠재당뇨병(潛在糖尿病, latent diabetes), 잠재유방암종(潛在乳房癌腫, occult breast carcinoma), 잠재혈뇨(潛在血尿, occult hematuria), 발암잠재력(發癌潛在力, carcinogenic potency factor), 잠재산성(潛在酸性, potential acidity), 잠재해충(潛在害蟲, potential pests) 등도 있다.

잠복기(潛伏期, latent period)는 병원체에 감염된 후 첫 번째 증상이 나올 때까지의 기간이다. 의학·수의학·식물의학에서 똑같이 쓰는 용어이다. 잠복결핵(潛伏結核, latent tuberculosis), 잠복보균자(潛伏保菌者, latent carrier), 잠복소(潛伏所, hiding place), 잠복아(潛伏芽, latent bud), 잠복치(潛伏齒, embedded tooth) 등이 있다.

한편, 유전학에서 우성(優性)-열성(劣性)으로 쓰던 용어를 현성(顯性)-잠성(潛性)으로 바꾼 일본유전학회의 결정은 옳다[☞145쪽]. 우리나라에서도 이들 용어에 대한 토의가 필요하다. 열역학에서도 현열(顯熱)-잠열(潛熱)이 널리 쓰인다.

163

잡(雜)

雜은 '섞일 잡'으로 읽으며, 섞이다·뒤섞다·어수선하다·잡스럽다 등을 뜻한다. 雜(잡)은 集(모일 집)과 衣(옷 의)가 결합한 모습이다. 여기에서 集(집)은 木(나무 목)에 隹(새 추)가 결합한 것으로서 나무 위에 새가 모여 앉아 있는 모습을 표현한 것이다. 서로 다른 새와 서로 다른 옷은 모두 '섞이다'라는 의미를 내포하고 있다. 잡담(雜談)·잡념(雜念)·잡음(雜音)·잡지(雜誌)·잡채(雜菜)·조잡(粗雜)·착잡(錯雜)·추잡(醜雜)·혼잡(混雜) 등의 일상어가 있다. 참고로, 일본어 신자체에서는 雑, 중국어 간체자에서는 杂으로 쓴다.

생명과학에서 雜(잡)은 잡종(雜種, hybrid)과 관련하여 종간잡종(種間雜種)·속간잡종(屬間雜種)·체세포잡종(體細胞雜種)·염색체잡종(染色體雜種)·원연잡종(遠緣雜種)·잡종강세(雜種强勢) 등 여러 학술용어가 있다. 교잡(交雜, cross, hybridization)과 관련하여 역교잡(逆交雜)·여교잡(戾交雜)·검정교잡(檢定交雜)·이원교잡(二元交雜)·다원교잡(多元交雜)·교잡변이(交雜變異)·교잡불임(交雜不稔)·교잡육종(交雜育種) 등 여러 용어가 있다. 잡초(雜草, weed)와 관련하여 포복형잡초(匍匐型雜草)·숙근성잡초(宿根性雜草)·비산형잡초(飛散型雜草)·다년생잡초(多年生雜草)·귀화잡초(歸化雜草)·기생잡초(寄生雜草) 등이 있다. 의학에서 심잡음(心雜音, heart murmur)과 관련하여 생리적잡음(生理的雜音)·병리적잡음(病理的雜音)·이완기잡음(弛緩期雜音)·수축기잡음(收縮期雜音)·연속잡음(連續雜音) 등이 있다.

雜(잡)의 쓰임새가 다른 용례를 보자. '여럿'의 뜻으로 잡식성(雜食性)·잡색체(雜色體)·잡성화(雜性花)·복잡골절(複雜骨折)·잡채(雜菜) 등이 있다. '쓸모없음'이나 '하찮음'의 뜻으로 협잡물(挾雜物)·잡균(雜菌)·잡미삼(雜尾蔘)·잡박종(雜駁種)·잡육(雜肉)·잡관목(雜灌木)·잡목(雜木)·잡초(雜草)·잡음(雜音) 등이 있다.

164

장(腸)

腸은 '창자 장'으로 읽으며, 大腸[대장, 큰창자]와 小腸[소장, 작은창자]을 함께 이른다. 腸(장)은 月(=肉, 육달월)과 昜(볕 양)이 결합한 모습이다. 昜자는 햇볕이 제단을 내리쬐는 모습을 그린 것인데, 햇볕의 기운이 온 대지로 퍼지는 것을 뜻한다. 여기에 신체를 뜻하는 肉(=月)을 더하여, 腸(장)은 음식물의 기운이 창자를 거쳐 온몸으로 퍼져나가는 모습을 표현하고 있다. 腸자를 중국어 간체자에서는 肠으로 쓴다.

腸(장)은 환장(換腸)이나 단장지애(斷腸之哀)처럼 일상어에 쓰이는 경우는 드물고, 대부분의 단어가 곧 학술용어이다. 腸자가 들어간 학술용어가 국립국어원 『우리말샘』에 실린 것만 따져도 무려 천 개가 넘는다. 쓰임새가 많은 용어만 나열해 보자. 큰창자는 대장(大腸, large intestine), 작은창자는 소장(小腸), 곧창자는 직장(直腸, rectum), 잘룩창자는 결장(結腸, colon), 막창자는 맹장(盲腸, cecum, caecum), 돌창자는 회장(回腸, ileum)이다. 장관(腸管)은 큰창자와 작은창자를 함께 이른다. 위장관(胃腸管)은 위와 큰창자와 작은창자를 함께 이른다. 간장(肝腸)은 간과 창자를 함께 이른다.

장 내부를 검사하는 장내시경(腸內視鏡, enteroscopy), 장내세균이 만드는 장독소(腸毒素, enterotoxin), 장관을 씻어내는 장세척(腸洗滌, colon cleaning), 세균 감염으로 창자에 생기는 장염(腸炎, enteritis), 창자벽에 구멍이 생기는 장천공(腸穿孔, enterobrosia), 장관에서 피가 나는 장출혈(腸出血, intestinal hemorrhage), 티푸스균이 창자에 들어가 일으키는 장티푸스(腸typhus, typhoid fever), 창자의 일부가 막히는 장폐색(腸閉塞, intestinal obstruction), 복통과 설사가 동반되는 대장결핵(大腸結核, renal tuberculosis), 복강을 감싸는 이중막으로서 복부의 장기들을 제자리에 고정하는 장간막(腸間膜, mesentery), 장관이 제 위치를 벗어나는 탈장(脫腸, hernia) 등이 있다.

165

장(臟)

臟은 '오장 장'으로 읽으며, 오장(五臟: 간장·심장·비장·폐장·신장의 다섯 가지 내장을 통틀어 이르는 말)을 뜻한다. 臟(장)은 月(=肉, 육달월)과 藏(감출 장)이 결합한 모습이다. 藏자는 '감추다'라는 뜻을 가지므로 발음 역할을 하면서도 한편으로는 몸통 안에 감춰져 있는 장기들을 표현하고 있다. 臟자는 총 22획으로 구성된 글자이다. 일본어 신자체로는 臓, 중국어 간체자로는 脏으로 표기한다.

오장육부(五臟六腑)에서 오장은 간장(肝臟, 애, liver), 심장(心臟, 염통, heart), 비장(脾臟, 지라, spleen), 폐장(肺臟, 허파, lung), 신장(腎臟, 콩팥, kidney)을 가리킨다. 이런 오장과 더불어 췌장(膵臟, 이자, pancreas), 위장(胃臟, 밥통, stomach)도 있다. 이러한 장기(臟器)를 뭉뚱그려 내장(內臟)이라고 한다.

이와 같이 장기와 결합된 학술용어는 대단히 많은데. 대표적인 몇 가지만 소개한다. 장기기증(臟器寄贈, organ donation), 내장지방(內臟脂肪, visceral fat), 심장이식(心臟移植, heart transplantation), 신장결석(腎臟結石, kidney stone), 심장초음파(心臟超音波, echocardiography), 인공심장박동기(人工心臟搏動器, artificial pacemaker), 위장염(胃臟炎, gastroenteritis), 심장혈관조영술(心臟血管造影術, coronary angiography), 심장박동(心臟搏動, heartbeat) 등이 있다.

곤충 따위의 몸에 있는 관 모양의 길쭉한 염통을 가리켜 관심장(管心臟, tubular heart)이라고 한다. 도축 부산물인 간을 건조하여 가루로 만든 간장분(肝臟粉, liver powder)은 가공식품의 식품첨가물로 널리 이용된다. 식물의 잎 모양에서, 심장(염통) 모양으로 생긴 형태는 심장형(心臟形, cordate)이고, 그런 엽저는 심장저(心臟底)라고 한다. 신장(콩팥) 모양으로 생긴 형태는 신장형(腎臟形, reniform)이고, 그런 엽저를 신장저(腎臟底)라고 한다.

166

저(低)

低는 '낮을 저'로 읽으며, 낮다·싸다·숙이다·약하다 등을 뜻한다. 低(저)는 人(사람 인)과 氐(근본 저)가 결합한 모습이다. 氐자는 땅속으로 뻗은 나무뿌리에 점을 찍은 것으로 '낮다'라는 뜻을 가진 글자이다. 여기에 人자를 결합하여 '사람의 신분이 낮음'을 나타내는 글자가 만들어졌다. 지금은 사람의 신분과는 관계없이 단순히 '높다'의 반대말인 '낮다'라는 의미로 널리 쓰이고 있다.

低(저)는 '낮은'의 뜻을 전하는 접두사로서 高(높을 고)와 상대하여 쓰인다. 저기압(低氣壓)-고기압, 저농도(低濃度)-고농도, 저농축(低濃縮)-고농축, 저밀도(低密度)-고밀도, 저분자(低分子)-고분자, 저용량(低容量)-고용량, 저장액(低張液)-고장액, 저온살균(低溫殺菌)-고온살균, 저탄소(低炭素)-고탄소, 저혈압(低血壓)-고혈압, 저요산혈증(低尿酸血症)-고요산혈증, 저탄산혈증(低炭酸血症)-고탄산혈증, 저혈당(低血糖)-고혈당 등이 있다.

低(저)는 '정상 이하' 또는 '상대적으로 낮음'의 뜻을 전하는 접두사로서 생명과학 용어에 널리 쓰인다. 저색소혈증(低色素血症, hypochromia), 저영양세균(低營養細菌, oligotrophic bacteria), 저나트륨혈증(低-血症, hyponatremia), 섭씨 –60~–80℃의 낮은 온도를 유지하는 초저온냉동고(超低溫冷凍庫, deep freezer), 환경보호에 부응하는 저탄소사회(低炭素社會, low carbon society), 대기오염물질 발생을 낮춘 저공해자동차(低公害自動車, low emission vehicle), 친환경농산물을 위한 저농약인증제(低農藥認證制, low-pesticide certification), 청과물 저장법의 하나인 저산소저장(低酸素貯藏, hypoxic storage), 63℃ 정도로 처리한 저온살균우유(低溫殺菌牛乳, pasteurized milk), 온도에 민감한 제품을 생산부터 소비까지 적정한 온도로 관리하는 저온유통(低溫流通, cold chain) 등이 있다.

167

저(抵)

抵는 '막을 저'로 읽으며, 막다·거스르다·들이받다·겨루다 등을 뜻한다. 抵(저)는 手(=扌, 손 수)와 氐(근본 저)가 결합한 모습이다. 氐자는 땅속으로 뻗은 나무뿌리를 그린 것으로 '근본'이나 '근원'이라는 뜻을 갖고 있다. 여기에 手(수)를 결합한 抵(저)는 '손으로 철저히 막다'는 뜻을 표현하고 있다. 후에 '배척하다'나 '거절하다'라는 뜻으로도 확장되었다.

일상어 중에서 규칙에 위배되는 저촉(抵觸), 볼모로 삼는 저당(抵當), 미리 저당 잡히는 근저당(根抵當), 죽기를 각오하고 굳세게 저항하는 저사위한(抵死爲限) 등을 통하여 저(抵)의 뜻이 결코 쉽지 않은 개념으로 쓰이고 있음을 파악할 수 있다.

생명과학에서는 대부분의 용어가 저항(抵抗)과 관련되어 있다. 저항성(抵抗性, resistance)은 생체가 자기에게 유해한 상황, 즉 병해충의 원인이 되는 환경, 약제의 작용, 미생물의 침입, 이종 세포나 조직의 이식 따위로부터 자신을 지키려고 하는 성질이다. 저항(抵抗)이 들어간 용어로는 병해저항성(病害抵抗性, disease resistance)을 비롯하여 도복저항성(倒伏抵抗性)·저항성유전자(抵抗性遺傳子)·저항성품종(抵抗性品種)·성체저항성(成體抵抗性)·유도저항성(誘導抵抗性)·수직저항성(垂直抵抗性)·수평저항성(水平抵抗性)·교차저항성(交叉抵抗性)·약제저항성(藥劑抵抗性) 등이 있다.

한편, 생체가 이미 이런 불리한 환경에 노출되었고, 생물체의 침입을 받았고, 이종세포나 조직의 이식이 이루어졌음에도 불구하고 꿋꿋이 견디는 성질은 내성(耐性, tolerance)이라고 한다[☞38쪽]. 실무적으로는 resistance가 抵抗性이고 tolerance가 耐性인 경우가 많지만, 반드시 그렇지는 않다. 영어 용어에서는 물론 한자 용어에서도 혼용되거나 혼동되므로 표준화가 필요하다. antibiotics-resistant strain은 항생제내성균(抗生劑耐性菌)을 표준용어로 한다.

168

저(疽)

疽는 '종기 저'로 읽으며, 종기·등창·악창 등의 질환을 널리 뜻한다. 疽(저)는 疒(병들어기댈 녁)과 且(또 차)가 결합한 모습이다. 여기에서 且(차)는 '또한'이나 '장차'의 뜻이 아니라 '구차(苟且)하다'는 의미이다. 따라서 疽(저)는 병들어 구차하고 초라한 모습이 되었음을 나타낸다. 실무적으로 疽(저)는 '종기' 자체보다는 '병들어 물러앉음'의 증상을 뜻하는 글자로 쓰인다.

의학과 수의학에서 괴저(壞疽, gangrene)는 신체조직에 혈액 공급이 원활하게 되지 않아 발생하는 조직이 물러앉으며 죽는 증상이다. 골괴저(骨壞疽)·괴저성동상(壞疽性凍傷)·괴저충수염(壞疽蟲垂炎)·당뇨괴저(糖尿壞疽)·피부괴저(皮膚壞疽) 등 수많은 용어가 있다. 한의학에서 탈저(脫疽)란 당뇨나 특별한 원인 없이 혈관이 막혀 손발의 끝이 괴사되는 버거씨병(Buerger's disease)을 이른다.

식물의학에서 괴저(壞疽, necrosis)는 식물체 특정 부위의 조직이 죽거나 썩어 허물어지는 현상을 가리킨다. 식물체의 괴저(壞疽)는 곰팡이·세균·바이러스 등에 의해 일어나며, 콩에 발생하는 괴저모자이크병(壞疽-病)처럼 증상을 나타내는 용어로 흔히 쓰인다.

동물의 탄저(炭疽, anthrax)는 탄저균(炭疽菌)이란 세균에 의한 질병이다. 반면에, 식물의 탄저병(炭疽病, anthracnose)은 탄저병균(炭疽病菌)이란 곰팡이에 의한 질병이다. 두 질병의 영어 병명은 모두 그리스어로 석탄(石炭)을 뜻하는 anthrakis에서 유래되었으며, 한자 병명은 영어 병명의 번역어로서 한국·중국·일본 모두 같다. 두 질병의 원인은 다르지만 병징이 매우 유사하므로 이런 병명이 붙었다.

한편, 한의학에서 발톱 부위에 생긴 부스럼을 갑저(甲疽)라 한다. 참고로, 甲은 '갑옷 갑'이지만 여기서는 '손발톱 갑'으로 읽는 것이 좋다. 조갑백선(爪甲白癬)의 경우도 마찬가지이다.

169

전(全)

全은 '온전할 전'으로 읽으며, 온전하다·완전하다·무사하다·모두 등을 뜻한다. 全(전)은 入(들 입)과 玉(옥 옥)이 결합한 모습이다. 入자는 무언가를 끼워 맞추는 모습을 그린 것으로 '들이다'라는 뜻이 있다. 여기에 玉(옥)을 결합하여 '옥을 매입하다'는 뜻으로 만들어졌다. 값비싼 옥을 사들일 때는 옥에 흠집이 전혀 없어야 한다. 그래서 全(전)은 '완전하다'라는 뜻을 갖게 되었고, 차츰 확대되어 '모두'를 뜻하게도 되었다.

생명과학에서 全(전)은 '모두'의 의미로 쓰이는 경우가 많다. 식물세포의 전형성능(全形成能, totipotency)이나 숙주의 전신감염(全身感染, systemic infection)을 비롯하여 전멸종(全滅種)·전연엽(全緣葉)·전열엽(全裂葉)·완전화(完全花)·전천후농업(全天候農業)·전면관개(全面灌漑)·전면시비(全面施肥)·전신마취(全身痲醉)·전신탈모(全身脫毛) 등이 있다. 곰팡이 포자를 만드는 방식으로서 전분절형(全分節型, holoarthric), 전출아형(全出芽型, holoblastic), 전엽상체형(全葉狀體型, holothallic), 전실성(全實性, holocarpic) 등이 있다.

全(전)은 '완전'을 의미하면서도 '온전'을 의미하기도 한다. 보전(保全, conservation)은 '온전하게 보호하여 유지함'으로 풀이된다. 자연환경보전(自然環境保全)·보전관리지역(保全管理地域)·보전생물학(保全生物學)·보전생태학(保全生態學)·완전연소(完全燃燒)·완전배지(完全培地)·완전세대(完全世代)·수리불안전답(水利不安全畓)·완전배합사료(完全配合飼料) 등이 있다.

의학에서 부전(不全)은 기능이나 힘이 완전하지 못하여 정상 범주를 벗어난 상태를 이르며, 부전증(不全症)이라고도 한다. 관상동맥부전(冠狀動脈不全)·급성간부전(急性肝不全)·만성신부전(慢性腎不全)·발기부전(勃起不全)·갑상선기능부전(甲狀腺機能不全)·심장판막기능부전(心臟瓣膜機能不全) 등이 있다.

170

전(前)

前은 '앞 전'으로 읽으며, 앞·먼저·미래 등을 뜻한다. 前(전)은 月(달 월)과 刀(=刂, 칼 도)와 함께 윗부분에는 머리 모양이 결합한 것이다. 그런데, 원래는 舟(배 주)와 止(발 지)가 결합한 歬(앞 전)이었다. 이것은 '배가 앞으로 가다'라는 뜻을 표현한 것이다.

후에 舟자가 月자로 바뀌었고 止자는 머리 모양으로 변형되었다. 여기에다 '가위'를 뜻하기 위해 刀(칼 도)가 더해지면서 지금의 前(전)이란 글자가 만들어지게 되었다.

일상어에서 쓰이는 前(전)이 마냥 '앞'의 뜻으로만 쓰이는 것은 아니므로 결코 쉬운 글자가 아니다. 여기서는 미생물과 관련하여 쓰이는 용례를 살펴보자. 전배양(前培養, pre-incubation)은 냉동이나 냉장 상태로 보관하던 세균을 잘 자라는 상태로 만드는 목적으로 시행하는 배양이며, 본배양(本培養)에 상대한다. 참고로, 후배양(後培養)이란 개념은 없다. 본격적인 처리에 앞서 준비하는 처리를 전처리(前處理, pre-treatment)라고 한다. 후처리(後處理)라는 용어는 사뭇 다른 개념이다.

좀 더 복잡한 개념의 前(전)도 있다. 담자균류에서 담자포자를 형성하는 세포를 담자기(擔子器, basidium)라고 하는데, 세부 종류 중에 전담자기(前擔子器, probasidium)가 있다. 여기서 前(전)은 '앞'이라는 뜻을 넘어서 '원시적'이란 의미이다. 일부 녹병균류에서 형성되는 전균사체(前菌絲體, promycelium)에서도 前(전)은 '원시적'이란 의미이다.

한편, 前(전)에 刀(칼 도)를 더하여 파생된 剪(자를 전)이 있다. 관상수나 유실수를 관리하는 전지(剪枝)와 전정(剪定)에 사용하는 전정협(剪定鋏, 전정가위)이 있다. 수목의 밑가지가 자연히 말라죽어 떨어지는 자연전지(自然剪枝, natural pruning)도 있다. 단단한 폐기물을 절단하는 전단파쇄기(剪斷破碎機, shear shredder)가 있다. 속도나 방향이 급변하는 바람은 전단풍(剪斷風, windshear)이다.

171

전(栓)

栓은 '마개 전'으로 읽으며, 마개·나무못·빗장 등을 뜻한다. 栓(전)은 木(나무 목)과 全(온전할 전)이 결합한 모습이다. 여기서 全자는 발음요소이면서 '찔러넣다[穿]'의 뜻을 가지므로 栓자는 '구멍에 끼워 넣는 나무'를 뜻한다. 이러한 뜻으로는 마구간의 출입구를 가로 막는 막대를 가리키는 마전봉(馬栓棒)이 있다. 栓자는 포도주의 코르크마개처럼 '구멍에 끼워 넣는 마개'를 뜻한다.

의학에서, 혈전(血栓, thrombus, blood clot)은 혈액이 굳어져 혈관 속에 생긴 덩어리이며, 혈전에 의해 발생하는 질환을 혈전증(血栓症, thrombosis)이라고 한다. 관상동맥혈전증(冠狀動脈血栓症)·뇌혈전증(腦血栓症)·항혈전제(抗血栓劑)·혈전용해제(血栓溶解劑) 등이 있다. 색전(塞栓, embolus)은 혈관을 막아 색전증을 일으키는 물질이며, 색전에 의해 발생하는 질환을 색전증(塞栓症, embolism)이라고 한다. 폐혈관의 흐름이 막히는 폐색전증(肺塞栓症), 잠수부의 직업병으로 알려진 가스색전증(gas塞栓症), 혈관으로 공기가 들어가서 생기는 공기색전증(空氣塞栓症) 등이 있다. 한편, 의료 목적으로 의료용코일·의료용입자·생체용본드 등을 이용해서 혈관을 막는 시술을 색전술(塞栓術, embolization)이라고 한다.

식물에서, 코르크층(cork層)은 목본식물의 줄기 바깥쪽부터 코르크조직·코르크형성층·코르크피층으로 구성되어 있는데, 오랫동안 목전층(木栓層) 또는 목전질층(木栓質層)으로 불렸다. 코르크의 주성분은 목전질(木栓質, suberin)이다.

미생물 배양용 시험관에 사용하는 솜마개를 면전(綿栓, cotton plug)이라고 한다. 시내 도로변이나 건물 현관에 설치된 소화전(消火栓, fire hydrant, fireplug)은 소방 활동에 필요한 물을 공급하기 위한 시설이다. 산업현장에서는 수도꼭지를 수전(水栓, faucet)으로 부른다.

172

전(電)

電은 '번개 전'으로 읽으며, 번개 · 전기 · 전류 · 전화 · 전보 · 빠름 · 번쩍임 등을 뜻한다. 電(전)은 본래 雨(비 우)와 申(펼 신)이 결합한 모습의 글자였다. 후에 申자의 하단을 다소 변형하여 번개가 내려치는 모습을 표현함으로써 현재의 지형이 완성되었다. 이와 같이, 電(전)은 비구름 사이로 벼락이 떨어지는 모습을 표현하여 '번개'나 '전기'라는 뜻이 있지만, 번개에서 응용하여 '빠르다'나 '번쩍이다'라는 뜻이 파생되어 널리 쓰이고 있다. 오늘날 電은 전기 관련 단어에 많이 쓰이며, 번개 관련 단어는 雷(우레 뢰)를 많이 쓰는 편이다.

전신주(電信柱) · 발전소(發電所) · 송전탑(送電塔) · 전압(電壓) · 전자우편(電子郵便) · 건전지(乾電池) · 휴대전화(携帶電話) · 충전소(充電所) · 전광석화(電光石火) 등의 일상어가 있다. 생명과학에서 전기영동(電氣泳動, electrophoresis), 전자전달계(電子傳達系, electron transport chain), 전기천공법(電氣穿孔法, electroporation), 전자현미경(電子顯微鏡, electron microscope), 전해질대사(電解質代謝, electrolyte metabolism), 막전위(膜電位, membrane potential), 생물전기(生物電氣, bioelectricity), 전기생물학(電氣生物學, electrobiology) 등 수많은 용례가 있다.

의학에서 심전도(心電圖, electrocardiogram), 뇌전도(腦電圖, electroencephalogram), 뇌전증(腦電症, epilepsy), 근전도검사(筋電圖檢査, electromyography), 전산화단층촬영(電算化斷層撮影, computed tomography, CT), 전기자극요법(電氣刺戟療法, electrical muscle stimulation), 전기화상(電氣火傷, electrical burn), 전기소작(電氣燒灼, electrocautery), 전기지혈(電氣止血, electric hemostasis), 감전(感電, electric shock), 전자의수(電子義手, electronic prosthetic hand) 등이 있다. 축산에서 전기울타리(電氣-, electrified perimeter)가 있다.

173

절(節)

節은 '마디 절'로 읽으며, 마디·관절·예절 등을 뜻한다. 節(절)은 竹(대나무 죽)과 卽(곧 즉)이 결합한 모습이다. 卽자는 식기를 앞에 놓고 무릎을 꿇고 있는 사람을 그린 것인데, 식기에 담겨 있는 음식을 막 먹으려는 모습이다. 후에 '먹다'라는 뜻은 사라지고 '곧'이나 '가깝다'라는 뜻만 남게 되었다. 그래서 節(절)은 대나무 마디를 본뜻으로 하여 어떤 마디이든 널리 쓰이지만, 卽자의 영향을 받아 예절이란 의미도 갖게 되었다.

생명과학에서 regulation은 조절이나 조정이지만, 다소의 차이가 있다. 조절(調節)은 지속적으로 약간의 변화를 주어 교정 또는 수정함이다. 조정(調整)은 어떤 주어진 목적이나 목표를 달성하기 위한 변화와 수정이다. 따라서 plant growth regulator가 식물호르몬을 의미할 때는 생장조절물질(生長調節物質), 특정한 농약으로 사용될 때는 생장조정제(生長調整劑)라고 부른다.

곰팡이 균사가 아주 짧은 마디처럼 뚝뚝 떨어지듯 형성되는 분절포자(分節胞子, arthrospore)가 있다. 곰팡이 균사가 잘려져 나와 조각이 된 번식체는 분절균체(分節菌體, hyphal body)라고 하며 분절포자와 구분된다. 분생포자경의 중간 부분이 갑자기 꺾인 모습을 슬관절상(膝關節狀, geniculate)이라고 한다. 곤충류는 절지동물(節肢動物, arthropod)에 속한다. 성대결절(聲帶結節)은 연결절(軟結節, soft nodule)과 경결절(硬結節, hard nodule)이 있다.

생물분류학에서 節(절, section)은 속(屬, genus)과 종(種, species) 사이에 설정될 수도 있는 분류단위(分類單位, taxonomic unit)이다. 즉, 하나의 속은 둘 이상의 절로 세분될 수도 있다. 인위적인 분류단위로서 가장 작은 것이 속(屬)이므로 이것을 2개 이상으로 '꺾어놓은 마디'라는 의미로 section을 節(절)로 번역하였다. 이처럼 영어와 한자의 의미가 상응한다. 참고로, 중국어 간체자에서는 节로 쓴다.

174

점(粘)

粘은 '붙을 점'으로 읽으며, 붙다·들어붙다·끈끈하다·끈적끈적하다 등을 뜻한다. 粘(점)은 米(쌀 미)와 占(점칠 점)이 결합한 모습이다. 占자는 소리만 나타낼 뿐이다. 粘(점)과 동자로 黏(차질 점)이 있다. 黏자는 黍(기장 서)와 占(점칠 점)이 결합한 모습이다. 찹쌀[米]과 찰기장[黍]을 따로 구분하여 글자의 쓰임새가 있지는 않아 서로 혼용되지만, 粘이 훨씬 더 널리 쓰인다.

점막(粘膜, mucous membrane), 점성(粘性, viscosity), 점액(粘液, mucilage, mucus), 점질(粘質, slime), 점도(粘度, viscosity), 점착(粘着, adhesion) 등은 생명과학 전반에 널리 등장하는 단어이다. 이러한 단어에서 粘(점)이 끈적끈적하거나 들어붙는 의미의 글자임을 알 수 있다. 점균(粘菌, slime mold)은 끈적균이라고도 하며, 일본에서는 흔히 変形菌(변형균)으로 부른다. 점균류는 대부분 영양생식 단계에서 점액아메바(粘液-, myxamoeba) 상태를 거친다.

일부 곰팡이 균사의 표면을 덮고 있는 점질성 물질이 특별히 두꺼운 경우에는 점액초(粘液鞘, mucilagenous sheath)라고 한다. 활주운동을 하며 집단생활을 하는 점액세균(粘液細菌, myxobacteria)이 있다. 끈끈이주걱 등의 식충식물 잎에는 점액모(粘液毛, mucilage hair)가 있다. 점액종(粘液腫, myxomatosis)은 점액종바이러스에 의한 토끼류에 발생하는 전염성 질병이다. 어류와 수생무척추동물에 기생하는 점액포자충류(粘液胞子蟲類, Myxosporea)도 있다.

점토(粘土, clay)는 진흙이나 찰흙이며 지질학이나 토양학에서 학술적 정의가 있다. 점토가 들어가는 용어로는 중점토(重粘土)·점토암(粘土巖)·점토질(粘土質)·점토층(粘土層)·점토영양호(粘土營養湖)·소성점토(塑性粘土)·활성점토(活性粘土) 등이 있다. 점감주(粘甘酒)는 '찹쌀로 빚어 단맛이 많이 느껴지는 감주(甘酒)'라는 뜻이다.

175

점(漸)

漸은 '점진할 점'으로 읽으며, 점차·점점·조금씩·차츰 등을 뜻한다. 漸(점)은 氵(=水, 물 수)와 斬(벨 참)이 결합한 모습이다. 斬자는 '베다'라는 뜻이 있지만, 여기에서는 '참→점'으로의 발음 역할만 한다. 漸자는 본래 중국 저장성[浙江省]에 있는 첸탕강[錢塘江]의 옛 이름인 젠슈이[漸水]에서 유래한 글자이다. 첸탕강의 유속이 매우 느린 것이 응용되어 후에 '천천히 나아가다'라는 뜻을 갖게 되었다.

점층법(漸層法)·점차(漸次)·점진적(漸進的)·점점(漸漸)·점근선(漸近線)·점감(漸減) 등의 일상어가 있다. 생명과학에서 대표적인 용례를 찾아보자. 화석을 이용하여 종의 진화 과정을 설명하고자 하는 점진주의설(漸進主義說, gradualism), 조물주가 수억 년에 걸쳐 점진적으로 새로운 형태의 생명을 창조했다고 믿는 점진창조론(漸進創造論, progressive creationism)이 있다.

신생대의 한 시대로서 포유류와 속씨식물이 크게 발달한 점신세(漸新世, Oligocene epoch), 근육을 체계적으로 수축하고 이완시켜서 긴장과 불안을 제거하는 의학적 시술을 가리키는 점진적이완술(漸進的弛緩術, progressive relaxation), 식물의 잎이나 곰팡이의 구조체에서 끝이 점차 좁아지면서 뾰족해진 모습을 이르는 점첨두(漸尖頭, acuminate) 등 여러 용례가 있다.

응용과학에서 하수처리의 포기조에서 산소요구량을 합리적으로 만족시키기 위한 점감식포기법(漸減式曝氣法, tapered aeration), 벌기에 달한 일제림에서 순차적으로 나무를 베어나가는 점벌작업(漸伐作業, successive regenerating system), 산란계에서 초기에는 자연일조와 유사하게 사육하다가 점차 점등시간을 늘려 보상성장을 유도하는 점증점등법(漸增點燈法, incremental lighting method), 토지의 생산성에 관한 보수점감법칙(報酬漸減法則, law of diminishing return) 등이 있다.

176

접(接)

接은 '이을 접'으로 읽으며, 잇다·닿다·접하다·교미하다 등을 뜻한다. 接(접)은 手(=扌, 손 수)와 妾(첩 첩)이 결합한 모습이다. 妾자는 문신표식[辛-→立]을 한 여자[女]로서 여종이나 첩을 이르는 글자이다. 여기에 手(=扌, 손 수)가 결합하여 '사람을 가까이 많이 접하다'는 의미에서 '접촉하다'라는 뜻이 만들어졌다. 후에 뜻이 파생되고 확대되면서 여러 의미로 널리 쓰인다.

接(접)은 여러 생물 용어에 쓰인다. 접합(接合, conjugation)이란 균류에서는 두 배우체가 결합하여 하나의 접합체로 되는 것이며, 세균에서는 세균 세포의 접촉을 통하여 한 세균의 유전물질이 다른 세균으로 옮겨지는 것이다. 두 개의 생식세포가 만나 이루는 접합자 중 대립 유전자가 서로 같으면 동형접합자(同型接合子, homozygote)이다. 유성생식에서 배우자낭이 접합하여 접합포자를 만드는 접합균류(接合菌類, zygomycetes)가 있다. 의학에서 접합균증(接合菌症, zygomycosis)을 비롯하여 간접전염(間接傳染)·인공접종(人工接種)·접종원(接種源)·접종제(接種劑)·추가접종(追加接種)·중복접종(重複接種)·접촉감염(接觸感染)·접촉피부염(接觸皮膚炎)·접합수술(接合手術)·접골(接骨)·골접합술(骨接合術)·용접공결막염(鎔接工結膜炎) 등이 있다.

대목과 접수를 연결하여 하나의 식물체로 만드는 접목(接木, grafting)이 있다. 椄木으로 椄(접붙일 접)이 옳다는 주장도 있다. 한국·일본·중국에서 接木과 椄木을 혼용하지만, 接木으로 쓰는 추세이다. 木(나무 목)이 있지만, 초본식물의 경우에도 接木이다. 삽접(揷接)·사근접(斜根接)·근접(根接)·아접(芽接)·저접(低接)·할접(割接) 등 여러 기법이 있다. 나뭇가지나 풀줄기에 등[背]과 배[腹]가 따로 없으니 배접(背接)과 복접(腹接)은 같은 뜻의 학술용어로서 혼용되며, 우리말로 '맞대기' 또는 '맞대기접'이라고 한다.

177

정(頂)

頂은 '정수리 정'으로 읽으며, 정수리·이마·꼭대기 등을 뜻한다. 頂(정)은 頁(머리 혈)과 丁(천간 정)이 결합한 모습이다. 頁자는 본래 무릎을 꿇은 사람의 옆모습을 본뜬 상형자인데, 머리가 강조되어 있다. 丁자는 못을 그린 것으로 못의 특성인 대가리로서 뜻도 전하고 발음 역할도 한다. 그래서 頂(정)은 사람의 '이마'를 뜻하기 위해 만든 글자이다. 이마는 신체의 가장 높은 곳에 있으므로 頂(정)은 '사람의 이마' 외에도 '어떤 것의 꼭대기'라는 뜻이 있다.

정상회담(頂上會談)·절정(絕頂)·정점(頂點)·등정(登頂) 등의 일상어가 있다. 식물에서 정단세포(頂端細胞)·정아우세(頂芽優勢)·정단아(頂端芽)·정단엽(頂端葉)·정단분열조직(頂端分裂組織)·정단배양(頂端培養)·정소엽(頂小葉)·과정부(果頂部)·과정열과(果頂裂果)·단정화서(單頂花序) 등이 있다. 정난생장(頂端生長, apical growth)은 식물학 용어이면서 곰팡이의 생장 패턴을 규정짓는 용어이다[☞ 43쪽]. 즉, 곰팡이는 생장점이 따로 있지 않고 균사의 정단부에서만 생장이 일어난다는 의미인데, 선단생장(先端生長)이라고도 한다.

향정단성(向頂端性, acropetal)이란 잎이나 꽃이 꼭대기[頂端] 방향[向]으로 생기는 성질[性]이다. 즉, 위쪽으로 새로운 잎이나 꽃이 생기면서 자라므로 제일 아래쪽에 오래된 것이, 제일 위쪽에 새로운 것이 위치한다. 곰팡이의 경우에도 분생포자경 아래쪽부터 위쪽으로 생장하면서 차례차례 분생포자가 형성되는 방식을 뜻한다. 그 반대의 경우를 향기부성(向基部性, basipetal)이라고 한다. 각각 구정(求頂)과 구기(求基)라는 용어를 사용하기도 한다.

頂에 상대하는 基는 '터 기'로 읽으며, 터·기초·토대·근본 등을 뜻한다. 대바구니를 뜻하는 其(기)와 흙을 뜻하는 土(토)를 결합하여 대바구니로 흙을 나르며 집터를 다진다는 의미의 글자이다.

178

정(精)

精은 '정할 정'으로 읽으며, 정(精)하다 · 정제(精製)되다 · 정성스럽다 · 깨끗하다 등을 뜻한다. 精(정)은 米(쌀 미)와 靑(푸를 청)이 결합한 모습이다. 靑자는 生(날 생)과 丹(붉을 단)이 결합한 모습인데, 丹은 붉음보다는 색깔에 방점이 있다. 그래서 새싹이 날[生] 때의 색깔[丹]이 靑이다. 한자에서 본래 靑(청)은 green이고 藍(남)은 blue이기 때문이다. 새싹의 푸름은 '깨끗함'을 의미하고, 여기에 米자가 결합한 精자는 '깨끗한 쌀'이란 뜻으로 만들어졌다. 깨끗한 쌀은 온갖 정성을 다해 만들어지므로 精(정)은 지금의 뜻을 갖게 되었다.

도정(搗精) · 정미소(精米所) · 정육점(精肉店) · 정제(精製) · 주정(酒精) 등에서 精(정)은 정제(精製, purification)의 의미로 쓰였다. 요정(妖精) · 정령(精靈) · 정수(精髓) · 정신(精神) 등에서 精(정)은 '천지만물을 생성하는 원천 기운'을 의미한다. 홍삼정(紅蔘精) · 장뇌정(樟腦精) · 면마정(綿馬精) · 개자정(芥子精) 등에서 精(정)은 '유효성분을 용매에 녹여서 걸쭉한 액체 상태로 만든 약제'를 가리킨다. 사정(射精) · 정관수술(精管手術) · 정낭(精囊) · 정액(精液) · 살정제(殺精劑) · 정충(精蟲) · 정핵(精核) 등에서 精(정)은 '정자(精子, sperm)'를 뜻한다. 식물에도 정자(精子, sperm)가 있고 곰팡이에도 정자(精子, spermatium)가 있으며, 동물의 정자와 다소 다른 의미이다.

균류학에서도 精(정)은 정자(精子)를 뜻하며, 대표적인 용어로는 정자기(精子器, spermagonium), 정자세대(精子世代, spermagonial stage), 조정기(造精器, antheridium), 부동정자(不動精子, spermatium), 정자밀(精子蜜, spermatial nectar), 위수정생식(僞受精生殖, pseudomixis), 수정균사(受精菌絲, receptive hypha), 수정모(受精毛, trichogyne), 자가수정(自家受精, self-fertilization), 타가수정(他家受精, cross-fertilization), 정자경(精子梗, spermatiophore) 등이 있다.

179

정(靜)

靜은 '고요할 정'으로 읽으며, 고요하다·깨끗하다·쉬다 등을 뜻한다. 靜(정)은 靑(푸를 청)과 爭(다툴 쟁)이 결합한 모습이다. 靑자는 우물[井]과 초목[生]을 그린 것으로 '푸르다'나 '고요하다'라는 뜻이 있다. 爭자는 소뿔을 쥐고 서로 다투는 모습을 그린 것으로 '다투다'라는 뜻이다. 靜(정)은 '고요하다'를 표현하기 위해 왁자지껄했던 싸움이 끝난 이후의 소강상태를 그린 것이다. 그래서 다투는[爭] 모습에 고요함[靑]을 더해 매우 고요한 상태를 나타낸다.

냉정(冷靜)·정적(靜寂)·정숙(靜肅)·진정(鎭靜)·평정(平靜)·정물화(靜物畫) 등의 일상어가 있다. 정맥(靜脈, vein)은 압력이 낮은 혈액이 흘러 고요하다. 하지정맥류(下肢靜脈瘤, varicose vein of lower extremity)는 다리의 혈액이 순환하지 못하고 고여서 혈관이 울퉁불퉁하게 튀어나오는 질환이다.

정전기(靜電氣, static electricity)는 정지되어 있는 전하에 의해 일어나는 물리적 현상으로서 겨울철 스웨터에서 일어나기도 한다. 진정제(鎭靜劑, sedative)는 불안·고민·동통 등을 완화할 목적으로 쓰는 약물이다. 세균의 생장곡선에 정지기(靜止期, stationary phase)가 있다.

정균작용(靜菌作用)은 '미생물의 생장을 억제하여 더 이상 번식하지 못하도록 하는 것'이다. 세균이면 정세균작용(靜細菌作用, bacteriostasis), 균류이면 정진균작용(靜眞菌作用, fungistasis, mycostasis)이다. 움직이지 않고 미생물을 키우는 정치배양(靜置培養, stationary culture)은 배지를 흔들면서 미생물을 키우는 진탕배양(震盪培養, shaking culture)에 상대하는 방식이다.

참고로 중국에서는 振荡培养(= 진탕배양)으로 쓰는데, 번체자로는 振盪培養이다. 震(우레 진)과 振(떨칠 진)은 모두 '흔들다'를 표현하는 글자이므로 혼용되어 쓰이기도 한다.

180

제(劑)

劑는 '약제 제'로 읽으며, 약제·조제약·첩(약봉지) 등을 뜻한다. 劑(제)는 刀(=刂, 칼 도)와 齊(가지런할 제)가 결합한 모습이다. 여기서 刀자는 생약을 자르는 약작두를 의미한다. 약이란 정성껏 가지런하게 자른 것이므로 劑(제)의 속성이 잘 드러난 글자이다. 차츰 뜻이 확장되면서 劑(제)는 약제뿐만 아니라 어떤 것이든 '정성스럽게 조제된 것'을 의미한다. 劑자는 중국어 간체자로 剂, 일본어 신자체로 剤로 쓴다.

혈액 응고를 막아 원활한 혈행(血行)을 도와주는 항응고제(抗凝固劑, anticoagulant)를 비롯하여 해열제(解熱劑, antifebrile), 항생제(抗生劑, antibiotics), 진통제(鎭痛劑, analgesics), 소염제(消炎劑, antiphlogistic drugs), 소화제(消化劑, digestive medicine), 수면제(睡眠劑, somnifacient) 등 수많은 의약품에 劑(제)를 쓴다.

그 외에도 방부제(防腐劑, antiseptic), 보존제(保存劑, preservatives), 살균제(殺菌劑, fungicide), 살충제(殺蟲劑, insecticide), 제초제(除草劑, herbicide), 살비제(殺蜱劑, acaricide), 살선충제(殺線蟲劑, nematicide), 생장조정제(生長調整劑, growth regulator), 계면활성제(界面活性劑, surfactant), 매염제(媒染劑, mordant), 접착제(接着劑, adhesive), 세제(洗劑, cleanser), 냉각제(冷却劑, refrigerant), 흡착제(吸着劑, absorbent), 연마제(硏磨劑, abrasive) 등 용례가 무척 많다.

유사한 글자로 製(지을 제)가 있다. 製(제)는 衣(옷 의)와 制(억제할 제)가 결합한 모습이다. 制자는 나무[木, 나무 목]의 잔가지를 다듬는[刀=刂, 칼 도] 모습을 표현한 것이다. 여기에 衣자를 결합한 製자는 옷을 짓기 위해 가위질을 한다는 뜻이다. 지금은 필요한 제품을 '만들어내다'라는 뜻으로 널리 쓰이고 있다. 제분소(製粉所)·배아복제(胚芽複製)·표본제작(標本製作)·효소정제(酵素精製)·혈장제제(血漿製劑)·맥아제조(麥芽製造) 등의 용례가 있다.

181

조(造)

造는 '지을 조'로 읽으며, 짓다 • 만들다 • 세우다 • 이룩하다 등을 뜻한다. 造(조)는 辶(쉬엄쉬엄갈 착)과 告(알릴 고)가 결합한 모습이다. 여기서 告자는 '고→조'로의 발음 역할을 한다. 그런데, 造자는 본래 집에서 배를 만드는 모습을 표현한 글자가 변형된 것이기도 하고, 배를 만든다고 신에게 고(告)한다는 의미도 있다. 그래서 造자는 '만들다'나 '짓다'라는 뜻을 갖게 되었다.

조경(造景) • 조선(造船) • 제조(製造) • 양조장(釀造場) • 창조(創造) • 피조물(被造物) 등의 일상어가 있다. 생명과학에서는 의학용 사진 촬영에 쓰이는 약품인 조영제(造影劑, contrast agent)를 비롯하여 조골세포(造骨細胞) • 조혈간세포(造血幹細胞) • 구조단백질(構造蛋白質) • 미세구조(微細構造) • 생태조경(生態造景) • 인조육단백질(人造肉蛋白質) • 사방조림(沙防造林) • 모조유세품(模造乳製品) • 양조식초(釀造食醋) • 포도주양조학(葡萄酒釀造學) • 조경식재(造景植栽) • 조경소재(造景素材) • 인조용토(人造用土) 등의 용례가 있다. 곰팡이와 관련되어 쓰인 용어를 살펴보자. 조란기(造卵器, oogonium), 조정기(造精器, antheridium), 조낭세포(造囊細胞, ascogenous cell), 조낭사(造囊絲, ascogenous hypha), 조낭기(造囊器, ascogonium) 등이 있다.

한편, '만들다'는 의미의 글자로 作(지을 작)이 있다. 作자는 人(사람 인)과 乍(잠깐 사)가 결합한 모습이다. 乍자는 옷깃에 바느질하는 모습을 그린 것이다. 배를 만드는 造(조)와 바느질하는 作(작)은 규모가 다른 공간적 차이가 있다. 또한 造는 계획을 하고 만드는 것이고, 作은 떠오른 생각을 행하여 만드는 것이므로 시간적 차이도 있다.

생명체는 작은 부분도 유전체(遺傳體, genome)에 새겨진 유전정보에 따라 만들어지는 존재이므로 被造物(피조물)로서 造(조)를 쓴다. 창조(創造)는 신의 세계이고, 창작(創作)은 인간의 활동이다.

182

조(粗)

粗는 '거칠 조'로 읽으며, 거칠다·조잡하다·상스럽다 등을 뜻한다. 粗(조)는 米(쌀 미)와 且(또 차, 도마 조)가 결합한 모습이다. 且는 원래 도마 모양의 제사 그릇을 본뜬 글자라서 '도마 조'로 읽는데, 그럴 경우에는 비석·조상·장례 등을 뜻한다. 그래서 粗(조)는 본래 '제사[且]에 쓰는, 아직 왕겨도 벗기지 않고 방아도 찧지 않은 날알 그대로의 벼알[米]'을 의미하는 글자였다. 후에 벼알의 거칠거칠한 상태를 의미하는 뜻으로 정착되었다.

조악(粗惡)이나 조잡(粗雜)처럼 粗(조)는 '품질 낮음'의 의미가 있다. 과학용어에서는 영어 crude에 해당하는 형용어로서 접두어처럼 쓰이는 경우가 많다. 조지방(粗脂肪)·조섬유(粗纖維)·조단백질(粗蛋白質)·조회분(粗灰分)·조당(粗糖)·조사료(粗飼料)·조부식(粗腐植) 등 여러 용례가 있다. 한편, '전체를 뭉뚱그린 것'도 粗(조)를 붙이는데, 조수입(粗收入)·조소득(粗所得)·조수익(粗收益)·조용수량(粗用水量)·조임대료(粗賃貸料) 등의 용례가 있다. 거의 같은 의미이지만, 사회학에서 粗(조)가 純(순)의 상대개념으로 쓰이기도 하는데, 조출생율(粗出生率)·조혼인율(粗婚姻率)·조사망율(粗死亡率) 등이 있다.

세포에서 리보솜 과립이 표면에 붙어 있는 소포체를 조면소포체(粗面小胞體, rough endoplasmic reticulum)라도 한다. 여기서 粗(조)는 '매끈하지 않음'이란 뜻으로서, 활면소포체의 滑(매끄러울 활)에 상대하는 글자이다[☞ 243쪽].

과수의 수피가 거칠게 트면서 벗겨져 거칠거칠해지는 조피병(粗皮病, rough bark)에서도 粗(조)는 '매끈하지 않음'이란 뜻이다. 조방농업(粗放農業, extensive farming)은 노동·비료·자본을 적게 투입하는 농업 생산 시스템으로서 집약농업(集約農業)의 상대 개념이다. 현미경에서 대략적으로 초점을 맞추는 조동나사(粗動螺絲, coarse focus knob)가 있다.

183

조(藻)

藻는 '말 조'로 읽으며, 여러 뜻이 있으나 생물학적으로는 원생생물에 속하는 조류(藻類, algae)를 가리킨다. 藻(조)는 초두머리(++=艸, 풀의 싹)와 澡(씻을 조)가 결합한 모습이다. 미역 같은 바닷말과 몇몇 민물 수생식물은 '물의 흐름에 따라 흔들리며 씻기듯이[澡] 자라는 풀[艸]'이므로 藻(조)라는 글자가 만들어졌다. 마름을 비롯한 여러 민물 수생식물은 지금은 藻(조)의 영역 밖이다.

다시마·미역·톳 등의 갈조류(褐藻類, brown algae), 김·우뭇가사리 등의 홍조류(紅藻類, red algae), 파래·매생이 등의 녹조류(綠藻類, green algae)를 비롯하여 여러 부류의 조류가 있다. 규조토(硅藻土, diatomite)는 단세포 생물인 규조류(硅藻類, diatoms)의 사체가 해저에 쌓여 만들어진 흙을 말한다. 공생조체(共生藻體, photobiont)는 지의류에서 공생균체(共生菌體, mycobiont)의 파트너이다.

한편, 남조류(藍藻類)는 오래전부터 불러오던 blue-green algae의 번역어이다. 하지만 남조류는 진정한 조류가 아니라 세균류이므로, 영어에서도 cyanobacteria로 바꿔 부르고, 우리말로도 시아노세균(-細菌) 또는 남조세균(藍藻細菌)이라고 한다.

참고로, 여러 사전류에서 藻(조)를 '마름 조'로 읽고, '마름(바늘꽃과에 속하는 한해살이의 수초)'으로 잘못 해설하고 있다. 이 식물의 한자명은 丘角菱(구각릉)이며, 藻(조)가 마름이란 식물을 지칭하는 경우는 없는 듯하다. 생물학적 개념의 조류(藻類, algae)를 이르는 우리말은 '말'인데, 민물말·바닷말·먼지말·반달말 등의 이름에도 있다. 북한말에서는 조류(藻類)를 '마름'이라고 한다[2023.05.27, 통일전망대, MBC]. 따라서 '마름'은 '말'의 사투리로 봄이 마땅하다. 그래서 藻(조)를 '마름 조'로 읽으면 '마름'은 '말'이란 뜻이 될 수도 있지만, 혼동을 피하기 위해 '마름 조' 대신에 '말 조'로 읽는 추세이다.

184

족(族)

族은 '겨레 족'으로 읽으며, 겨레·민족·일가·무리 등을 뜻한다. 族(족)은 㫃(나부낄 언)과 矢(화살 시)가 결합한 모습이다. 㫃자는 깃발이 나부끼는 모습을 그린 것으로 '깃발'을 가리킨다. 矢자는 '화살'이므로 싸움과 방어를 의미한다. 그래서 族(족)은 화살을 메고 깃발을 나부끼며 함께 전장에 나갈 수 있는 운명공동체를 표현한 글자로서 크게는 '한겨레' 작게는 '일가친척'을 뜻한다.

민족(民族)·씨족(氏族)·가족(家族)·친족(親族)·귀족(貴族)·수족관(水族館) 등의 일상어가 있다. 최근에는 딩크족(-族)·영끌족(-族)·캠핑족(-族) 등 특정 부류의 사람들을 지칭하는 신조어에 많이 쓰인다. 그래서 지금은 族(족)이 '공통분모를 가진 사람들의 집단'으로 이해된다. 생물분류 단계 중의 하나로 족(族, tribe)이 있다. 족(族)은 과(科)의 아래이고 속(屬)의 위인데, 아족(亞族, subtribe)으로 더 세분하기도 한다. 族은 屬보다 큰 개념의 집단을 의미하는 글자이다. 族은 소통을 통한 공통분모를 가질 수 있는 집단이다. 의학용어로는 가족병력(家族病歷)·가족고중성지방혈증(家族高中性脂肪血症)·가족비대심장병증(家族肥大心臟病症)·가족성암(家族性癌) 등이 있다.

화학에서 성질의 차이에 따라 원소들을 나눌 때 아족(亞族)·주족(主族)·부족(副族) 등의 용어가 있다. 아연·카드뮴·수은의 세 원소를 이르러 아연족(亞鉛族), 루테늄·로듐·팔라듐·오스뮴·이리듐·백금의 여섯 원소를 이르러 백금족(白金族), 구리·금·은의 세 원소를 이르러 구리족(-族)이라 하듯이 주기율표에 따른 분류단위의 화학용어로서도 족(族)이 쓰인다. 반복 단위를 제외하고 똑같은 기본 구조를 가진 화합물을 동족체(同族體, homologue)라고 한다. 지방족탄화수소(脂肪族炭化水素)·방향족화합물(芳香族化合物)·지방족고리화합물(脂肪族고리化合物) 등 여러 용례가 있다.

185

종(從)

從은 '좇을 종'으로 읽으며, 좇다·따라가다·따르다·시중들다 등을 뜻한다. 從(종)은 彳(조금걸을 척)과 止(발 지)와 从(좇을 종)이 결합한 모습이다. 본래 '좇다'라는 뜻은 从(종)이 먼저 쓰였었다. 从자는 사람[人]을 나란히 그린 것으로 뒷사람이 앞사람을 좇아가는 모습을 그린 글자이다. 그러나 후에 여기에 彳(척)과 止(지)가 더해지면서 길을 따라 뒷사람이 앞사람을 좇아간다는 의미를 좀 더 강조하며 확실하게 표현하였다. 참고로, 從을 중국어에서는 간체자인 从으로 쓰고, 일본어에서는 신자체로서 従으로 쓰고 있으므로 혼동되기 쉽다.

복종(服從)·순종(順從)·종량제(從量制)·종전(從前)·추종(追從) 등의 일상어가 있다. 종속영양생물(從屬營養生物, heterotroph)에서 從屬(종속)은 '자주성이 없이 주가 되는 것에 딸려 붙음'이다. 즉, 독립적으로 영양분을 생산하지 못하고 다른 생물이 생산한 영양분에 종속되어 있는 생물을 가리킨다. 독립영양생물(獨立營養生物, autotroph)과 상대하는 용어이다. 엽록소가 퇴화되어 광합성을 하지 못하여 균류로부터 영양분을 얻어먹는 식물을 균류종속영양식물(菌類從屬營養植物, mycoheterotrophic plant)이라고 한다. 지의류에서 균류와 조류의 공생관계를 종속관계(從屬關係, helotism)라고 한다.

생물의 신종 기재에 인용된 정기준표본(正基準標本, holotype, holotypus), 동기준표본(同基準標本, isotype, isotypus), 등가기준표본(等價基準標本, syntype, syntypus) 이외의 모든 표본을 종기준표본(從基準標本, paratype)이라고 한다. para-는 접두어로서 'beside, alongside, next to'의 뜻인데, 이를 從(종)으로 번역하여 '주가 되는 것에 딸려 붙음'을 정확하게 표현하고 있다. 전장에서 군대에 딸려 붙은 종군간호사(從軍看護師)와 종군기자(從軍記者), 한 남편을 섬기는 일부종사(一夫從事) 등에서 쓰인 從(종)의 의미와 같다.

186

종(種)

種은 '씨 종'으로 읽으며, 씨앗·종자·종류·심다·기르다 등의 뜻을 갖는다. 種(종)은 禾(벼 화)와 重(무거울 중)이 결합한 모습이다. 重자는 등에 무거운 봇짐을 지고 있는 사람을 그린 것으로 '무겁다'라는 뜻을 가진 글자이다. 이렇게 무거운 짐을 메고 있는 사람을 그린 重자에 禾자가 더해진 種(종)은 볍씨를 등에 짊어지고 있다는 뜻을 표현한 것이다. 차츰 다양한 농작물의 씨앗에 널리 사용되면서 '종류'를 뜻하기도 한다. 종류(種類)·종목(種目)·멸종(滅種)·인종(人種) 등의 일상어를 통하여 종(種)의 뜻을 파악할 수 있다.

생물학적으로 species라는 개념이 상당히 정립된 이후에 한자문화권에 소개되었다. 그럼 species를 가리키는 글자로 왜 種(종)을 선택하였을까? 식물이든 동물이든 '씨'를 통하여 후세를 만들고 공통분모를 갖는 집단을 이룬다. 이러한 '씨'는 암수를 통한 생식의 결과로 만들어진 접합체이고, 이런 접합체를 만들 수 있는, 상호 생식이 가능한 개체들의 집단을 지칭하는 species는 '씨'를 의미하는 種(종)으로 번역하였다. 즉, 서양에서 만들어진 species와 별도로 이미 동양에서도 이에 상응하는 글자로 種(종)을 가지고 있었다.

생명과학에서 종간교잡(種間交雜, interspecific breeding)과 종간불임성(種間不稔性, interspecies infertility)를 비롯하여 종간접목(種間椄木)·종내포식(種內捕食)·종내경쟁(種內競爭)·종다양성(種多樣性)·종분화(種分化)·고유종(固有種)·귀화종(歸化種)·미기록종(未記錄種) 등에서는 종(種)이 '생물학적 종'을 의미한다. 종계(種鷄)·종록(種鹿)·종마(種馬)·종모돈(種牡豚)·종모우(種牡牛)·종빈양(種牝羊)·종빈토(種牝兔) 등에서는 종(種)이 '후대를 생산하기 위한 씨동물'을 뜻한다. 종실해충(種實害蟲)·종자은행(種子銀行)·파종(播種)·종균(種菌)·접종(接種) 등에서는 종(種)이 '넓은 의미의 씨앗'을 뜻한다.

187

주(走)

走는 '달릴 주'로 읽으며, 달리다·달아나다·이동하다 등을 뜻한다. 走(주)는 사람이 양어깨를 흔들어 움직이는 모습인 夭(요)와 발의 모습인 止(지)가 결합한 글자이다. 몸을 빼쳐 달아나는 탈주(脫走), 몰래 도망치는 도주(逃走), 빨리 달리는 질주(疾走), 목표점까지 달리는 완주(完走), 거칠게 달리는 폭주(暴走) 등에서 走(주)의 뜻을 알 수 있다. 走(주)는 속도보다는 방향에 방점이 있는 글자이다. 현재 위치 또는 정상 위치를 벗어난다는 개념이다.

생명과학에서 주성(走性, taxis)은 자극에 따라 위치를 이동하는[走] 생물이나 세포의 성질[性]이다. 주광성(走光性, phototaxis), 주화성(走化性, chemotaxis), 주수성(走水性, hydrotaxis), 주류성(走流性, rheotaxis), 주열성(走熱性, thermotaxis), 주자성(走磁性, magnetotaxis), 주산소성(走酸素性, aerotaxis), 접촉주성(接觸走性, thigmotaxis) 등이 있다. 편모의 작용 없이 고체의 표면을 미끄러지듯이 이동하는 세균의 활주운동(滑走運動, gliding motility)이 있다.

곰팡이 포자 중에서 유주포자(游走胞子, zoospore)는 편모를 이용하여 헤엄친다[☞ 152쪽]. 주사전자현미경(走査電子顯微鏡, scanning electron microscope)에서 走査(주사)는 scanning의 번역어인데, 走(주)는 전자빔을 '쏘다→달리다'는 의미이다.

인체의 미주신경(迷走神經, vagus nerve)은 열째 머릿골 신경으로서 부교감 신경 중 가장 크다. 미주(迷走)는 '정해진 통로·진로 이외의 길로 달림'이란 의미의 일본어를 가져다 쓴 용어이다. 미주간동맥(迷走肝動脈)·미주맥박(迷走脈搏)·미주세관(迷走細管) 등 여러 용어가 있다. 의주감(蟻走感, formication)은 피부에 벌레[蟻, 개미 의; 라틴어 formica]가 기어 다니는[走] 것 같은 느낌[感]을 지칭하는 의학용어인데, 최근에 '스멀거림'으로 바뀌었다.

188

주(周)

周는 '두루 주'라고 읽으며, 두루·둘레·모두 등을 뜻한다. 周(주)의 자원에 대해서는 여러 학설이 있지만, 밭[田, 밭 전]에다 곡식을 빼곡히 심어 놓은 모습을 그린 것으로 보는 견해가 유력하다. 그래서 밭의 경계인 가장자리를 강조하여, 주변(周邊)·주위(周圍)·원주율(圓周率)에서 유추할 수 있듯이 '둘레'라는 뜻이 강하다. 즉, 周(주)는 공간적 개념을 가진 글자이다.

몇 가지 용례를 들어보자. 세균 세포벽 전체에 편모가 있으면 주생모(周生毛)를 가진 세균으로 부른다. 항문 주위에 염증이 생기면 항문주위염(肛門周圍炎), 치아 주위에 염증이 생기면 치주염(齒周炎), 편도 주위에 염증이 생기면 편도주위염(扁桃周圍炎) 등으로 부르는 등 주위염(周圍炎)의 종류가 거의 100가지에 이른다. 주연작(周緣作)은 논밭 가장자리에 심는 일이다.

한편, 두루와 둘레의 의미가 확장되어 한 주기를 뜻하기도 한다. 공간적 개념을 가진 周(주)에다 '움직이다'는 뜻을 가진 辶(쉬엄쉬엄갈 착)을 결합하여 시간적 개념을 가진 週(주)가 되었다. 이는 영어 cycle에 비견되는 週期(주기)라는 의미이다. 일상어에도 주일(週日)·주말(週末)·주년(週年) 등으로 쓴다. 시간적 개념을 가진 생물의 일주기(日週期, diurnal cycle), 광주기성(光週期性, photoperiodism), 발정주기(發情週期, estrous cycle), 감염주기(感染週期, infection cycle) 등이 있다.

그런데, 국립국어원 『우리말샘』에 따르면 '1년 내내 어느 때나'의 의미를 가진 주년재배(周年栽培)·주년번식(周年繁殖)·주년방목(周年放牧)·주년생산(周年生産)은 시간적 개념에도 불구하고 週(주)를 쓰지 않고 周(주)를 쓴다. 이는 일본어의 영향도 있고, 週를 간체자로 周로 쓰는 중국어의 영향도 있는 듯하다. 시간적 개념은 모두 週年으로 쓰는 것이 옳아 보이지만 토의가 필요하다.

189

주(注)

注는 '물댈 주'로 읽으며, 붓다·(물을)대다·(뜻을)두다·(물이)흐르다 등을 뜻한다. 注(주)는 氵(=水, 물 수)와 主(주인 주)가 결합한 모습이다. 主자는 '주인'이라는 뜻이 있지만, 여기에서는 발음요소로 쓰였다. 무언가를 들이부어 채우는 것을 '주입(注入)'이라고 한다. 注자는 그렇게 온 힘을 다해 무언가를 집어넣음을 뜻하는 글자이다. 일상어에서도 주유(注油)·주사(注射)·관주(灌注)처럼 '액체를 들이붓는' 경우에 쓰이고, 주시(注視)·주력(注力)·주목(注目)·주문(注文)·주의(注意)처럼 '온 힘을 다해 집중하는' 경우에도 쓰인다.

나무줄기에 주사를 꽂거나 구멍을 뚫어 약물을 주입하는 일을 수간주입(樹幹注入) 또는 수간주사(樹幹注射, tree injection, trunk injection)라고 한다. 나무 또는 토양에 구멍을 내서 약액이나 액비를 직접 들이붓는 것을 관주(灌注, irrigation)라고 한다. 농업에서는 관주시비(灌注施肥, fertilizer irrigation)와 토양관주(土壤灌注, soil irrigation)가 있다. 의학에서는 항문을 통해 약액을 넣는 시술을 직장관주(直腸灌注, rectal irrigation)라고 한다. 또한, 포도당주사액(葡萄糖注射液)처럼 핏줄에 약물을 한 방울씩 떨어뜨리는 것을 점적주입(點滴注入, drip injection)이라고 한다. 주사기(注射器)·근육주사(筋肉注射)·수액주사(輸液注射)·피하주입(皮下注入)·요도주입(尿道注入)·주시마비(注視痲痹)·주의력결핍증(注意力缺乏症) 등이 있다.

한편, 住(살 주)는 '잠시 머물러 살다'이고, 居(살 거)는 '오래 머물러 살다'이다. 이를 합하여 住居(주거) 또는 居住(거주)라고 한다. 생명과학에서는 머무르는 기간에 관계없이 住를 써서 '돌아다니지 않고 한군데에서 일정 기간 동안 살다'는 뜻으로 쓰인다. 주혈흡충(住血吸蟲)·주혈편모충(住血鞭毛蟲)·상주미생물총(常住微生物叢)·정주성선충(定住性線蟲) 등의 용례가 있다.

190

주(酒)

酒는 '술 주'로 읽으며, 술을 뜻한다. 酒(주)는 氵(=水, 물 수)와 酉(닭 유)가 결합한 모습이다. 酉자는 술을 담는 술병을 그린 것으로서 술을 의미했다. 酉자가 십이지(十二支)의 열 번째 글자인 '닭'을 뜻하게 되면서, 酉자에 水(=氵, 물 수)를 더한 酒자만 '술'이라는 뜻으로 쓰이고 있다. 醇(진한술 순)과 酎(진한술 주)는 일상어에는 쓰이지만 과학용어에서는 용례를 찾을 수 없다.

고량주(高粱酒)·과실주(果實酒)·맥주(麥酒)·포도주(葡萄酒)·황주(黃酒)·약주(藥酒)·청주(淸酒)·탁주(濁酒)·소주(燒酒)처럼 술의 유형에 따른 용어가 있다. 양조주(釀造酒)·증류주(蒸溜酒)·혼성주(混成酒)처럼 술의 제형에 따른 용어도 있다. 맥주와 관련하여 맥주맥(麥酒麥)·맥주순수령(麥酒純粹令)·맥주효모(麥酒酵母)·상면발효맥주(上面醱酵麥酒)·하면발효맥주(下面醱酵麥酒)·건조맥주박(乾燥麥酒粕) 등이 있다. 주석산(酒石酸)·주정(酒精)·무수주정(無水酒精)·발포성포도주(發泡性葡萄酒)·합성청주(合成淸酒) 등의 용어도 있다. 소주와 관련하여, 燒酒(소주)와 燒酎(소주)에 대한 논란이 있다. 즉, 일본에서 증류식 술에 대하여 '3번 빚은 술'이라는 뜻의 酎를 사용해 진한 술임을 강조하면서 燒酎로 썼다. 일제강점기 1916년에는 술에 부과하는 주세령을 만들어 일본식 표기 燒酎로 강제 변경하여 오늘에 이르렀다.

한편, 醉는 '취할 취'로 읽으며, '(~에)취하다'라는 뜻이다. 醉(취)는 酉(주)와 舌(혀 설)과 水(물 수)가 결합하여 '술(酉)에 취해 통제력을 잃어 입(舌)만 열면 술(水)을 마신다'는 뜻의 글자였다. 후에 오른쪽 부분이 卒로 변하면서 지금의 자형이 되었다. 지금은 '정신이 맑지 않고 취한 상태'를 뜻한다. 과학용어로는 가성마취증(假性痲醉症)·국소마취(局所痲醉)·전신마취(全身痲醉)·마취주사(痲醉注射) 등이 있는데, 마취(痲醉, anesthesia) 이외에는 용례를 찾기 어렵다.

191

주(株)

株는 '그루 주'로 읽으며, 그루·그루터기·근본·뿌리 등을 뜻한다. 株(주)는 木(나무 목)과 朱(붉을 주)가 결합한 모습이다. 朱자는 '붉다'라는 뜻이지만 여기서는 발음 역할만 하고 있다. 그루는 풀이나 나무의 아랫부분이다. 株자는 나무처럼 움직이지 않는 단단한 밑바탕이라는 의미에서 '근본'이나 '뿌리'라는 뜻으로 쓰이고 있다.

株(주)는 의존명사로서 식물 개체를 세는 단위인데, '그루'와 똑같은 뜻이다. 병이 없는 무병주(無病株), 병에 감염된 이병주(罹病株), 바이러스가 제거된 무독주(無毒株) 등은 모두 개체 단위의 개념이다. 미생물에서 균주(菌株, culture, strain)는 '순수하게 분리하여 배양한 세균이나 균류'를 의미한다. 균주는 마치 한 그루의 나무처럼 한 개체일 수도 있지만, 세균과 균류에서는 '한 개체로부터 증식한 개체들의 집단'을 의미하여 유전적 동질성을 강조한다. 보존균주(保存菌株, stock culture)와 표준균주(標準菌株, type culture)에서도 그러하다.

또한, 株(주)는 영양요구성돌연변이주(營養要求性突然變異株, auxotrophic mutant), 배양주(培養株, culture) 등에서도 '그러한 계통'을 의미하는 strain의 번역어로도 쓰여 논란이 되기도 한다. 한편, 분리주(分離株, isolate)를 대체하여 균주라고도 하는데, 그른 용어는 아니지만 특성화하거나 공식적으로 기탁되거나 특정한 연구소재로 쓰이기 전에는 분리주로 부르는 것이 옳아 보인다.

자웅이주성(雌雄異株性)과 자웅동주성(雌雄同株性)이란 용어는 생물군에 따라 다소 다른 정의를 갖지만, 株(주)는 개체 단위의 생물체를 의미한다. 균류학에서도 heterothalism을 자웅이주성(雌雄異株性) 또는 자웅이체성(雌雄異體性)으로 번역하지만, 엄밀하게 말하면, 균류는 암수가 있는 것이 아니라 대응하는 짝이 있을 뿐이므로 이주교잡성(異株交雜性)이 옳은 용어이다.

192

준(準)

準은 '준할 준'으로 읽으며, 준하다・본받다・바로잡다・버금가다 등을 뜻한다. 準(준)은 氵(=水, 물 수)와 隼(송골매 준)이 결합한 모습이다. 隼자는 송골매가 횃대에 앉아있는 모습이다. 여기에 水자를 더하여 날쌘 송골매가 물 위를 곧게 날아간다는 의미에서 '정밀하다'라는 뜻을 가지게 되었고, 후에 '기준・규격・표준' 등의 뜻이 파생되었다. 또한 '기준을 따르는 것'이란 의미로서 그러한 범주에 속하는 것, 즉 '버금가는 것'이라는 의미로 확장되었다. 과학에서는 '표준 준'과 '버금 준'으로 이해하는 것이 좋다. 準자는 중국어 간체자에서 准으로 쓴다.

생명과학에서 準(준)이 표준으로서 표준균주(標準菌株, type culture, type strain)를 비롯하여 표준시료(標準試料)・표준용액(標準溶液)・표준온도(標準溫度)・표준농도(標準濃度)・색표준(色標準)・수색표준액(水色標準液) 등이 있다. 또한, 기준종(基準種, type species)을 비롯하여 정기준표본(正基準標本, holotype), 부기준표본(副基準標本, isotype), 해석기준표본(解釋基準標本, epitype), 신기준표본(新基準標本, neotype), 선정기준표본(選定基準標本, lectotype), 종기준표본(從基準標本, paratype), 등가기준표본(等價基準標本, syntype), 부등가기준표본(副等價基準標本, isosyntype) 등이 있다.

準(준)이 버금을 뜻하는 접두어로 쓰인 용어로서도 준유성생식(準有性生殖, parasexual reproduction), 준선단(準先端, subapical), 준고랭지(準高冷地, semi-highlands)를 비롯하여 준의료인(準醫療人)・준혈우병(準血友病)・준보전임지(準保全林地)・준강력분(準強力粉)・준가금류(準家禽類)・준금속(準金屬)・준입방형(準立方形) 등이 있다. 고준위(高準位)는 표준[準]의 위치[位]보다 높음[高]이며, 고준위핵폐기물(高準位核廢棄物)이 있다. 상대적으로 낮음[低]의 경우에 저준위방사성폐기물(低準位放射性廢棄物)이라고 한다.

193

중(重)

重은 '무거울 중'으로 읽으며, 무겁다·중요하다·겹치다·거듭하다 등을 뜻한다. 重(중)은 東(동녘 동)과 人(사람 인)이 결합한 모습이다. 東(동)은 본래 끈으로 사방을 동여맨 보따리를 그린 것이다. 그래서 重(중)은 사람이 등에 짐을 지고 있다는 뜻을 표현한 글자이다. 무거운 짐을 지고 있다는 의미에서 重(중)은 '무겁다'라는 뜻을 갖게 되었다. 또한 동여맨 보따리에는 곡식의 씨앗과 같은 매우 중요한 것이 담겨 있으므로, 重(중)은 '소중하다'는 뜻이다.

重(중)이 넓은 의미의 '무겁다'는 뜻으로 쓰인다. 중공업(重工業, heavy industry), 중화학(重化學, heavy chemistry), 중력(重力, gravity), 중수로(重水爐, heavy water reactor), 중수소(重水素, heavy hydrogen), 비중(比重, specific gravity), 신선중(新鮮重, fresh weight), 건물중(乾物重, dry weight), 중과인산석회(重過燐酸石灰), 중량선과기(重量選果機), 백립중(百粒重)과 천립중(千粒重) 등의 용례가 있다. 重(중)은 '소중하다·심하다'는 뜻으로 중증외상센터(重症外傷center)·중증질병(重症疾病)·중환자실(重患者室)·위중증환자(危重症患者)가 있다. 중점토(重粘土, heavy clay soil)는 점토가 절반 이상을 차지하여 '강한' 점성을 나타낸다는 의미이다.

중간(重刊)·중건(重建)·이중(二重)·중복(重複)·중첩(重疊) 등의 일반어에서 重(중)은 '거듭하다'는 뜻으로 쓰였다. 과학용어에서도 이중나선(二重螺旋, double helix), 이중결합(二重結合, double bond), 중탄산(重炭酸, bicarbonate), 중합체(重合體, polymer), 이중벽자낭(二重壁子囊, bitunicate ascus), 중복기생(重複寄生, hyperparasitism), 중복표본(重複標本, duplicate), 이중염색(二重染色, double staining)·이중온실(二重溫室, double-film greenhouse)·이중접목(二重接木)·이중과실봉지(二重果實封紙) 등이 있다.

194

증(症)

症은 '증세 증'으로 읽으며, 증세・증상・질병 등을 뜻한다. 症(증)은 疒(병들 녁)과 正(바를 정)이 결합한 모습이다. 본래 '증상'이라는 뜻을 가진 글자는 癥(적취 징)으로서 '몸 안에 기가 쌓여서 아프다'라는 뜻으로 만들어졌다. 그러나 후에 正(정)이 들어간 症자가 '증세'라는 뜻을 대신하고 있다. 正자가 '바로 잡다'라는 뜻이 있으니 症자는 '병을 바로 잡는다'라는 의미이다. 症자가 癥자의 생략형으로서 '질병의 증상이나 증세'를 나타낼 수 있다.

症(증)은 갈증(渴症)・싫증(-症)・염증(厭症)처럼 쓰이기도 하지만, 대부분 각종 질병명에 접미어로 쓰인다. 축농증(蓄膿症, sinusitis), 패혈증(敗血症, hematosepsis), 소양증(搔癢症, pruritus), 자폐증(自閉症, autism), 협심증(狹心症, angina), 조울증(躁鬱症, manic depression), 버섯혐오증(-嫌惡症, mycophobia), 백선증(白癬症, dermatophytosis), 방선균증(放線菌症, actinomycosis), 유당불내증(乳糖不耐症, lactose intolerance), 무지외반증(拇趾外反症, hallux valgus), 갑상선기능항진증(甲狀腺機能亢進症, hyperthyroidism) 등 1,000 여 가지에 이른다.

의학은 물론 사회학에서도 수백 가지의 증후군이 있다. 증후군(症候群, syndrome)은 여러 가지의 증상이 나타나지만 그 까닭을 밝히지 못하거나 단일이 아닐 때 병의 이름에 준하여 부르는 것으로서 증상(症狀, symptom, 객관적으로 나타난 것)과 징후(徵候, sign, 주관적으로 관찰한 것)를 포함하는 용어이다.

한편, 질병명에 통(痛)이 붙어서 '아픔'을 특별히 강조한 경우도 있다. 예를 들어, 경추통(頸項痛, cervicalgia), 요통(腰痛, lumbago), 치통(齒痛, toothache), 편두통(偏頭痛, migraine), 군발두통(群發頭痛, cluster headache), 좌골신경통(坐骨神經痛, sciatica), 배뇨통(排尿痛, dysuria), 분만통(分娩痛, labor pain) 등이 있다.

195

증(蒸)

蒸은 '찔 증'으로 읽으며, 찌다 · (증기로)데우다 · 증발하다 등을 뜻한다. 蒸(증)은 ++(풀 초)와 烝(김오를 증)이 결합한 모습이다. 蒸자는 본래 양손으로 잡은 찜통에서 김이 올라오는 모습을 표현한 것이다. 후에 올라오는 김(수증기)은 ++자로 바뀌었고, 여기에 火(=灬, 불 화)가 더해져서 찜통에 넣은 음식에 열이 가해지고 있음을 표현하게 되었다. 그러니까 蒸자는 풀과는 아무 관계가 없다. 그래서 '증발'의 한자 표기는 蒸發과 烝發 모두 허용된다.

증기기관차(蒸氣機關車) · 수증기(水蒸氣) · 증류수(蒸溜水) · 증발(蒸發) · 증착(蒸着) · 한증막(汗蒸幕) 등의 일상어가 있다. 증류와 관련하여 증류기(蒸溜器, distiller), 분별증류(分別蒸溜, fractional distillation), 재증류수(再蒸溜水, double distilled water), 증류주(蒸溜酒, distilled alcohol), 증류탑(蒸溜塔, fractionating column) 등이 있다. 증발과 관련하여 증발(蒸發, evaporation), 증발농축기(蒸發濃縮器, evaporator), 증발냉각(蒸發冷却, evaporative cooling) 등이 있다. 증기(蒸氣) · 수증기(水蒸氣) · 유증기(油蒸氣) · 증기열상(蒸氣熱傷) · 증기박피(蒸氣剝皮) · 증기박편(蒸氣薄片) 등도 있다.

증산과 관련하여 증산계수(蒸散係數, transpiration coefficient), 증산억제제(蒸散抑制劑, antitranspirant), 증산응집력설(蒸散凝集力說, cohesion tension theory), 각피증산(角皮蒸散, cuticle transpiration), 피목증산(皮目蒸散, lenticel transpiration) 등이 있다. 렌즈의 코팅이나 반도체의 피막 형성에 이용하는 증착(蒸着, deposition)은 어떤 물질이 액체의 상태를 거치지 않고, 기체에서 고체로 변하는 현상이다. 훈증(熏蒸, fumigation)과 관련하여 훈증기(燻蒸器) · 훈증제(燻蒸劑) · 훈증소독(燻蒸消毒) · 훈증살충제(燻蒸殺蟲劑) · 훈증창고(燻蒸倉庫) · 유황훈증(硫黃燻蒸) 등이 있다.

196

지(芝)

芝는 '풀 지'로 읽는데, 어떤 특정한 범주의 풀을 가리키는지 여러 학설과 논란이 있다. 芝(지)는 艸(=草, 풀 초)와 之(갈 지)가 결합한 모습이다. 이 글자는 잎·줄기가 가는 풀을 가리키거나 풀처럼 가늘고 길게 뻗어 자라는 버섯을 지칭한다. 지란지교(芝蘭之交)에서 芝가 지초(芝草)라는 식물을 가리킨다는 학설과 영지(靈芝)라는 버섯을 의미한다는 학설이 있다. 일본어에서 芝와 芝生은 잔디를 가리키는데, 한국어와 중국어에서는 그렇지 않다. 우리나라에서 골프장 따위의 잔디밭에서 예초기 따위로 베어 제거하는 잔디를 예지물(刈芝物)이라고 하는데, 일본 용어를 그대로 쓴 것이므로 낯설게 느껴지는 단어이다.

芝(지)를 단독으로 쓰면 버섯류 중에 특히 영지버섯을 가리킨다. 그래서 芝를 '영지 지'로도 읽는다. 영지버섯이 땅에 갓 올라올 때는 가는 막대 모양으로 자라므로 마치 풀이 올라오듯 자라는 모습과 상당한 유사성이 있어 보인다. 靈芝(영지)는 영지버섯, 雲芝(운지)는 구름버섯을 의미한다. 靈芝(영지)는 붉은색의 赤芝(적지, *Ganoderma lucidum*)와 자주색의 紫芝(자지, *Ganoderma sinense*)를 함께 이르기도 하고, 좁은 의미로는 赤芝만 가리킨다.

자지(紫芝)는 국립국어원 『표준국어대사전』에 '지칫과의 여러해살이 풀'로 풀이되어 있어 아쉬움이 있다. 중국의 『Baidu(百度百科)』에 '紫芝. 文献名灵芝, 紫灵芝, 丹芝, 红芝, 血灵芝, 潮红灵芝, 灵芝草, 三秀, 万年蕈, 吉祥蕈 等. 性温, 味淡.'이라고 풀이되어 있다. 이를 번역하면, '자지(紫芝)는 문헌에 영지, 자영지[자색의 영지], 단지[암적색의 영지], 홍지[홍적색의 영지], 혈영지[핏빛의 영지], 조홍영지[달아오른 얼굴처럼 붉은 영지], 영지초, 삼수[3가지 뛰어난 효능을 가진 버섯], 만년심[오래 두어도 변하지 않는 버섯], 길상심[상서로운 버섯] 등으로 기록되어 있다. 성질은 따뜻하고, 맛은 담백하다.'

197

지(脂)

脂는 '기름 지'로 읽으며, 기름·비계·연지 등을 뜻한다. 脂(지)는 月(=肉, 육달월)과 旨(지)가 결합한 모습이다. 旨자는 匕(비수 비, → 숟갈)와 口(입 구, → 日)가 합쳐진 글자로서 숟갈로 떠서 입으로 핥는다는 뜻으로 '맛있다'를 나타낸 글자이다. 지방(기름)이 적당히 박혀서 마블링이 있는 고기가 맛있는 고기라는 뜻이다. 고기를 맛있게 하는 가장 중요한 요인은 지방(기름)이기 때문이다. 참고로, 수지(樹脂, resin)는 나무에 있는 지질이란 의미이다.

비극성 용매에 용해되는 생체분자를 총칭하여 지질(脂質, lipids)이라고 한다. 생명과학에서 지질대사(脂質代謝, lipid metabolism), 지질분해효소(脂質分解酵素, lipase), 지질생합성(脂質生合成, lipogenesis), 인지질(燐脂質, phospholipid), 인지질이중층(燐脂質二重層, phospholipid bilayer), 시질난백(脂質蛋白, lipoprotein), 지질다당(脂質多糖, lipopolysaccharide), 이상지질혈증(異常脂質血症, dyslipidemia), 고지혈증(高脂血症, hyperlipidemia) 등이 있다. 탈지면(脫脂綿, absorbent cotton), 탈지박(脫脂粕, defatted oilseeds), 탈지분유(脫脂粉乳, skim milk) 등 수많은 용례를 찾을 수 있다.

지방산과 글리세롤이 결합한 유기화합물을 지방(脂肪, fats)이라고 한다. 의학과 식품학에서 용례를 들면, 지방간(脂肪肝, fatty liver, hepatic steatosis), 내장지방(內臟脂肪, visceral fat), 피하지방(皮下脂肪, subcutaneous fat), 지방이식술(脂肪移植術, autologous fat transplantation), 지방절제술(脂肪切除術, lipectomy), 지방흡입술(脂肪吸入術, liposuction), 중성지방(中性脂肪, triglyceride), 고중성지방혈증(高中性脂肪血症, hypertriglyceridemia), 불포화지방산(不飽和脂肪酸, unsaturated fatty acid), 무지방우유(無脂肪牛乳, non-fat milk), 지방종자(脂肪種子, oilseeds) 등이 있다.

198

질(疾)

疾은 '병 질'로 읽으며, 질병(疾病)을 뜻한다. 疾(질)은 질주(疾走)나 질풍(疾風)처럼 矢(화살 시)에 방점을 두는 경우에는 '빠를 질'로 읽는다. 과학용어에서는 모두 '질병'과 관련되어 쓰인다. 疾(질)은 겨드랑이에 화살이 꽂혀 있는 상태로 상처를 입은 사람을 나타내어 회복될 수 있는 상태를 가리킨다. 그래서 疾(질)은 病(병)보다는 좀 가벼운 것에 속한다고 볼 수 있다. 질(疾)이 심해지면 병(病)이 되므로 두 글자를 합쳐서 질병(疾病)이라고 한다.

疾(질)이 들어간 병명을 나열해보자. 경련과 발작이 되풀이되는 간질(癎疾, epilepsy), 항문 안팎에 생기는 치질(痔疾, hemorrhoids), 눈에 생기는 안질(眼疾, eye diseases), 세균 또는 아메바에 의한 이질(痢疾, dysentery), 성병 중의 하나인 임질(淋疾, gonorrhea), 치료가 매우 어려운 자가면역질환(自家免疫疾患, autoimmune disease) 등이 있다. 또한 오래되어 고치기 어려운 고질(痼疾), 쉽게 낫지 않는 병을 이르러 악질(惡疾), 바라는 정도에 아주 못 미쳐 애가 타는 감질(疳疾)도 있다.

질병(疾病)과 함께 질환(疾患)이 있다. 患은 '근심 환'으로 읽으며, 근심·걱정·괴로움 등을 뜻한다. 疾(질)은 육체의 병이며, 患(환)은 마음의 병이다. 병환(病患)·질환(疾患)·이환(罹患)·환부(患部)·환자(患者) 등의 용례처럼 患은 육체의 병까지 포함하기도 한다.

역시 병명에 쓰이는 疹은 '마마 진'으로 읽으며, 마마(천연두)·홍역·발진(發疹) 등을 뜻한다. 疹(진)은 疒(병들어기댈 녁)과 㐱(숱많고검을 진)이 결합한 모습이다. 㐱자의 뜻처럼 피부에 변색이나 물집처럼 뚜렷한 병변이 생기는 질병에 쓰인다. 대상포진(帶狀疱疹, herpes zoster)과 단순포진(單純疱疹, herpes simplex)을 비롯하여 간찰진(間擦疹)·담마진(蕁麻疹)·급성습진(急性濕疹)·농가진(膿痂疹)·발진티푸스(發疹typhus)·풍진(風疹) 등이 있다.

199

질(窒)

窒은 '막힐 질'로 읽으며, 막다·막히다·멈추다·그치다 등을 뜻한다. 窒(질)은 穴(구멍 혈)과 至(이를 지)가 결합한 모습이다. 穴자는 구멍·굴·구덩이를 뜻하며, 다른 글자와 결합하여 '막힘'을 표현한다. 至자는 '어느 지점·시점·단계·지위에 이르다'를 뜻한다. 그러니까 窒(질)은 '막힘에 이르다'는 뜻이다. 일례로, 窒息(질식)은 숨[息]이 막힘[窒]이므로 산소가 부족하여 숨을 쉴 수 없음이다.

자지러질 정도로 놀라는 질겁(窒怯), 몹시 싫어하는 질색(窒塞), 숨이 막히는 질식(窒息) 등의 몇몇 일상어를 제외하면, 窒(질)은 모두 질소(窒素, nitrogen)의 의미로 쓰인다. nitrogen은 1790년 프랑스 화학자 장 샤프탈이 질소가 초석(硝石)의 주성분이라는 점에서 라틴어로 초석을 뜻하는 nitrum과 원천을 뜻하는 –gen의 합성어로 명명하였다. 초석은 흑색화약과 비료의 원료로서 질산칼륨(potassium nitrate, KNO_3)이다. 일본에서는 nitrogen의 어원과 관계없이 '숨이 막히는 원소'라는 의미로 窒素(질소)라고 명명하였다.

한편, 중국에서는 nitrogen을 氮(질소 담)으로 쓰며, 공기를 나타내는 气(=氣, 공기 기)와 맑음을 뜻하는 淡(물맑을 담)을 결합한 글자이다. 즉, '산소[氣]를 희석하는[淡] 것'이란 뜻이다.

한의학에서, 비질(鼻窒)은 코가 막혀 숨쉬기가 거북하고 냄새를 잘 맡을 수 없는 증상이다. 생명과학에서 窒(질)은 모두 질소(窒素)이다. 탄질비(炭窒比, carbon-nitrogen ratio)를 비롯하여 질산균(窒酸菌)·질산태질소(窒酸態窒素)·질산화작용(窒酸化作用)·탈질균(脫窒菌)·탈질작용(脫窒作用) 등이 있다. 또한, 질소고정(窒素固定, nitrogen fixation)과 질소고정세균(窒素固定細菌, diazotroph)을 비롯하여 호질소성(好窒素性, nitrophilous)·혐질소성(嫌窒素性, nitrophobous)·공중질소(空中窒素)·질소순환(窒素循環) 등이 있다.

200

집(集)

集은 '모을 집'으로 읽으며, 모으다·모이다·이루다·쌓이다 등을 뜻한다. 集(집)은 木(나무 목)과 隹(새 추)가 결합한 모습으로서 나무 위에 새가 모여 앉아 있는 모습을 표현한 것이다. 集의 이체자로 雧자와 雦자가 있음은 이를 잘 말해준다. 모집(募集)·소집(召集)·징집(徵集)·밀집(密集)·집회(集會) 등과 함께 시집(詩集)·문학전집(文學全集)·문제집(問題集) 등의 일상어를 통해서도 그 뜻을 알 수 있다. 유사한 글자로 叢(모일 총)이 있다[☞ 208쪽].

생명과학에서 응집(凝集, aggregation), 군집(群集, community), 집단면역(集團免疫, herd immunity), 집단유전학(集團遺傳學, population genetics), 집합종(集合種, collective species), 집적배양(集積培養, enrichment culture), 집광기(集光器, condenser), 집약농업(集約農業, intensive farming), 균주수집(菌株蒐集, culture collection), 시료채집(試料採集, specimen collection), 집중치료실(集中治療室, intensive care unit, ICU), 집진시설(集塵施設, dust collecting system), 증산응집력설(蒸散凝集力說, cohesion tension theory), 포자채집기(胞子採集器, spore sampler), 염류집적(鹽類集積, salt accumulation) 등을 용례로 들 수 있다. 또한, 학술용어를 나열하거나 해설하여 묶어놓은 용어집(用語集, glossary)이 있고, 생물을 건조하여 대지에 붙이고 관련 정보를 써 넣은 건조표본집(乾燥標本集, exsiccata)도 있다.

미생물의 경우에는 한 개체에서 유래된 개체들의 집단을 colony라고 정의하면서 집락(集落)이라고 부른다. 즉, 개개의 집단[集]이 서로 떨어져야[落] 그 집단의 유전적 동질성을 담보할 수 있다는 뜻이다. 곰팡이의 경우에 단포자분리주(單胞子分離株)라고도 부른다. 집락계수기(集落計數器, colony counter), 집락형성단위(集落形成單位, colony-forming unit, cfu), 세균집락(細菌集落, bacterial colony) 등의 용례가 있다.

201

차(次)

次는 '버금 차'로 읽으며, 버금·둘째·다음·순서 등을 뜻한다. 次(차)는 欠(하품 흠)과 二(두 이)가 결합한 모습이다. 중국과 일본에서는 二 부분을 冫(이수변)으로 바꿔서 쓰는데, 3국의 글자꼴이 달라서 다소 혼동될 수도 있다. 次(차)에서 二(두 이)는 침이 튀는 모습이므로 '입을 벌려 침을 튀기다'에서 '마음대로'라는 뜻으로 쓰였다. 후에 心(마음 심)이 더해져 恣(마음대로 자)가 널리 쓰이면서 次는 가차되어 '버금'의 뜻을 가진 글자로 정착되었다.

일상어 중에서 次(차)가 다양한 의미로 쓰인 단어를 열거하면, 차례(次例)·차원(次元)·장차(將次)·누차(屢次)·점차(漸次)·재차(再次)·차선(次善)·차기(次期)·차남(次男)·순차(循次) 등이 있다. 이를 세부적으로 분석하면 次(차)는 '버금'의 뜻과 '순서'의 뜻이 있고, 때로 두 개념이 모호한 경우도 있다. 과학용어로서 차(次)는 대부분 '순서'의 의미로 쓰인다. 1차감염-2차감염, 1차숙주-2차숙주, 1차포자-2차포자, 1차증류-2차증류, 1차대사산물-2차대사산물, 1차소비자-2차소비자, 1차성징-2차성징 등의 경우처럼 一次(primary)-二次(secondary)의 뜻으로 쓰이는 경우가 대단히 많다.

화학용어에서 쓰인 예로 결합차수(結合次數, bond order), 반응차수(反應次數, reaction order), 2차반응(二次反應, second-order reaction), 4차구조(四次構造, quaternary structure), 차아염소산(次亞鹽素酸, hypochlorous acid), 차아인산석회(次亞燐酸石灰, calcium hypophosphite), 차아염소산나트륨(次亞鹽素酸-, sodium hypochlorite) 등이 있다. 참고로, 次와 비슷한 뜻을 가진 글자로 亞(버금 아), 仲(버금 중), 副(버금 부) 등이 있다[☞ 88쪽, 119쪽]. 흥미롭게도, 資(재물 자)는 次와 貝가 결합한 모습인데, 貝(조개 패)는 재물을 뜻하고 次는 원래의 뜻대로 '입을 벌려 침을 흘리다'는 뜻이다.

202

착(着)

着은 '붙을 착'으로 읽으며, 붙다·(옷을)입다·(머리에)쓰다·(신발을)신다·다다르다 등을 뜻한다. 着(착)은 羊(양 양)과 目(눈 목)이 결합한 모습이다. 着(착)은 '나타나다'라는 뜻을 가진 著(분명할 저)에서 파생된 글자이다. 著(저)는 者(놈 자)에 ++(풀 초)를 더한 것으로 '분명하다'라는 뜻을 갖고 있어 著名(저명)처럼 쓰인다. 하지만 著(저)는 다양한 뜻으로 확장되었다. 그러므로 着(착)에 쓰인 羊자와 目자는 '붙다'라는 뜻과는 아무 관계가 없다.

정착(定着)·부착(附着)·착색(着色)·착용(着用)·착륙(着陸)·도착(到着) 등의 일상어가 있다. 생명과학 분야에서도 고착생물(固着生物, sessile organism), 착생식물(着生植物, epiphyte), 부착조류(附着藻類, periphyton), 토착종(土着種, native species), 흡착제(吸着劑, absorbent), 색소침착(色素沈着, pigmentation), 착향료(着香料, flavoring agent), 착과(着果, fruit bearing), 착근(着根, rooting), 착상(着床, implantation), 유착태반(癒着胎盤, placenta accreta), 결막유착(結膜癒着, symblepharon), 자궁내막유착증(子宮內膜癒着症, intrauterine synechia) 등이 있다.

균류학에서 균사가 기질에 붙을 수 있도록 분화된 부착기(附着器, appressorium), 분상지의류라고도 불리는 고착지의류(固着地衣類, crustose lichen), 버섯 전체가 기질에 붙어 있는 배착성(背着性, resupinate), 버섯 대부분이 기질에 붙어있고 가장자리가 선반 모양으로 들어 올려진 반배착성(半背着性, effuso-reflexed), 결합균사로도 불리는 교착균사(膠着菌絲, binding hypha), 식물체 표면에 붙어 자라지만 침해하지는 않는 식물착생균류(植物着生菌類, epiphytic fungi), 난균류에서 장정기가 장란기의 아래를 완전히 감싸는 방식의 유성결합을 이르는 저착성(底着性, amphigynous) 등이 있다.

203

착(錯)

錯은 '어긋날 착'으로 읽으며, 어긋나다 · 섞다 · 섞이다 · 꾸미다 등을 뜻한다. 錯(착)은 金(쇠 금)과 昔(옛 석)이 결합한 모습이다. 昔자는 '석→착'으로의 발음 역할만 하고 있다. 錯자는 본래 금속이나 도자기 겉면에 무늬를 새기고 금 · 은 · 자개 등을 끼워 장식한다는 것을 뜻하기 위해 만든 글자였다. 이런 '상감' 방식은 매우 복잡하고 어려워 어긋나기 일쑤였다. 그래서 錯(착)은 '상감'이란 의미는 퇴색하고 '어긋나다'라는 뜻으로 정착하였다.

착각(錯覺) · 정신착란(精神錯亂) · 착시효과(錯視效果) · 시행착오(試行錯誤) · 성도착증(性倒錯症) · 교착상태(交錯狀態) · 착잡(錯雜) 등의 일상어가 있다. 과학에서 착오돌연변이(錯誤突然變異, missence mutation), 복제착오(複製錯誤, replication error), 통각착오증(痛覺錯誤症, analgesia), 미각착오증(味覺錯誤症, dysgeusia), 착어증(錯語症, paraphasia), 착물화학(錯物化學, coordination chemistry), 착화합물(錯化合物, complex compound), 착염(錯鹽, complex salt), 착이온(錯-, complex ion), 교착목리(交錯木理, interlocked grain), 교착형균사(交錯形菌絲, interwoven hypha), 교착균사조직(交錯菌絲組織, textura intricata) 등이 있다.

錯(착)과 유사한 글자도 있다. 借(빌릴 차)는 차명계좌(借名計座) · 차용증(借用證) · 차입금(借入金) 등의 일상어와 함께 임차농지(賃借農地)와 차지임업(借地林業)이 있다. 惜(아낄 석)은 석패(惜敗) · 석별지정(惜別之情) · 매점매석(買占賣惜) 등의 일상어와 함께, 삼키기[呑] 아쉽도록[惜] 맛있는 떡[餠]으로 유명한 석탄병(惜呑餠)이 있다. 醋(초 초)는 초(醋)와 식초(食醋)를 뜻한다. 곡류 · 과일 · 술 따위를 발효시켜 만든 양조식초(釀造食醋)를 비롯하여 빙초산(氷醋酸) · 초산세균(醋酸細菌) · 목초액(木醋液) · 초계탕(醋鷄湯)이 있다.

204

천(穿)

穿은 '뚫을 천'으로 읽으며, 뚫다・꿰뚫다・뚫어지다・통과하다・관통하다・개통하다 등을 뜻한다. 穿(천)은 穴(구멍 혈)과 牙(어금니 아)가 결합한 모습이다. 牙자는 본래 동물의 엄니를 그린 글자이다. 엄니는 크고 날카롭게 발달하여 있는 포유류의 이빨을 의미한다. 호랑이・사자・멧돼지의 엄니는 송곳니가 발달한 것이며, 코끼리의 엄니는 앞니가 발달한 것이다. 따라서 牙는 어금니와 관련이 없으므로 '엄니 아'로 읽는 것이 옳다. 구멍을 뚫을 수 있는 것은 엄니이다. 일반적인 이빨을 가리키는 글자는 齒(이 치)이다. 작고 가지런한 齒자와 크고 날카로운 牙자를 합하여 齒牙(치아)라고 한다.

'구멍 뚫림'을 의미하는 천공(穿孔)이 가장 흔히 등장하는 단어이다. 의학에서 용례를 보자. 뱃속의 장기가 터져서 염증이 생기는 천공복막염(穿孔腹膜炎, peritonitis), 털집의 누두 부분이 터져 피부 성분이 밖으로 배출되는 천공모낭염(穿孔毛囊炎, folliculitis with perforation), 충수염이 진행하여 막창자꼬리벽에 구멍이 나는 천공충수염(穿孔蟲垂炎, perforated appendicitis) 등이 있다.

식물학에서 세균이나 곰팡이가 기생하여 잎에 구멍이 뚫리는 천공병(穿孔病, shot-hole), 구멍을 내어 거름을 주는 천공시비(穿孔施肥, perforation fertilizing), 도관에 생기는 구멍으로 계문천공(階紋穿孔)・단천공(單穿孔)・망상천공(網狀穿孔) 등이 있다.

천자(穿刺, puncture)는 속이 빈 가는 침을 몸속에 찔러 넣어 체액을 뽑아냄을 뜻하는 의학용어이다. 천자술(穿刺術)・천자통(穿刺痛)・각막천자(角膜穿刺)・결장천자(結腸穿刺)・고막천자(鼓膜穿刺)・복강천자(腹腔穿刺) 등이 있다. 한편, 천자배양(穿刺培養, stab culture)은 백금선 끝에 세균을 묻혀 고체배지 속 깊이 찔러 넣어 배양하는 일로서 혐기성 세균의 배양에 이용한다.

205

천(遷)

遷은 '옮길 천'으로 읽으며, 옮기다·옮겨가다·떠나가다·달라지다·내쫓다 등을 뜻한다. 遷(천)은 辶(쉬엄쉬엄갈 착)과 䙴(옮길 천)이 결합한 모습이다. 䙴자는 본래 '옮기다'라는 뜻을 가진 글자로 遷자 이전에 쓰였던 글자였다. 후에 여기에 辶자가 더해지면서 길을 떠나 옮긴다는 뜻을 더하게 되었다. 변천(變遷)·변천사(變遷史)·좌천(左遷)·천도(遷都) 등의 일상어가 있다. 遷은 중국어 간체자로 迁으로 쓴다.

천이(遷移, succession)는 일정한 지역의 식물 군락이나 군락을 구성하고 있는 종들이 시간의 추이에 따라 변화하는 현상이다. 바위나 모래땅처럼 메마른 곳에서 볼 수 있는 건성천이(乾性遷移), 호수나 늪이 빈영양 단계에서 차츰 부영양화하여 습지초원을 거쳐 육지로 변하는 습성천이(濕性遷移), 식물이 전혀 없는 새로운 지층에 처음으로 다른 곳에서 식물이 옮아와 정착하는 일차천이(一次遷移), 이미 존재하고 있는 식물군락이 불·홍수·사람에 의한 파괴 따위로 소멸된 뒤에 일어나는 이차천이(二次遷移), 식생 천이가 자연과정으로 기대되는 방향과 반대로 진행되는 퇴행천이(退行遷移) 등이 있다.

또한 특정 장소의 미생물 군집이 시간이 경과함에 따라 다른 군집으로 바뀌어 비교적 안정적인 상태로 변해 가는 현상을 미생물천이(微生物遷移, microbial succession)라고 한다.

오늘날에는 '옮기다'의 의미로 遷(천)은 잘 쓰지 않고, 運(운)과 移(이)를 압도적으로 많이 쓴다. 運은 '옮길 운'으로 읽으며, 본래 군대[軍]가 이동[辶]한다는 의미이다. 운반공생(運搬共生, phoresy)이나 불수의운동(不隨意運動, involuntary movement) 등 용례가 많다. 移는 '옮길 이'로 읽으며, 본래 모를 옮겨 심는 이앙(移秧)을 뜻한다. 세포이동(細胞移動, cell migration)이나 장기이식(臟器移植, organ transplantation) 등 수많은 용례가 있다.

206

초(超)

超는 '뛰어넘을 초'로 읽으며, 뛰어넘다·뛰어오르다·넘다·빼어나다 등을 뜻한다. 超(초)는 走(달릴 주)와 召(부를 소)가 결합한 모습이다. 召자는 수저를 입에 가져다 대는 모습을 그린 것이다. 그러니 召자가 '부르다'라는 뜻을 가지게 된 것도 밥을 먹도록 누군가를 부른다는 뜻이다. 여기에 走자를 결합한 超(초)는 누군가의 부름에 재빨리 달려가는 모습을 표현한 글자이다.

超(초)가 접두어로 쓰이는 초일류(超一流)·초강세(超强勢)·초능력(超能力) 등의 일상어가 있다. 바이러스를 초현미경(超顯微鏡)적 존재라고 하는 것은 광학현미경의 해상력으로는 볼 수 없는 아주 작은 존재라는 뜻이다. 초자연(超自然)은 자연의 법칙으로는 설명할 수 없는 신비로운 것을 가리킨다. 과학용어의 용례를 추가하면, 초미세구조(超微細構造, ultrastructure), 초박절편(超薄切片, ultrathin section), 초고온균(超高溫菌, hyperthermophile), 초음파(超音波, ultrasound, ultrasonic wave), 초순수(超純水, ultrapure water), 초친수성(超親水性, superhydrophilic), 초급속동결(超急速凍結, ultrarapid freezing), 초자성(超雌性), 초웅성(超雄性), 초고도비만(超高度肥滿), 초분자(超分子), 초과산화물(超過酸化物) 등이 있다.

한편, 超(초)와 비슷한 뜻을 가진 過(지날 과)가 있다. 과보호(過保護)·과소비(過消費)·과반수(過半數)·과당경쟁(過當競爭) 등의 일상어는 물론 과각화증(過角化症, hyperkeratosis), 과민반응(過敏反應, hypersensitivity), 과산화수소(過酸化水素, hydrogen peroxide), 과망간산칼륨(過-酸-, potassium permanganate), 과인산석회(過燐酸石灰, calcium superphosphate), 과냉각(過冷却, supercooling), 과부하(過負荷, overloading) 등의 과학용어도 있다. 濾過(여과)와 透過(투과)는 별도로 설명하였다[☞ 129쪽, 216쪽].

207

초(鞘)

鞘는 '칼집 초'로 읽으며, 칼집을 뜻한다. 鞘(초)는 革(가죽 혁)과 肖(닮을 초)가 결합한 모습이다. 칼날을 보호하기 위해 칼을 꽂아 넣어 두는 칼집은 흔히 가죽으로 만들므로 革자가 뜻을 나타낸다. 肖자는 발음 역할도 하지만, 칼과 칼집은 아귀가 맞게끔 서로 닮은 모양이라는 뜻도 함께 전달하고 있다.

식물 내피의 바로 안쪽에 있는 유조직의 세포층을 이르는 내초(內鞘, sheath), 외떡잎식물에서 잎자루가 칼집 모양으로 되어 줄기를 싸고 있는 엽초(葉鞘, leaf sheath), 외떡잎식물의 눈이 나올 때에 이것을 싸고 있는 자엽초(子葉鞘, cotyledonary sheath)가 있다.

곰팡이에는 균초(菌鞘)가 있다. 균근(菌根, mycorrhizae) 관계에서 외생균근균(外生菌根菌)이 식물뿌리를 밀착하여 두껍게 감싸고 있는데, 털장갑을 빗대자면 손가락은 식물뿌리이고 털실은 곰팡이 균사이고 털장갑은 균사체이다. 이러한 균사조직을 菌鞘(균초, fungal sheath)라고 하는데, 지각(地殼, mantle)에 빗대어 fungal mantle이라고도 부른다. 또한, 일부 곰팡이 균사의 표면을 덮고 있는 점질성 물질을 점액초(粘液鞘, mucilagenous sheath)라고 한다.

골격근 섬유 주변을 감싸는 막상 구조인 근섬유초(筋纖維鞘, muscle fiber sheath), 관절의 윤활막에서 분비되는 끈끈한 액체인 활액초(滑液鞘, synovial sheath), 말초신경에서 신경돌기의 집을 형성하는 길쭉한 신경아교세포를 이르는 신경초세포(神經鞘細胞, Schwann cell), 힘줄을 싸고 있는 막에 생기는 건초염(腱鞘炎, tenosynovitis), 척추동물의 척추를 싸고 있는 척삭초(脊索鞘, notochord sheath)가 있다.

곤충학에서 용례를 보면, 딱정벌레 따위 곤충의 앞날개를 가리키는 초시(鞘翅, elytrum), 초시를 가진 곤충류를 분류학적으로 이르는 초시목(鞘翅目, Coleoptera)이 있다.

208

총(叢)

叢은 '떨기 총'이나 '모일 총'으로 읽으며, 떨기·풀숲·모이다·모으다 등을 뜻한다. 叢(총)은 丵(풀무성할 착)과 取(가질 취)가 결합한 모습이다. 풀과 나무가 무성한 숲에서 가질 수 있는 것이므로, 叢(총)은 단순히 모으는 행위가 아니라 모아서 이루어놓은 결과에 방점이 있는 글자이다. 참고로 '떨기'는 무더기가 된 꽃이나 풀 따위를 이르는데, 세균과 곰팡이의 colony를 의미하는 집락(集落)을 대신할 우리말 용어로 추천한다.

논총(論叢)은 여러 편의 논문을 모아놓은 책이다. 총서(叢書)는 일정한 형식과 체재로 편집되어 계속해서 출판되는 같은 무리의 책을 가리킨다. 총생(叢生, proliferation)은 여러 개의 잎이나 가지가 한군데에서 무더기로 나는 일로서, 생리적 원인에 의한 경우도 있고 파이토플라스마 또는 바이러스의 감염에 의한 경우도 있다.

의학에서는 대단히 많은 용례가 있다. 인체의 신경총(神經叢, nerve plexus)은 신경섬유가 서로 섞여서 그물처럼 이루어진 것으로서, 신경얼기 또는 신경집망(神經集網)이라고도 한다. 정맥총(靜脈叢, venous plexus)은 정맥이 많이 연결되어 그물처럼 얽혀 있는 부분으로서, 정맥얼기라고도 한다. 한편, 균류학에서 총생균류(叢生菌類, hyphomycetes)는 분생포자과를 형성하지 않고 분생포자를 직접 무더기로 형성하는 불완전균류를 편의적으로 부르는 용어이다.

균총(菌叢)은 글자 그대로 '집단을 이루고 있는 균'으로서 집합적 개념이다. 여기서 균이 세균인 경우와 곰팡이인 경우에 의미가 다소 다르다. 장내균총(腸內菌叢, gut microbiota)은 창자 속에 상존하는 세균의 집단으로서 장내세균총(腸內細菌叢)이나 장내미생물총(腸內微生物叢)으로도 불린다. 학술용어로 쓰인 colony를 균총(菌叢)으로 번역한 경우도 있으나 대부분의 경우에는 집락(集落)으로 해야 옳을 가능성이 높다[☞ 200쪽]. 참고로, 叢은 중국어 간체자에서는 丛으로 쓴다.

208 / 총(叢)

209

추(抽)

抽는 '뽑을 추'로 읽으며, 뽑다·뽑아내다·제거하다 등을 뜻한다. 抽(추)는 手(=扌, 손 수)와 由(말미암을 유)가 결합한 모습이다. 원래 由자는 심지가 꽂혀 있는 등잔을 그린 것이다. 여기에 手자를 더하여 마치 등잔의 심지를 손으로 잡아당기는 모습으로 표현되었다. 그래서 抽(추)는 '정성을 들여 조심스럽게 뽑다'는 의미를 갖는다. 추첨(抽籤)·추상화(抽象畫)·추상명사(抽象名詞)·추상파(抽象派) 등의 일상어에서도 抽가 그냥 '뽑다'를 넘어선 뜻이라는 것을 알 수 있다.

미생물학과 화학에서 추출(抽出, extraction)이란 용어는 아주 흔하게 사용된다. 추출은 여러 성분이 섞인 혼합물에서 특정한 성분을 용매로 용해하여 분리하는 방법이므로 抽(추)의 원뜻에 부합된다. 수학과 인문학에서도 추출(抽出)이란 단어를 다소 다른 단어와 글자로 정의하지만, 기본적인 개념은 서로 같다. 추출기(抽出器, extractor), 추출물(抽出物, extract), 액액추출(液液抽出, liquid-liquid extraction), 역추출(逆抽出, back-stripping), 용매추출(溶媒抽出, solvent extraction) 등이 있다. 식물첨가제 또는 미생물배양배지에 쓰이는 소고기추출물(-抽出物, beef extract), 맥아추출물(麥芽抽出物, malt extract), 효모추출물(酵母抽出物, yeast extract) 등이 있다.

농업에서 추대(抽薹, bolting)는 식물의 꽃줄기가 신장하는 현상을 가리킨다. 종자를 얻기 위하여 꽃줄기를 신장시킨 무를 장다리무, 그런 배추를 장다리배추라고 한다. 영양생장에 머물러야 상품성이 있는 농작물이 생식생장으로 넘어가 꽃줄기[薹]가 올라오는[抽] 현상을 불시추대(不時抽薹, unexpected bolting)라고 한다. 추대로 올라온 줄기는 추대경(抽薹莖)이다. 일본어 신자체에서는 抽苔, 중국어에서는 간체자 없이 抽薹로 쓴다. 한편, 무 따위의 뿌리가 땅 위로 자라 올라오는 특성을 추근성(抽根性)이라고 하며, 품종 특성의 하나이다.

210

측(側)

側은 '곁 측'으로 읽으며, 곁·옆·언저리 등을 뜻한다. 側(측)은 人(사람 인)과 則(법칙 칙)이 결합한 모습이다. 원래의 글자 모양은 鼎(솥 정) 옆으로 두 개의 人(사람 인)이 있어서 제사를 지내기 위해 솥 주변에 서 있는 사람들을 그린 것이다. 그래서 '곁'이나 '옆'을 표현한 글자였다. 후에 鼎(정)이 貝(조개 패)로 간략화 되었고 발음을 위해 則자가 쓰이게 되었다. 그러므로 側자는 재물[貝]과는 아무런 관련이 없이 만들어진 것이다. 일상어에도 양측(兩側)·내외측(內外側)·측근(側近)·우측보행(右側步行) 등 많은 단어가 있다.

식물학에서 측근(側根, lateral root)은 곁뿌리, 측아(側芽, lateral bud)는 곁눈, 측지(側枝, lateral branch)는 곁가지로도 부른다. 잎에는 주맥에서 옆으로 뻗은 측맥(側脈, lateral vein)이 있다. 형성층과 코르크형성층은 측생분열조직(側生分裂組織, lateral meristem)이다. 상록침엽수 중에 측백나무(側柏-)가 있다.

화학에서 측쇄(側鎖, side chain)는 골격이라고 불리는 분자의 핵심 부분에 붙어 있는 화학 그룹이다. 핵심 부분을 주사슬, 측쇄 부분을 곁사슬이라고도 한다. 계통학에서 측계통군(側系統群, paraphyletic group)이란 분류의 구성원이 공통 조상을 포함하고 있지만, 그 분류가 그 공통 조상의 모든 자손을 포함하지는 않는 생물군을 말한다. 의학에서는 척추측만증(脊椎側彎症, scoliosis)이 있다.

균류학에서 측사(側絲, paraphysis)는 자낭 사이에 분포하면서 자낭 사이의 간격을 유지하는 역할을 하는 무성조직이다. 곰팡이 형태에서 포자·부속지·돌기 등이 붙어 있는 위치를 기술하는 형용사가 있는데, 몇 가지 용례를 들어본다. 측생(側生, lateral, pleurogenous), 정측생(頂側生, acropleurogenous), 편측생(偏側生, secund), 외측(外側, ectal), 배측(背側, abaxial), 복측(腹側, adaxial) 등이 있다.

211

층(層)

層은 '층 층'으로 읽으며, 층·층집·계단 등을 뜻한다. 層(층)은 尸(주검 시)와 曾(일찍 증)이 결합한 모습이다. 여기서 尸는 广(집 엄)이 변한 것이므로 죽음과 무관하다. 曾자는 화로에 김이 올라오는 모습을 그린 글자이다. 그래서 層(층)은 본래 찜통이 겹쳐져 김이 올라오는 모습을 그린 글자이다. 뜻이 확장되면서 무엇이든 위아래로 쌓여 있는 것을 널리 이른다. 중국어 간체자에서는 层으로 쓴다.

노년층(老年層)·서민층(庶民層)·중산층(中産層)·심층면접(深層面接)·오층석탑(五層石塔)·층간소음(層間騷音)·층상화산(層狀火山) 등의 일상어가 있다. 식물형태학에서는 형성층(形成層, cambium)과 이층(離層, abscission layer)을 비롯하여 호분립층(糊粉粒層)·각피층(角皮層)·중엽층(中葉層)·피층조직(皮層組織) 등이 있다. 산림생태학에서는 낙엽낙지층(落葉落枝層)·부식층(腐植層)·관목층(灌木層)·교목층(喬木層)·단층림(單層林)·다층림(多層林)·복층림(複層林)·고층습원(高層濕原)·하층식생(下層植生)이 있다. 토양학에서는 환원층(還元層)·집적층(集積層)·표층시비(表層施肥)·전층시비(全層施肥)·심층시비(深層施肥)·작토층(作土層)·심토층(心土層) 등이 있다.

세포의 인지질이중층(燐脂質二重層, phospholipid bilayer)과 인체의 점막층(粘膜層, mucous patch)을 비롯하여 각질층(角質層)·각막층(角膜層)·점액층(粘液層)·지방층(脂肪層)·진피층(眞皮層)·각질중층상피(角質中層上皮)·삼층배엽(三層胚葉)·단층촬영(斷層撮影)·윤주근층(輪走筋層)·자궁근육층(子宮筋肉層) 등이 있다. 곰팡이의 자실층(子實層)·분생포자층(分生胞子層)·하층효모(下層酵母), 지의류의 수질층(髓質層)·표층(表層)·조류층(藻類層)이 있다. 환경 분야에서는 심층여과(深層濾過)·이층침전지(二層沈澱池)·전층순환법(全層循環法)·충전층(充填層)·오존층보호(ozone層保護) 등이 있다.

212

치(致)

致는 '이를 치'로 읽으며, 이르다·도달하다·다다르다 등을 뜻한다. 致(치)는 至(이를 지)와 夊(칠 복)이 결합한 모습이다. 그러나 본래는 夊(복)이 아닌 夂(천천히걸을 쇠)가 쓰였었는데, 夂(쇠)는 '발'을 그린 것이다. 후에 夂(쇠)가 夊(복)으로 간략화 됨으로써 致(치)는 발걸음이 어느 지점에 도달했음을 뜻하는 글자로 정착되었다.

극치(極致)·이치(理致)·합치(合致)·만장일치(滿場一致)·유치(誘致)·공치사(空致辭) 등의 일상어를 살펴보면 致(치)의 뜻을 알 수 있다. 눈에 보이는 자연과 세상 풍경의 모습을 경치(景致)라고 한다. 풍치림(風致林, recreational forest)은 멋스러운 경치를 더하기 위하여 가꾸는 숲이다. 독립수인 경우에는 풍치목(風致木)이라 한다.

치사량(致死量, lethal dose)은 죽음[死]에 이르는[致] 분량[量]을 의미한다. 치사율(致死率, fatality rate)은 그러한 비율[率]로서 치명률(致命率)이라고도 한다. 반치사량(半致死量, LD50, median lethal dose)도 있다. 치사유전자(致死遺傳子, lethal gene), 치사대립유전자(致死對立遺傳子, lethal allele), 치사돌연변이(致死突然變異, lethal mutation), 잡종치사(雜種致死, hybrid inviability), 치사온도(致死溫度, lethal temperature), 한계치사농도(限界致死濃度, tolerance limit median), 가열치사곡선(加熱致死曲線, thermal death time curve) 등 여러 용어가 있다. 한편, 순치(馴致)는 짐승을 길들임이고, 환경순치(環境馴致)는 생물이 환경의 변화에 순응함이다.

한편, 유사한 자형과 거의 같은 뜻을 지닌 到(이를 도)가 있다. 도달(到達)과 관련된 몇몇 과학용어가 있다. 至(이를 지)는 화살이 땅에 박힌 모습을 그린 글자로서 '다다르다, 이르다'라는 뜻이다. 그래서 효소가 최대의 활성에 다다른 반응용액의 온도를 지적온도(至適溫度, optimum temperature)라고 한다.

213

침(侵)

侵은 '침노할 침'으로 읽으며, 침노(侵擄)하다 · 침범(侵犯)하다 · 침투(侵透)하다 등을 뜻한다. 侵(침)은 人(=亻, 사람 인)과 㑴(침입할 침)이 결합한 모습이다. 어떤 이[人]가 남의 땅에 함부로 들어온[㑴] 상황을 나타내는 글자이다. 그래서 擄(노략질할 노)의 뜻을 품고 있으므로 '침노할 침'이 대표 훈이다.

병원체가 숙주의 조직 내로 들어가는 감염을 infection이라고 한다. 이를 의학에서는 침습(侵襲), 식물의학에서는 침입(侵入)으로 부른다. 이 경우 침입과 감염이란 일련의 과정을 모두 포함하는 개념이므로 식물의학에서도 침습으로 쓰는 것이 바람직해 보인다. 병원체가 숙주 내부로 들어가는 행위에 방점을 두면 침투(侵透, penetration)이고, 감염까지 이루어지는 행위를 지칭하면 침습(侵襲, invasion)이고, 그러한 결과에 중점을 두면 감염(感染, infection)으로 구분할 수 있다. 미생물이 숙주식물에 들어가는 부위에 따라 주두침입(柱頭侵入) · 각피침입(角皮侵入) · 피목침입(皮目侵入) · 상처침입(傷處侵入) · 기공침입(氣孔侵入) · 수공침입(水孔侵入) 등으로 부르는데, 모든 경우에 침입(侵入)을 침투(侵透)로 바꾸어야 더 정확한 표현이기는 하다[☞ 216쪽].

侵과 비슷한 뜻을 가진 浸(물에잠길 침)이 있다. 浸(침)은 잠기다 · 적시다 · 담그다 등을 뜻한다. 침수(浸水) · 침식(浸蝕) · 침출(浸出) · 침투(浸透) · 침습(浸濕) 등에서 보듯이 모두 물과 관련이 있다. 수침상(水浸狀, water-soaked)은 곰팡이나 세균의 침입으로 인하여 식물 조직이 데친 듯이 물컹물컹해지는 증상을 일컫는다.

한편, 국립국어원의 『표준국어대사전』에 '세균이나 병균 따위가 몸속에 들어옴'에도 浸透(침투)로 쓰여 있고, 侵透(침투)는 아예 등재되지도 않아 궁금하면서도 의아스럽다. 지구과학에는 비바람에 깎이는 浸蝕(침식)이 있고, 의학에는 감염으로 깎이는 侵蝕(침식)이 있다.

214

탈(脫)

脫은 '벗을 탈'로 읽으며, 벗다·탈출하다·풀다·벗기다 등을 뜻한다. 脫(탈)은 月(=肉, 육달월)과 兌(빛날 태)가 결합한 모습이다. 兌자는 兄(맏 형)자 위로 八(여덟 팔)자를 그린 것으로서 집안의 책임자 지위를 가진 사람이 환하게 웃는 모습을 표현한 글자이다. 여기에 月자가 결합한 脫(탈)은 육체적인 속박에서 벗어나 크게 기뻐하는 모습을 나타내어 매우 깊은 의미를 담고 있다. 지금은 뜻이 확장되어 어떤 경우이든 벗어남과 떨어짐을 널리 이르는 글자이다.

脫(탈)이 '벗어나다'의 의미를 가진 접두사로 쓰인다. 탈염(脫鹽, desalination), 탈수(脫水, dehydration), 탈색(脫色, decoloration), 탈취(脫臭, deodorization), 탈카복실화(脫-化, decarboxylation), 탈아미노화(脫-化, deamination), 탈할로겐화(脫-化, dehalogenation), 탈수소효소(脫水素酵素, dehydrogenase), 탈탄산반응(脫炭酸反應, decarbonation), 탈염소화(脫鹽素化, dechlorination) 등을 용례로 들 수 있다. 토양학에서 쓰이는 용어로는 질산염 또는 아질산염을 환원하여 질소가스를 방출하는 탈질(脫窒, denitrification)과 탈질산화세균(脫窒酸化細菌, denitrifying bacteria)도 있다.

탈모증을 치료하는 데 쓰는 탈모약(脫毛藥, alopecia drug), 곤충이 허물을 벗는 탈피(脫皮, molting), 잎이 가지에서 떨어지는 탈리(脫離, abscission), 특정한 기능을 가진 조직의 세포들이 제 특성을 잃는 탈분화(脫分化, dedifferentiation), 분생포자경에서 분생포자가 떨어져나간 분생포자이탈흔(分生胞子離脫痕, conidial scar), 땅콩·잣·호두 등 견과류의 껍질을 벗기는 데 사용하는 탈각기(脫殼機, dehusker), 생미강에서 용매로 미강유를 추출한 뒤 건조한 탈지미강(脫脂米糠, defatted rice bran), 감의 수용성 탄닌을 불용성 탄닌으로 바꾸어 떫은맛을 줄이는 탈삽(脫澁, astringency removal) 등이 있다.

215

태(態)

態는 '모습 태'로 읽으며, 모습·모양·형태·형편·태도 등을 뜻한다. 態(태)는 能(능할 능)과 心(마음 심)이 결합한 모습이다. 能자는 본래 곰을 그린 것이다. 여기에 心을 더한 態자는 '위풍당당한 마음가짐과 자태'라는 뜻이 내포되어 있다. 이와 같이, 態(태)는 곰의 위풍당당한 모습을 응용한 글자로서 늠름한 자태라는 뜻으로 만들어졌다. 한편, 중국어 간체자에서는 態를 态로 쓴다.

상태(狀態)·태도(態度)·형태(形態)·능동태(能動態)·수동태(受動態)·의태어(擬態語) 등의 일상어가 있다. 생태(生態, ecology)는 생물이 자연계에서 생활하며 이루어지는 생명체 간, 생명체와 환경 간의 상호관계와 상호의존성이다. 생태계(生態系, ecosystem)는 상호작용하는 생명체들과 또 그들과 서로 영향을 주고받는 주변의 무생물 환경을 묶어서 부르는 말이다. 생태계를 연구하는 학문을 생태학(生態學, ecology)이라고 한다. 생태형(生態型, ecotype), 생태종(生態種, ecospecies), 생태지위(生態地位, niche), 군집생태학(群集生態學, synecology), 균류생태학(菌類生態學, mycoecology) 등도 있다.

態가 들어간 용어를 나열해 보자. 질산태질소(窒酸態窒素, nitrate nitrogen), 무기태양분(無機態養分, inorganic nutrient), 여기상태(勵起狀態, excited state), 완전변태(完全變態, holometamorphosis), 과변태(過變態, hypermetaboly), 약물동태학(藥物動態學, pharmacokinetics), 본태고혈압(本態高血壓, primary hypertension), 개체군생태학(個體群生態學, population ecology), 육상생태계(陸上生態界, terrestrial ecosystem), 고생태학(古生態學, paleoecology) 등이 있다.

한편, 균류학에서는 곰팡이의 형태만 고려하여 분류학적 위치를 임시로 설정하여 학명을 부여한 형태속(形態屬, form genus)과 형태종(形態種, form species)이 있다.

216

투(透)

透는 '사무칠 투'로 읽지만 '꿰뚫을 투'로 읽은 편이 나으며, 사무치다·꿰뚫다·투과하다·통하다·투명하다 등을 뜻한다. 透(투)는 辶(쉬엄쉬엄갈 착)과 秀(빼어날 수)가 결합한 모습이다. 秀자는 禾(벼 화)와 乃(이에 내)가 결합하여 벼가 힘차게 잘 자라는 빼어난 모습을 표현한 글자이다. 여기에 辶자를 더하여 힘차고 재바르게 길을 가로질러간다는 뜻을 표현하고 있다. 그러나 지금의 透자는 단순히 길을 가로질러 가는 것뿐만 아니라 사물이나 상황을 꿰뚫어 보거나 투과한다는 뜻으로 확대되면서 쓰임새도 더욱 넓어졌다.

반투명(半透明)·투시도(透視圖)·투철(透徹)·투과(透過)·투수성(透水性)·투기성(透氣性)·투사지(透寫紙) 등의 일상어가 있다. 과학에서도 透(투)는 널리 쓰인다. 병원체가 숙주의 방어벽을 뚫고 내부로 들어가는 행위는 침투(侵透, penetration), 식물의 잎이나 뿌리에 처리하여도 식물체에 흡수된 이후에 전체로 퍼져서 약효를 발휘하는 침투이행살균제(浸透移行殺菌劑, systemic fungicide), 고배율의 평면적 상을 얻을 수 있는 투과전자현미경(透過電子顯微鏡, transmitted electron microscope), 수분 침투가 어려운 토양의 층을 가리키는 불투수층(不透水層, impermeable layer) 등의 용례가 있다.

의학에도 혈액투석(血液透析)·고삼투식염수(高滲透食鹽水)·방사선투시(放射線透視)·삼투성설사(滲透性泄瀉) 등이 있다. 흡광도[☞ 249쪽]에 상대하는 용어로서 투광도(透光度, transmittance), 농도가 다른 두 액체가 반투막(半透膜, semipermeable membrane)을 통해 이동하는 현상에 의해 일어나는 삼투압(滲透壓, osmotic pressure), 해수의 담수화 공정에 널리 이용되는 역삼투(逆滲透, reverse osmosis), 전기장에서 이온교환막을 이용한 전기전해투석(電氣電解透析, electro-electrodialysis) 등 여러 용례가 있다.

217

판(瓣)

瓣은 '꽃잎 판'이나 '날름 판' 또는 '외씨 판'으로 읽으며, 꽃잎·날름·과일 조각·외씨(오이씨) 등을 뜻한다. 瓣(판)은 瓜(오이 과)와 辡(송사할 변)이 결합한 모습이다. 여기서 辡자는 발음 역할(변→판)만 한다. 본래 辡자는 죄인들이 서로 말로 다투는, 즉 송사한다는 뜻을 나타낸다. 辡자는 오늘날 단독으로는 쓰이지 않으며, 辯(말씀 변), 辨(분별할 변), 瓣(외씨 판)의 성부로 쓰인다. 참고로, 일본어 신자체에서는 이 세 한자를 모두 弁(고깔 변)으로 바꿔 쓴다.

의학과 기계 분야에서 밸브(valve)에 해당하는 용어에 瓣이 널리 쓰이는데, 이때는 '날름 판'으로 읽는다. 판막(瓣膜, valve)은 심장이나 혈관 속에서 피가 거꾸로 흐르는 것을 막는 막이다. 대동맥과 좌심실의 경계에 있는 대동맥판막(大動脈瓣膜, aortic valve), 좌심실과 좌심방 사이에 위치한 승모판막(僧帽瓣膜, mitral valve), 정맥의 내벽에 붙어 있으면서 혈액의 역류를 막는 정맥판막(靜脈瓣膜, venous valve), 심한 심장판막증으로 고통을 받는 경우에 변형된 판막 대신 쓰이는 인공판막(人工瓣膜, prosthetic valve) 등이 있다.

식물 분야에서 꽃잎(petal)이란 의미로 瓣이 널리 쓰이는데, 이때는 '꽃잎 판'으로 읽는다. 화판(花瓣, petal)은 꽃을 이루고 있는 낱낱의 조각이다. 꽃잎이 낱낱이 서로 갈라져 있는 갈래꽃은 이판화(離瓣花, schizo-petalous flower)이다. 꽃잎이 서로 붙어서 한 개의 꽃잎을 이루는 통꽃은 합판화(合瓣花, sympetalous flower)이다.

또한 꽃잎의 수에 따라 단판화(單瓣花)·중판화(重瓣花)·오판화(五瓣花)가 있다. 콩과식물에서 꽃부리의 한가운데 있는 큰 꽃잎을 기판(旗瓣, vexillum), 제일 아래쪽에 있는 두 장의 꽃잎을 용골판(龍骨瓣, keel)이라고 한다. 꿀풀과식물에는 꽃잎이 두 쪽으로 나뉘어 입술 모양으로 된 순판(脣瓣, labellum)이 있다.

218

패(敗)

敗는 '질 패'로 읽으며, 지다・패하다・깨뜨리다・헐어지다・썩다 등을 뜻한다. 敗(패)는 攴(=攵, 칠 복)과 貝(조개 패)가 결합한 모습이다. 본래 敗(패)는 鼎(솥 정)자와 攴자가 결합한 모습이었다. 즉, 제사를 지내는 귀한 솥[鼎]이 무언가에 부딪혀 깨져버렸음[攴=攵]을 나타내어 돌이킬 수 없는 큰 낭패를 의미하는 글자였다. 후에 鼎이 貝(조개 패)로 간략화 됨으로써 현재의 글자에 이르렀다. 그래서 패(敗)는 '돌이킬 수 없이 망가짐'을 의미한다.

패(敗)는 주로 썩다・썩어 있다 등의 뜻으로 쓰인다. 부패(腐敗, spoilage)는 유기물이 미생물의 작용에 의하여 분해되는 현상으로서 악취가 나거나 독성물질이 발생하는 등 부정적인 경우가 많다. 부(腐)도 썩는 것이고, 패(敗)도 썩는 것이므로 완전히 썩어서 유기물이 원래의 성상을 잃어버린 상태를 의미한다. 같은 뜻의 글자를 반복함으로써 강조의 의미를 지닌다. 부패균(腐敗菌)・부패병(腐敗病)・부패취(腐敗臭)・부패작용(腐敗作用) 등이 있다. 산패(酸敗, rancidity)는 술이나 지방류 따위의 유기물이 공기 속의 산소・빛・열・세균・효소 따위의 작용에 의하여 가수분해되거나 산화됨으로써 지방산을 비롯한 여러 가지 산화물을 만드는 현상이다. 흔히 맛과 색이 변하고 불쾌한 냄새가 나므로 패(敗)를 써서 부정적인 의미를 강조한다. 산패취(酸敗臭)・산패유(酸敗乳)・산패유지(酸敗油脂)・산패도(酸敗度) 등이 있다.

패혈증(敗血症, hematosepsis)은 인체가 세균이나 곰팡이에 감염되어 이들이 생산한 독소에 의해 중독 증세를 나타내거나, 전신성 염증 반응, 심각한 장기 손상 및 합병증을 보이는 증후군을 이른다. 글자 그대로 피[血]가 썩는[敗] 병[症]으로, 상처・호흡기・소화기관 등을 통해 침투한 병원체가 숙주의 면역체계를 뚫고 번식한 상태이다. 패농혈(敗膿血, septicopyemia)도 있다.

219

팽(膨)

膨은 '부를 팽'으로 읽으며, (배가)부르다 · 부풀다 · 불룩하다 등을 뜻한다. 膨(팽)은 月(=肉, 육달월)과 彭(팽)이 결합한 모습이다. 彭자는 터럭 삼(彡)과 壴(악기이름 주)의 합자이다. 壴자는 장식이 달린 북을 받침대 위에 올려놓은 모습을 그린 글자이다. 여기에 '꾸미다'는 뜻을 가진 터럭 삼(彡)을 더하여 彭자가 되었다. 彭자는 '성씨 팽' 또는 '나라이름 팽'으로 읽히지만 생명과학의 입장에서는 '부풀어오를 팽'으로 이해하는 편이 좋다. 여기에 신체의 일부를 가리키는 月자를 더하여 '배가 부르다'는 기본 뜻을 갖게 되었다.

팽대(膨大) · 팽만(膨滿) · 팽윤(膨潤) · 팽팽(膨膨) 등의 일상어가 있다. 과학에서 팽창(膨脹, expansion)이 들어가는 용어는 팽창계수(膨脹係數) · 팽창곡선(膨脹曲線) · 팽창균열(膨脹龜裂) · 팽창온도계(膨脹溫度計) 등 대단히 많다. 팽압(膨壓, turgor pressure)은 식물 · 곰팡이 · 세균에서 세포벽에 대해 원형질막을 밀어내는 세포 내의 힘이다. 식물의 팽압운동(膨壓運動), 기공의 팽창세포(膨脹細胞), 세포의 팽만상태(膨滿狀態)가 있다. 사람 피부에 생기는 팽창선(膨脹線, striae distensae), 배가 부른 복부팽만(腹部膨滿, abdominal distension)도 있다. 변비약 중에 팽창성 완하제(膨脹性緩下劑, bulk laxative)가 있다.

흔히 뻥튀기나 스낵으로 불리는 팽화식품(膨化食品, puffed food)은 식품을 가열하고 갑자기 상압상온으로 노출시킴으로써 식품을 팽창하게 만든 것이다. 치즈팽화(-膨化, cheese blowing)는 치즈의 숙성 도중 오염 세균의 과번성으로 인해 치즈 내부에 기체가 생겨 치즈에 균열이 생기거나 형태가 불규칙하게 변하는 현상이다.

한편, 슬러지팽화(-膨化, sludge bulking)는 하수 처리 과정에서 포기조 안의 슬러지에 실 모양의 곰팡이가 달라붙어 번식되면서 슬러지가 부풀어 올라 침전이 잘 이루어지지 않는 현상이다.

220

편(偏)

偏은 '치우칠 편'으로 읽으며, 치우치다·쏠리다·기울다 등을 뜻한다. 偏(편)은 人(사람 인)과 扁(넓적할 편)이 결합한 모습이다. 扁(편)은 본래 널빤지에 글이나 그림을 그려 문 위에 걸어 놓는 편액(扁額)을 가리키는 글자이다. 이 글자에서 戶(집 호)는 외닫이 문을 그린 것이다. 여기에 人(=亻, 사람 인)을 더하여 사람의 마음이나 언행이 한쪽으로 치우쳐있음을 표현하고 있다.

편식(偏食)·편애(偏愛)·편차(偏差)·편파(偏頗) 등의 일상어가 있다. 과학용어로서는 정중앙을 벗어난 위치를 가리키는 편심성(偏心性, eccentric), 다소 눌린 타원형을 편원형(偏圓形/扁圓形, oblate), 길쭉한 두 끝의 어느 한쪽이 더 뾰족한 타원형을 편타원형(偏楕圓形, eccentric oval)이라 한다. 의학에서 편두통(偏頭痛, migraine), 편집증(偏執症, paranoia), 수정체편위(水晶體偏位, ectopia lentis), 동공편위(瞳孔偏位, ectopia pupillae) 등이 있다. 기기분석의 편광현미경(偏光顯微鏡)과 편광광도계(偏光光度計), 꿀벌의 편광수용(偏光受容), 나무의 편심생장(偏心生長), 농업의 편지붕형온실(偏-型溫室), 식물의 상편생장(上偏生長)과 하편생장(下偏生長) 등도 있다.

살아 있는 세포에서만 양분을 취하는 기생성 곰팡이를 절대기생균(絶對寄生菌, obligate parasite)이라고 한다. 일본어에서는 絶対寄生菌(절대기생균) 또는 偏性寄生菌(편성기생균)이라고 한다. 즉, '오직 살아 있는 세포에서만 양분을 취하는' 방식은 일반적인 곰팡이의 기생방식에 비교하여 '한쪽으로 치우친' 영양섭취방법으로 여겨서 이런 용어를 사용한다. 마찬가지로 절대호기성균(絶對好氣性菌, obligate aerobe)을 일본어에서는 絶対好気性菌(절대호기성균) 또는 偏性好気性菌(편성호기성균)으로 부른다. 우리나라에서도 偏性으로 쓴 자료가 많고, 모두 국어사전에 표제어로 올라있다.

221

편(鞭)

鞭은 '채찍 편'으로 읽으며, 채찍·회초리·형벌 등을 뜻한다. 鞭(편)은 革(가죽 혁)과 便(편할 편)이 결합한 모습이다. 革자는 뜻을 나타내고, 便은 발음요소로 쓰였다. 교육자의 교편(敎鞭), 식물 이름 마편초(馬鞭草), 잘하는 사람을 더욱 장려하는 주마가편(走馬加鞭), 가르침을 청하는 지도편달(指導鞭撻) 등의 일상어가 있다.

편모(鞭毛, flagellum)는 세포의 일부가 분화하여 긴 채찍 모양으로 된 운동기관으로서 세균·조류·균류·편모충류와 동물의 정자에서 볼 수 있다. 편모균(鞭毛菌)·부편모(副鞭毛)·극성편모(極性鞭毛)·편모조류(鞭毛藻類)·쌍편모조류(雙鞭毛藻類)·와편모조류(渦鞭毛藻類)·은편모류(隱鞭毛類)·구강편모충(口腔鞭毛蟲)·장편모충(腸鞭毛蟲)·주혈편모충(住血鞭毛蟲)·파동편모충(波動鞭毛蟲)·세모편모충(細毛鞭毛蟲)·편모충증(鞭毛蟲症) 등이 있는데, 鞭毛가 이름에 들어있지만 생물분류학적 위치는 서로 다른 경우가 많다.

편충(鞭蟲, whipworm)은 장내에 기생하는 기생충으로서 전 세계적으로 분포하고 채찍처럼 생겼기 때문에 이러한 이름이 붙여졌으며, 사람에 편충증(鞭蟲症, trichuriasis)을 일으킨다. 숙주가 다른 돈편충(豚鞭蟲)이나 개편충(-鞭蟲) 등이 있다.

한편, 편모와 유사한 운동기관으로 섬모(纖毛, cilium)가 있다. 纖은 '가늘 섬'으로 읽으며, 가늘거나 섬세하다는 뜻이다. 섬모운동(纖毛運動)·섬모충류(纖毛蟲類)·섬모충병(纖毛蟲病) 등이 있다. 또한 의학에서 고운 세포로서의 섬모(纖毛)를 뜻하는 섬모상피(纖毛上皮)·섬모원주상피(纖毛圓柱上皮)·섬모세포(纖毛細胞) 등이 있다. 식물에서 섬유소(纖維素, cellulose)가 있고, 섬유소분해균(纖維素分解菌)도 있다. 식품에서 식이섬유(食餌纖維, dietary fiber), 의학에서 근육미세섬유(筋肉微細纖維)와 근섬유(筋纖維)가 있다.

222

폐(廢)

廢는 '무너질 폐'로 읽으며, 무너지다·부서지다·사라지다·버리다·멈추다 등을 뜻한다. 廢(폐)는 广(집 엄)과 發(쏠 발)이 결합한 모습이다. 發자는 활[弓, 활 궁]과 몽둥이[殳, 몽둥이 수]를 들고 발자국을 쫓아가는 [癶, 등질 발] 모습을 그린 글자이다. 한번 쏜 화살은 돌아오지 않으므로 '쓸모없게 된 물건'을 뜻한다. 發자에 广자를 결합해서 집안에서 오래 사용하거나 묵어서 낡거나 망가진 것을 버린다는 뜻으로 표현하였다. 廢자는 중국어 간체자에서 废, 일본어 신자체에서 廃로 쓴다.

노폐물(老廢物)·폐지(廢止)·존폐(存廢)·철폐(撤廢)·폐건물(廢建物)·폐허(廢墟) 등의 일상어가 있다. 환경과학에서 흔히 등장하는 용어로는 폐지(廢紙)·폐수(廢水)·오폐수(汚廢水)·폐기물(廢棄物)·폐유(廢油)·폐액(廢液)·폐재(廢材)를 비롯하여 황폐화(荒廢化)·황폐이행지(荒廢移行地)·황폐지역(荒廢地域)·지하수폐공(地下水廢孔)·폐합성섬유(廢合成纖維)·폐가전제품(廢家電製品) 등이 있다. 느타리버섯 재배법 중에 폐면재배(廢綿栽培, cotton waste cultivation)가 있다. 버섯 재배를 마치고 균상을 걷어내는 일을 폐상(廢床, bed cleaning), 과수원을 더 이상 농사짓지 않으면 폐원(廢園)이라고 한다. 한번 사용한 목재는 폐재(廢材)라고 한다. 생물의 국제명명규약에 적합하지 않아 무효가 된 학명은 폐기명(廢棄名, rejected name)이다.

참고로, 廢(폐)는 발음이 같으면서도 뜻까지 비슷한 閉(닫을 폐)와 혼동되기 쉽다. 廢校(폐교)는 운영을 폐지하여 망한 학교를 가리키고, 閉校(폐교)는 학교의 하루 일과를 마치고 교문을 닫거나 일시적으로 운영을 중단한다는 뜻이다. 농장도 병해충으로 인해 농작물이 죽어 회복 불가능한 타발적 상황이라면 폐원(廢園)이고, 적자로 인해 더 이상 운영하지 않는 자발적 경우라면 폐원(閉園)이다. 開閉(개폐)와 마찬가지로 存廢(존폐)가 서로 상대하는 글자이다.

223

포(胞)

胞는 '한배 포'로 읽으며, 세포·포자·태보·친형제 등을 뜻한다. 胞(포)는 月(=肉, 육달월)과 包(쌀 포)가 결합한 모습이다. 包자는 자궁과 태아를 함께 그린 글자인데, 勹(쌀 포)는 어미의 태보이고 己(몸 기)는 태아이다. 생명을 가진 태보가 본래의 의미이다. 차츰 포장(包裝)처럼 싸다~감싸다는 의미로 확장되어 사용됨으로써 '생명'의 의미는 상대적으로 퇴색되었다. 그러니까 원래의 뜻을 강조하기 위하여 肉(=月)자를 변으로 사용하여 胞(포)자가 정착되었다.

생명과학에서 다음 3가지 의미로 쓰인다. 胞(포)가 '생명을 가진 태보'의 의미로 쓰인 용례로는 cell의 근대적 개념어로 만들어진 세포(細胞), 곰팡이의 번식체인 포자(胞子), 세균의 내생포자를 이르는 아포(芽胞) 등이 있다. 胞(포)가 '둘러싼 막'의 의미로 쓰인 용례로는 세포 내에 존재하는 다양한 세포소기관으로서의 소포(小胞, vesicle)와 소포체(小胞體, endoplasmic reticulum), 허파 기관지에 포도송이처럼 달려 있는 폐포(肺胞, alveoli) 등이 있다. 胞(포)가 '형제자매'의 뜻으로 쓰인 용례로는 동포(同胞)나 교포(僑胞)가 있으며, 생물학적 개념의 胞가 쓰여서 혈연적 관계를 가진 존재라는 것을 나타낸다.

여기서 胞와 孢를 비교하여 살펴보자. spore를 한국과 일본에서는 胞子(포자)로 쓰고, 중국과 대만에서는 孢子(포자)로 쓴다. 胞자는 '한배 포'로 읽으며, 어머니의 같은 배에서 태어난 형제자매를 의미한다. 孢자는 '애밸 포'로 읽으며, 새끼[子]를 가졌음[包]을 의미한다. 한자의 쓰임새를 생물학적으로 해석하자면, 胞는 결과에 중점을 두고 유전적 동질성을 가진 번식체 집단을 의미하고, 孢는 과정에 중점을 두고 발생학적 관점에서 본 후대 집단을 의미한다. 참고로, 기포(氣泡, bubble)는 '액체나 고체 속에 기체가 들어가 거품처럼 둥그렇게 부풀어 있는 것'이므로 기체를 둘러싸는 유형의 막(膜)이 없다.

224

포(捕)

捕는 '잡을 포'로 읽으며, 잡다·붙잡다·붙잡히다·사로잡다·사로잡히다 등을 뜻한다. 捕(포)는 手(=扌, 손 수)와 甫(클 보)가 결합한 모습이다. 甫자는 논밭에 초목이 크게 올라와 있는 모습을 그린 것이지만, 여기에서는 '보→포'로의 발음 역할만 하고 있다. 捕자는 '붙잡다'라는 뜻을 위해 手자가 의미요소로 쓰인 글자이다. 捕자에서 말하는 '붙잡다'의 대상은 도망친 죄수를 뜻한다. 그래서 捕자는 주로 죄수를 사로잡는다는 뜻으로 쓰이고 있다.

생포(生捕)·체포(逮捕)·포수(捕手)·포획(捕獲)·포착(捕捉)·포박(捕縛)·포경선(捕鯨船) 등의 일상어가 있다. 포식(捕食, predation)은 '다른 생물을 잡아먹음'이지만 실제 더 넓은 의미로 쓰이고 있다. 포식기생(捕食寄生)·포식생물(捕食生物)·포식연쇄(捕食連鎖)·내부포식기생자(內部捕食寄生者)·외부포식기생자(外部捕食寄生者)·자가포식현상(自家捕食現象)·포식성곤충(捕食性昆蟲)·곤충기생포식자(昆蟲寄生捕食者)·동종포식(同種捕食) 등의 용어가 있다.

nematode-trapping fungi는 특별히 분화된 점착돌기·점착포자·점착망·점착포자·수축고리 등을 만들어 놓고 이동하는 선충이 잡히도록 한다. 마치 낚시나 그물이나 홀치기로 물고기를 잡는 것을 연상시킨다. 따라서 선충의 이러한 행위는 '짐승이나 물고기를 잡음'을 의미하는 포획(捕獲, trapping)이다. 그래서 선충포획균류(線蟲捕獲菌類)는 나름대로 적합한 용어이다. 일본에서는 선충포착균류(線蟲捕捉菌類)라고 하는데, 포착은 '꼭 붙잡음'이므로 적합한 용어이다. 중국에서는 선충포식균류(線蟲捕食菌類)라고 한다. 포획과 포착은 행위에 중점을 두고, 포식은 목적과 결과에 중점을 둔다. 영어에서도 nematophagous fungi는 결과에 중점을 둔 용어이다. 딱 하나씩 선택하라면, nematophagous fungi와 線蟲捕食菌類이다.

225

포(飽)

飽는 '배부를 포'로 읽으며, 배부르다·(속이)차다·(내용이)충실하다·충분하다·만족하다 등을 뜻한다. 飽(포)는 食(밥 식)과 包(쌀 포)가 결합한 모습이다. 包자는 본래 자궁에 있는 태아를 그린 글자이므로 '싸다'나 '감싸다'라는 뜻을 갖고 있다. 그래서 飽자는 밥을 먹고 배가 부른 상태를 표현한 글자라고 해석하는 의견이 설득력이 있다. 그런데, 본래 包자가 아닌 欠(하품 흠)자가 있었다. 그러니 배가 불러 하품하듯이 트림하는 모습을 표현한 것이었다. 그러나 후에 包자가 뜻과 발음을 대신하게 되면서 지금은 飽자가 되었다.

포만감(飽滿感)과 포식(飽食)에서 飽의 뜻이 '배부르다'임을 알 수 있다. 과학에서 飽는 '꽉 차서 더 이상 수용하지 못하다'는 뜻으로 쓰인다. 포화용액(飽和溶液, saturated solution)은 어떤 온도에서 용매에 용질을 녹일 수 있을 만큼 녹여 더 이상 녹일 수 없는 상태에 있는 용액이다. 조건을 바꾸면 과포화(過飽和, supersaturation) 상태를 만들 수도 있다. 포화수분(飽和水分, saturated water)은 토양 입자가 흡수하여 보유할 수 있는 최대량의 수분이다. 포화습도(飽和濕度, saturation moisture)는 포화 수증기압 상태의 습도이다.

포화수증기(飽和水蒸氣, saturated water vapor)는 액체나 고체와 평형 상태에 있는 증기이다. 포화용존산소량(飽和溶存酸素量, oxygen saturation)은 물에 녹은 상태로 존재할 수 있는 최대 산소 농도이다. 산소포화도(酸素飽和度, oxygen saturation)는 혈액 속에서 헤모글로빈과 결합된 산소량의 최대치이다. 포화지방(飽和脂肪, saturated fat)은 실온에서 고체 형태를 유지하는 기름이나 지방이며, 대부분 동물성이다. 불포화지방(不飽和脂肪, unsaturated fat)은 실온에서 액체 상태를 유지하는 기름이나 지방이며, 대부분 식물성이다. 광포화점(光飽和點, light saturation point)은 더 이상 광합성량이 증가하지 않는 빛의 세기이다.

226

표(表)

表는 '겉 표'로 읽으며, 겉·표면·바깥·도표 등을 뜻한다. 表(표)는 衣(옷 의)와 毛(털 모)가 결합한 모습이다. 지금의 表자에서는 毛자를 찾아보기 어렵지만 본래 털로 만든 겉옷을 표현한 것이다. 그래서 表자의 본래 의미는 '외투'였다. 가장 바깥쪽에 입는 옷이라는 뜻이 확대되면서 현재와 같이 '겉'을 기본뜻으로 갖게 되었다.

표기(表記)·표시(表示)·대표(代表)·표현(表現)·표출(表出) 등의 일상어가 있다. 과학에서 表(표)는 크게 두 가지 의미로 쓰인다. 첫째, '겉'이란 뜻으로 쓰인 용례를 보자. 표면오염(表面汚染)·표면점질물(表面粘質物)·표층시비(表層施肥)·표층살포(表層撒布)·표토유출(表土流出)·표토보전(表土保全)·표피탈락(表皮脫落)·표피박리(表皮剝離)·지표관개(地表灌漑)·지표유수(地表流水) 등 대단히 많다. 둘째, '도표'의 뜻으로 쓰인 용례를 보자. 통계도표(統計圖表)·사료배합표(飼料配合表)·시력검사표(視力檢查表)·부표(附表)·분류표(分類表)·주기율표(週期律表)·검색표(檢索表) 등이 있다. 분류학에서 개괄식검색표(概括式檢索表, synoptic key)와 이분식검색표(二分式檢索表, dichotomous key, single-access key)도 있다.

表(표)가 들어간 미생물학 용어를 열거해 보자. 표면살균(表面殺菌, surface sterilization), 표현형(表現型, phenotype), 표재성(表在性, epigenous), 표피(表皮, epidermis), 버섯갓표피(-表皮, pileipellis), 버섯대표피(-表皮, stipipellis), 점질표피(粘質表皮, ixopellis) 등이 있다.

참고로, 표리부동(表裏不同)처럼 表(표)의 상대어는 裏(속 리)이므로 표면-이면(表面-裏面)이 과학용어에 흔히 등장한다. 裏는 衣(옷 의)와 里(마을 리)가 결합한 모습이다. 里자는 밭[田]과 흙[土]을 함께 그린 것으로 '마을'이나 '안쪽'이라는 뜻이 있다. 여기에 衣자를 결합하여 '옷의 안쪽'이라는 뜻으로 만들어졌다.

227

피(被)

被는 '입을 피'로 읽으며, 입다·두르다·둘러싸다 등의 뜻과 당하다·(영향을)미치다·받다 등의 뜻이 있다. 被(피)는 衤(=衣, 옷 의)와 皮(가죽 피)가 결합한 모습이다. 皮자는 동물의 가죽을 벗기는 모습을 그린 것으로 '가죽'이나 '겉면'을 뜻한다. 여기에 衣자를 결합하여 겉에 덮는 옷이라는 의미에서 '이불'을 뜻하게 되었고, '(이불을)씌우다'를 기본 뜻으로 하여 현재와 같이 물리적으로 덮어쓰는 경우와 정신적으로 덮어쓰는 경우에 모두 쓰인다.

피낭(被囊)은 글자 그대로 주머니 모양의 구조물에 둘러싸이는 현상이나 상태를 일컫는다. 곰팡이에서 유주포자가 편모를 떼고 운동성을 멈추면서 세포벽이 생기는 현상을 피낭화(被囊化, encystment), 그렇게 된 포자를 피낭유주포자(被囊游走胞子, encysted zoospore)라고 한다. 버섯 중에는 마지 계란껍질 같은 덮개에 싸인 둥근 모습의 유균(幼菌)에서 차츰 우산 모양의 성균(成菌)으로 분화·발달하는 방식으로 자라는 부류가 있다. 이때 계란껍질에 비견되는 얇은 막을 외피막(外被膜, volva)이라고 한다. 종자가 씨방 안에 들어 있는 피자식물(被子植物, angiosperm)과 종자가 밖으로 노출되어 있는 나자식물(裸子植物, gymnosperm)을 속씨식물과 겉씨식물로 바꿔 부르는 추세이다.

피동사(被動詞)·피고인(被告人)·피의자(被疑者)·피해자(被害者)·피조물(被造物) 등의 단어에서는 被가 '당하다'는 뜻이다. 카메라와 현미경에서 피사체(被寫體)는 사진[寫]에 찍히는[被] 대상[體]이다. 토양 침식을 막기 위한 전략 중의 하나로 피복작물(被覆作物, cover crop)과 지피식물(地被植物, ground cover)을 심는다. 생태학에서 식물 군집을 구성하는 각 종류가 지표면을 차지하는 비율을 피도(被度, coverage)라고 한다. 의학에서 피발두부(被髮頭部)는 머리털로 덮여 있는 머리 부위로서 백선균[☞109쪽]이 서식하기 쉽다.

228

항(抗)

抗은 '겨룰 항'으로 읽으며, 막다·저항하다·맞서다 등을 뜻한다. 抗(항)은 手(=扌, 손 수)와 亢(오를 항)이 결합한 모습이다. 亢자는 사람이 나무에 기어오르는 모습을 나타낸다. 항진증(亢進症)은 특정한 기능이 비정상적으로 과도한 병적 상태이다. 갑상선기능항진증(甲狀腺機能亢進症, hyperthyroidism)에서도 항(亢)은 '높이 오르다'는 의미이다. 여기에 직접적인 행위를 나타내는 手자를 더하여 만들어진 抗(항)은 '손을 들어 높이 기어오르다'라는 의미로서 적극적이며 본질적이며 공격적이며 반항적인 반응을 의미한다.

반항(反抗)·항거(抗拒)·항의(抗議)·항소(抗訴) 등의 일상어가 있다. 생명과학 용어에서도 항원(抗原, antigen)과 항체(抗體, antibody), 저항성(抵抗性, resistance)으로 성체저항성(成體抵抗性)·유식물저항성(幼植物抵抗性)·수직저항성(垂直抵抗性)·수평저항성(水平抵抗性), 항암(抗癌, anti-cancer)에서 항암단백질(抗癌蛋白質)·항암물질(抗癌物質)·항암치료제(抗癌治療劑)·표적항암제(標的抗癌劑)·항암화학요법(抗癌化學療法), 길항(拮抗, antagonism)에서 길항균(拮抗菌)·길항미생물(拮抗微生物)·길항물질(拮抗物質)·양분길항작용(養分拮抗作用)처럼 抗(항)은 '능동적이고 적극적인 맞섬'을 나타낸다.

抗(항)은 막다·막아내다·물리치다 등의 뜻을 가진 접두어로도 널리 쓰인다. 항세균(抗細菌, antibacteria), 항진균(抗眞菌, antifungus), 항바이러스(抗-, antivirus), 항노화(抗老化, anti-aging), 항염증제(抗炎症劑, anti-inflammatory drug), 항경련제(抗痙攣劑, anticonvulsant), 항구토제(抗嘔吐劑, antiemetic), 항혈전제(抗血栓劑, antithrombotic agent), 항우울제(抗憂鬱劑, antidepressant), 항생제(抗生劑, antibiotics), 항혈청(抗血淸, antiserum), 항산성세균(抗酸性細菌, acid-fast bacterium) 등 많은 용례가 있다.

228 / 항(抗)

229

항(恒)

恒은 '항상 항'으로 읽으며, 항상·늘상·매양 등을 뜻한다. 恒(항)은 心(마음 심)과 亘(뻗칠 긍)이 결합한 모습이다. 亘자는 본래 반달의 위아래에 획이 그려져 있었다. 달이 차오르고 줄어들며 주기적으로 모습을 바꾸지만 세상은 절대 변하지 않는다는 뜻을 나타낸 글자이다. 여기에 心자가 더해지면서 '늘 변치 않는 마음'을 전달하게 되면서 '항상'이라는 뜻으로 널리 쓰이고 있다.

동물 사육이나 미생물 배양에서 일정한 온도를 유지해 주는 항온배양기(恒溫培養器, incubator), 각종 연구나 특수한 목적을 위해 설계된 항온항습실(恒溫恒濕室, constant temperature humidity chamber), 생체가 여러 가지 환경 변화에 대응하여 일정한 상태를 유지하는 성질을 이르는 항상성(恒常性, homeostasis), 조류나 포유류처럼 바깥 온도에 관계없이 체온을 항상 일정하고 따뜻하게 유지하는 항온동물(恒溫動物, homeotherm), 산림의 건전성을 유지하기 위한 택벌 시업 따위가 이루어지는 항속림(恒續林), 항존도가 특히 높은 종을 이르는 항존종(恒存種), 어떠한 상황에서도 발현되는 항존유전자(恒存遺傳子, housekeeping gene) 등이 있다.

수학의 항등식(恒等式)과 항수(恒數), 천문학의 항성(恒星)과 항성역학(恒星力學), 지구과학의 항상풍(恒常風)과 항온층(恒溫層), 물리학의 항온선(恒溫線)과 열역학항등식(熱力學恒等式), 전기전자학의 유전항수(誘電恒數)와 투전항수(透電恒數) 등 여러 용어가 있다.

참고로, 恒(항)과 유사한 뜻을 가진 每(매양 매)가 있다. 每자는 본래 비녀를 꽂고 있는 여자를 그린 글자로서 어머니라는 뜻이다. 每자는 한결같은 어머니의 마음이라는 의미에서 '항상'이라는 뜻을 갖게 되었다. 산림에서 매목조사(每木調査), 말라리아 증상 중에 매일열(每日熱)과 중복매일열(重複每日熱)이 있다.

230

해(解)

解는 '풀 해'로 읽으며, 풀다·풀이하다·깨닫다·통달하다·이해하다 등을 뜻한다. 解(해)는 角(뿔 각)과 刀(칼 도)와 牛(소 우)가 결합한 모습이다. 角자는 동물의 뿔을 그린 것인데, 여기에 牛자가 있으니 쇠뿔을 가리킨다. 여기에 刀자가 더해진 解자는 칼로 쇠뿔을 잘라 해체하는 모습을 표현한 것이다. 차츰 뜻이 변하고 확장되면서 현재와 같이 매우 넓은 뜻을 갖게 되었다.

독해(讀解)·오해(誤解)·양해(諒解)·해설(解說)·해소(解消)·화해(和解) 등의 일상어는 물론이고, 과학적 의미가 담긴 분해(分解)·와해(瓦解)·용해(溶解)·융해(融解)·해체(解體)·해부(解剖) 등의 단어를 통해서 解자의 뜻을 파악할 수 있다. 생명과학에서 널리 쓰이는 용어를 나열해 보면, 해부현미경(解剖顯微鏡, dissecting microscope), 해당과정(解糖過程, glycolysis), 자기분해(自己分解, autolysis), 분해효소(分解酵素, degradative enzyme), 분해자(分解者, decomposer), 해독(解毒, detoxification), 해부학(解剖學, anatomy), 생체해부(生體解剖, vivisection), 생분해(生分解, biodegradation), 혈전용해(血栓溶解, thrombolysis), 해리(解離, dissociation) 등이 있다.

解와 비슷한 뜻으로 釋(풀 석)이 있다. 두 자를 함께 써서 解釋(해석)이다. 釋자는 釆(분별할 변)과 睪(엿볼 역)이 결합한 글자이다. 解(해)가 기존에 있는 것을 '풀어 헤친다'면, 釋(석)은 '(풀어 헤쳐진 것을) 분별하여 의사결정을 내리다'는 정도의 차이가 있을 것이다. 그래서 범죄자의 상황에 따른 판단으로 보석(保釋)이나 석방(釋放)이 될 수도 있다. 어떤 글에 보충적인 자료나 근거를 주는 주석(註釋)이나 해석(解釋)도 있다. 용액을 묽게 하려면 주어진 조건에 맞춘 결정으로 희석(稀釋)이 이루어진다. 이처럼 釋(석)은 '분별+결정'이 포함된 글자이다. 일본어 신자체에서는 釈, 중국어 간체자에서는 释으로 쓴다.

231

핵(核)

核은 '씨 핵'으로 읽으며, (과실의)씨・핵심・중추 등을 뜻한다. 核(핵)은 木(나무 목)과 亥(돼지 해)가 결합한 모습이다. 亥자는 비식용 부위를 잘라내어 먹을 수 있도록 가공한 '돼지고기'를 그린 것이다. 그러니까 먹을 수 있는 알맹이만 남았다는 뜻이다. 여기에 木자가 더해진 核자는 나무에서 열리는 과일의 알맹이라는 뜻으로 만들어졌다. 核자는 본래 복숭아처럼 뚜렷한 형태의 '씨'를 뜻하지만, 차츰 어떠한 사물의 '핵심'이라는 뜻으로도 확장되었다.

과실에는 다섯 부류가 있는데, 核果類(핵과류, stone fruits)는 복숭아・살구・자두・매실・앵두처럼 과실 가운데 부위에 단단한 씨가 들어있다. 복숭아씨가 쉽게 분리되는 이핵종(離核種)과 분리되기 어려운 점핵종(粘核種)이 있다. 포도 무핵과(無核果, seedless fruit)는 씨 없는 포도이다. 결핵(結核, tuberculosis)은 몸속에 딩어리 모양의 육아종이 생기는 질병이므로 덩어리[核]가 맺히는[結] 질병이란 뜻이다. '중심 또는 덩어리'란 의미로 쓰인 核(핵)은 핵심(核心)・핵가족(核家族)・치핵(痔核)・원자핵(原子核) 등이 있다. 곰팡이의 균핵(菌核, sclerotium)도 균사의 덩어리라는 뜻이다.

중심이란 뜻에서 출발했지만, 유전물질을 가진 세포핵의 의미로 쓰인 核(핵)은 정핵(精核)・난핵(卵核)・극핵(極核)・낭핵(娘核)・웅핵(雄核)・핵막(核膜)・핵공(核孔)・원핵생물(原核生物)・진핵생물(眞核生物) 등이 있다. DNA와 RNA를 포함하는 핵산(核酸)은 nucleic acid를 글자 그대로 번역한 용어이다.

중심이란 뜻에서 출발했지만, nuclear power의 의미로 쓰이는 핵무기(核武器)・핵물리학(核物理學)・핵분열(核分裂)・핵붕괴(核崩壞)・핵실험(核實驗) 등 대단히 많다. 한편, 신조어로서 '무척 재미가 있음'을 뜻하는 '핵잼'과 더 강한 '핵꿀잼'에서도 核이란 글자가 있다.

232

현(顯)

顯은 '나타날 현'으로 읽으며, 나타나다·드러나다·분명하다 등을 뜻한다. 顯(현)은 㬎(드러날 현)과 頁(머리 혈)이 결합한 모습이다. 㬎자는 햇볕에 실타래를 널어 말리는 모습을 그린 것으로 '드러나다'라는 뜻이다. 실타래가 마르면서 본래의 모습과 원하는 색상이 드러나기 때문이다. 이를 바라보는 사람[頁]을 더하여 실타래가 제 모습을 드러냄을 확인시키고 있다. 顯자는 중국어 간체자에서 显, 일본어 신자체에서 顕으로 쓴다

생명과학에서 顯(현)은 현미경(顯微鏡)과 현성(顯性)이란 두 단어에 집중되어 있다. 현미조작(顯微操作, micromanipulation), 현미주사(顯微注射, microinjection), 현미해부학(顯微解剖學, microscopic anatomy) 등에서 현미는 현미경을 의미한다.

여러 특수 현미경들이 있지만, 광학현미경(光學顯微鏡, optical microscope), 실체현미경(實體, stereo microscope), 해부현미경(解剖, dissecting microscope), 형광현미경(螢光, fluorescence microscope), 편광현미경(偏光, polarization microscope), 공초점현미경(共焦點, confocal microscope), 미분간섭현미경(微分干涉, differential interference contrast microscope), 투과전자현미경(透過電子, transmission electron microscope) 등이 대표적이다.

일본의 의학용어에서 현성(顯性)은 '밖으로 뚜렷이 나타나는 성질'을 뜻하는데, 우리나라에도 도입되어 쓰인다. 미생물에 감염되었을 때 어떤 증상이 나타나서 감염이 있음을 알려주는 현성감염(顯性感染, apparent infection), 임신 전부터 발병하여 임신 후에도 산모에게 지속되는 당뇨 질환을 이르는 현성당뇨병(顯性糖尿病, overt diabetes), 안과 질환에서 잠복하지 않고 현재 나타나 있는 원시를 가리키는 현성원시(顯性遠視, manifest hyperopia), 확실한 정도의 사시를 가리키는 현성사시(顯性斜視, manifest strabismus) 등이 있다.

233

현(懸)

懸은 '달 현'으로 읽으며, 달다・매달다・걸다・ 걸려 있다 등을 뜻한다. 懸(현)은 縣(고을 현)과 心(마음 심)이 결합한 모습이다. 縣자는 糸(가는 실 멱)과 目(눈 목)과 木(나무 목)이 결합한 글자이다. 이것은 사람의 머리[目]를 끈[糸]으로 묶어서 나무[木]에 매달아 놓은 모습을 나타낸 것이다. 그래서 縣(현)은 '매달다'는 뜻과 더불어 통치가 이루어지는 집단으로서의 고을을 의미했다. 후에 心(마음 심)이 더해지면서 懸(현)이 '매달다'는 뜻으로 정착되고, 縣(현)은 '고을(마을)'을 뜻하는 글자로 남았다. 懸자는 중국어 간체자에서 悬으로 쓴다.

일상어에 懸(현)이 '매달다'는 뜻으로 쓰인 용례로는 현수교(懸垂橋)・현수막(懸垂幕)・현격(懸隔)・현상금(懸賞金)・현안(懸案)・현판(懸板) 등이 있다. 절벽[崖, 가파른언덕 애]에서 아스라이 자란 식물을 흉내내어 가지를 화분 아래로 늘어뜨리는 원예 기법을 현애(懸崖) 또는 현수(懸垂)라고 하고, 그런 작품은 현애작(懸崖作)이다. 국화에서는 현애국(懸崖菊)이고, 소나무에서는 현애송(懸崖松)이고, 조금 늘어뜨리면 반현애(半懸崖)라고 한다.

과학용어의 용례를 들어보자. 액체에 완전히 용해되지 않은 물질이 섞여 있음이 현탁(懸濁)이다. 고체 입자가 분산되어 있는 액체는 현탁액(懸濁液, suspension)이다. 곰팡이 포자의 경우에는 포자현탁액(胞子懸濁液, spore suspension), 세균의 경우에는 세균현탁액(細菌懸濁液, bacteria suspension)이라고 한다.

배양액 중에 세포를 현탁 시킨 상태에서 배양하는 세포현탁배양(細胞懸濁培養, cell suspension culture)과 배양액을 한 방울씩 공급하는 방식의 현적배양(懸滴培養, hanging drop culture)도 있다. 농약의 제형 중에는 현탁제(懸濁劑, suspension)도 있고, 미세하게 분쇄한 농약 원제를 캡슐에 담은 캡슐현탁제(capsule 懸濁劑)도 있다.

234

혐(嫌)

嫌은 '싫어할 혐'으로 읽으며, 싫어하다·미워하다·꺼리다 등을 뜻한다. 嫌(혐)은 女(계집 녀)와 兼(겸할 겸)이 결합한 모습이다. 본래 兼자는 손에 벼를 많이 쥐고 있는 모양을 형상화한 글자로서 兼職(겸직)이나 兼備(겸비)처럼 쓰인다. 여기에 女자를 더하여 부정적인 의미를 부여함으로써 嫌(혐)은 싫어함이나 미움을 표현한 글자로 쓰이게 되었다. 嫌자는 중국어 간체자와 일본어 신자체에서 모두 嫌으로 쓴다.

혐의(嫌疑)·피혐(避嫌)·혐연권(嫌煙權)·혐견권(嫌犬權)·혐오감(嫌惡感) 등의 일상어가 있다. 생명과학에서 혐(嫌)은 대체로 접두어 역할을 한다. 산소가 있으면 살기 어려운 혐기성생물(嫌氣性生物, anaerobe), 산소가 없는 상태에서 이루어지는 혐기배양(嫌氣培養, anaerobic culture)과 혐기발효(嫌氣醱酵, anaerobic fermentation), 버섯을 극도로 멀리하여 먹지도 않고 만지지도 않는 버섯혐오증(-嫌惡症, mycophobia), 강한 햇빛을 싫어하는 혐광성식물(嫌光性植物), 햇빛을 받으면 발아작용이 억제되는 혐광종자(嫌光種子, ambalageous seed), 바람직하지 않은 행동을 할 때 고통이나 불쾌감을 느끼도록 하는 혐기요법(嫌忌療法, aversion therapy) 등을 용례로 들 수 있다.

嫌(혐)과 비슷한 글자로 鎌(낫 겸)이 있다. 鎌(겸)은 손에 벼를 많이 쥐고 있는 모양의 兼자에 쇠붙이를 뜻하는 金(쇠 금)이 결합하여 벼를 베는 낫을 의미한다. 영어의 sickle-shaped에 해당하는 겸상(鎌狀, 둥근낫 모양)이 들어간 학술용어가 여럿 있다. 어류의 눈에서 원근조절을 담당하는 겸상돌기(鎌狀突起), 낫 또는 갈고리 모양의 식물 털을 이르는 겸상모(鎌狀毛), 비정상적인 형태와 기능을 가진 겸상적혈구(鎌狀赤血球)가 있다. 지금은 겸상(鎌狀)이 겸형(鎌形)으로 바뀌었고, 그 유명한 PCR과 노벨상 이야기에 자주 등장하는 겸형적혈구빈혈증(鎌形赤血球貧血症, sickle cell anemia)이 있다.

235

협(莢)

莢은 '꼬투리 협'으로 읽으며, (콩)꼬투리를 뜻한다. 莢(협)은 초두머리(++=艸, 풀 초)와 夾(낄 협)이 결합한 모습이다. 夾자는 앞을 보고 있는 큰 사람[大]이 물건을 양 옆구리에 끼고 있는 모습을 그린 글자이다. 콩꼬투리는 콩깍지 속에 콩알이 꽉 들어차 있으므로 艸자를 더하여 莢(협)으로 표현했다. 콩과식물의 하나인 주엽나무 꼬투리를 말려서 皁莢(조협)이란 약재로 쓴다.

일부 세균류에서는 균체의 세포벽 바깥이 두꺼운 다당류(多糖類, polysaccharide)로 덮여 있는데, 이를 세균협막(細菌莢膜, bacterial capsule)이라고 한다. 콩꼬투리에서 콩깍지와 콩알이 구분은 되지만 딱 달라붙어 있듯이, 세균의 다당류와 세포벽이 생물학적으로 연결된 구조는 아니지만 딱 달라붙어 있음을 표현한 글자로 莢(협)이 채택되었다. 膜(막)은 좁은 의미로는 원형질막이나 그에 상응하는 생물학적 막성구조(膜性構造, membrane)를 뜻하지만, 넓은 의미로는 연속하여 둘러싼 물질을 의미하여 세균의 생물막(生物膜, biofilm)처럼 쓰이기도 한다. 세균협막에서도 膜(막)은 넓은 의미로 쓰였다.

아울러, 狹(좁을 협)은 犭(=犬, 개 견)이 의미 요소로 쓰여서 공간이 좁거나 성정이 너그럽지 못함을 나타내어 비정상적인 상태를 가리키는 글자이다. 장협착(腸狹窄, intestinal stenosis)은 창자 안이 좁아진 상태이다. 협심증(狹心症, angina pectoris)은 관상동맥이 좁아져 심장근육에 혈액 공급이 장애를 받는 질환이다.

또한, 鋏(집게 협)은 옆구리(→두 가닥)를 가진 쇠붙이[金]란 의미로서 쇠집게나 가위를 뜻하며, '가위 협'으로도 읽는다. 업계에서는 과실 솎는 적과가위를 적과협(摘果鋏), 가지치기하는 전정가위를 전정협(剪定鋏)으로 부르는 경우가 있다. 전갈이나 투구게처럼 가위[鋏] 모양의 부속지[角, 뿔 각]를 가진 부류를 협각류(鋏角類, Chelicerata)라고 한다.

236

형(形)

形은 '모양 형'으로 읽으며, 모양·꼴·형상·모습 등을 뜻한다. 形(형)은 彡(터럭 삼)과 幵(평평할 견)이 결합한 모습이다. 또는 우물(井, 우물 정)에 머리털(彡, 터럭 삼)이 비친 모습을 그려낸 글자라고 한다. 또한 여기에서 彡자는 '터럭'이 아니라 '장식용 무늬'를 일컫는다는 견해도 있다. 즉, 무언가 특징적인 모습을 나타내는 글자이다.

삼각형(三角形)·형식(形式)·형용사(形容詞)·인형(人形)·성형(成形) 등의 일상어가 있다. 생명과학의 출발은 형태학(形態學)이다. 즉, 생물의 형태를 기술하고 비교하고 분석하는 학문이다. 형태에서 形(형)은 외부로 나타난 모습이고, 態(태)는 내부에 숨겨진 모습으로 해석할 수 있다[☞ 215쪽]. 형질(形質)도 동식물의 모양[形]과 성질[質] 따위의 고유한 특징이다. 식물의 형성층(形成層, cambium)과 근류형성(根瘤形成), 나무의 수형(樹形)과 목재변형(木材變形), 과실의 과형(果形)과 형상식 선별기(形狀式選別機), 불량 토마토의 난형과(亂形果)와 난형과(卵形果), 세균의 형질도입(形質導入, transduction)과 형질전환(形質轉換, transformation), 화학의 형상기억수지(形狀記憶樹脂)와 선형고분자(線形高分子), 환경의 고형폐기물(固形廢棄物)과 반고형분뇨(半固形糞尿) 등 용례가 많다.

한편, 形(형)과 비슷한 뜻의 글자로 型(형)이 있다. 型(형)은 '모형 형'으로 읽으며, 모형·거푸집·본·틀 등을 뜻한다. 形(형)은 자연적으로 만들어진 천태만상의 모양을 뜻하고, 型(형)은 기계적인 틀에 의해 만들어진 일률적인 모양을 뜻한다. 型(형)은 혈액형(血液型, blood type), 대형분생포자(大型分生胞子, macroconidium), 표현형(表現型, phenotype), 접합형(接合型, mating type), 병원형(病原型, pathovar) 등 유형의 의미로 쓰인다. 영어로 표현하자면, 形(형)은 form에 가깝고, 型(형)은 type에 가까운 뜻을 가진 글자이다.

237

형(衡)

衡은 '저울대 형'으로 읽으며, 저울대·저울·도리 등을 뜻한다. 衡(형)은 行(다닐 행)과 角(뿔 각)과 大(큰 대)가 결합한 모습이다. 여기서 角자와 大자는 뿔이 달린 큰 소를 표현한 것이다. 衡자는 본래 길을 갈 때 소가 사람을 공격하여 다치는 일이 없도록 뿔에 긴 나무를 묶어 놓았다는 뜻으로 만든 글자였다.

그래서 이전에는 衡자가 '뿔막이 나무'라는 뜻으로 쓰였었다. 후에 뿔에 매달은 곧고 긴 나무가 저울대를 닮았다 하여 '저울'이나 '평평하다'나 '고르다'라는 뜻으로 확대되어 쓰이게 되었다. 이렇듯 衡은 좋은 뜻을 가진 글자이므로 사람 이름에 즐겨 쓰인다.

형평성(衡平性)·균형(均衡)·도량형(度量衡)·불균형(不均衡)·평형(平衡)·입시전형(入試銓衡) 등에서 衡(형)의 뜻을 알 수 있다. 생물군집 내 및 군집과 환경 사이의 에너지나 물질수시 등이 종적 평형 상태를 유지하는 군집평형(群集平衡), 군집은 항상 변화하지만 전체적으로는 균형을 유지하는 동적평형(動的平衡), 적출해 낸 기관이나 조직이 생리적 기능을 정상적으로 장시간에 걸쳐 유지하게 해 주는 평형염류용액(平衡鹽類溶液), 동물의 체위와 운동 방향을 감수하여 평형을 유지하게 하는 평형기관(平衡器官), 눈으로 보지 않고도 운동이나 신체 균형을 느낄 수 있는 평형감각(平衡感覺) 등이 있다.

화학용어에서 살펴보자. 정반응과 역반응의 속도가 같아서 실제로는 움직이고 있으나 겉으로는 멈춘 것처럼 보이는 동적평형(動的平衡, dynamic equilibrium), 화학반응의 반응물과 생성물의 분압과 농도 사이의 관계를 나타내는 평형상수(平衡常數, equilibrium constant), 가역반응에서 반응하는 각 물질의 양 사이에 있는 일정한 관계가 충족되어 반응이 마치 정지되어 있는 것처럼 보이는 상태를 가리켜 화학평형(化學平衡, chemical equilibrium)이라고 한다.

238

호(互)

互는 '서로 호'로 읽으며, 서로·상호·엇갈리다·뒤섞이다 등을 뜻한다. 互(호)는 위의 一과 아래의 一 사이에 줄이 걸려 있는 모양을 본 뜬 글자로서 줄을 감는 도구인 '얼레'를 그린 것이다. 후에 줄을 감는 방식에서 '서로'나 '번갈아들다', '교차하다'라는 뜻이 파생되면서 본래의 의미는 쓰이지 않게 되었다. 그래서 후에 糸(실 사)자를 더한 絚(얼레 호)자가 따로 만들어졌다.

상호작용(相互作用, interaction)은 둘 이상의 대상이 서로 영향을 주고받는 상태이다. 피식자포식자상호작용(被食者捕食者相互作用)·식물동물간상호작용(植物動物間相互作用)·유전자환경간상호작용(遺傳子環境間相互作用)·바이러스기주간상호작용(virus寄主間相互作用) 등 여러 용례가 있다. 경제와 정치에서 흔히 쓰는 호혜(互惠)는 생명과학에서도 서로 이익을 주는 관계를 이를 때 사용하는 용어이다. 농약에서 교호살포(交互撒布, alternative spraying)란 작용 기작이 서로 다른 농약을 교차로 살포하는 것을 의미한다. 이 경우에 호(互)는 '엇갈리다'는 의미로 쓰였다. 식물에서 잎이나 가지가 줄기에 마주나면 대생(對生)이고 어긋나면 호생(互生)이라고 하는데, 최근에는 각각 '마주나기-어긋나기'로 우리말 용어가 쓰인다. 교호작용(交互作用, interaction effect)은 상호작용과 비슷하면서도 예측 변수의 효과가 다른 예측 변수에 따라 달라지는 의존적 경우에 쓰인다.

분자생물학에서 각각 자물쇠와 열쇠 원리를 따르는 두 구조 사이의 관계를 상보성(相補性, complementarity)이라고 한다. 중국어에서는 이를 互补性(=互補性, 호보성)이라고 한다. 마찬가지로, complementary DNA를 한국어에서는 상보적DNA(相補的-), 중국어에서는 互补DNA(호보-)라고 부른다. 이처럼 '서로 互'와 '서로 相'이 같은 듯 다른 글자이다[☞ 101쪽].

239

호(好)

好는 '좋을 호'로 읽으며, 좋아하다·좋다·훌륭하다·아름답다·무척 등을 뜻한다. 역시 '좋을 호'로 읽는 이체자로 㚬자가 있는 것으로 보아 好(호)는 엄마[女]와 아이[子]가 함께 있는 아름답고 좋은 모습을 본뜬 글자이다. 중국어와 일본어에서 好(호)는 좋다는 기본 뜻이 확장되어 다양한 의미로 쓰이지만, 생명과학에서 쓰이는 용어에서는 '좋아하다'는 의미를 벗어나지는 않는다.

혈액에 돌아다니는 백혈구 중 약 60%를 차지하며 병원체를 물리치는 역할을 담당하는 호중구(好中球, neutrophil)가 있다. 호중구라는 이름은 헤마톡실린과 에오신으로 염색하였을 때의 염색 특성에서 유래하였다. 호염기구(好鹽基球, basophil)는 짙은 파랑으로, 호산구(好酸球, eosinophil)는 밝은 빨강으로 염색되는데, 그 중간의 분홍색으로 염색되는 것을 호중구(好中球)라고 부른다. 인체의 피부사상균류(皮膚絲狀菌類, dermatophytes)를 생태적 관점에서 동물기호성(動物嗜好性, zoophilic), 인체기호성(人體嗜好性, anthropophilic), 토양기호성(土壤嗜好性, geophilic)으로 나눈다. 기호성(嗜好性) 대신 친화성(親和性) 또는 호성(好性)으로 쓰기도 한다.

낮은 온도에서 잘 자라는 호냉성(好冷性, psychrophilic) 미생물, 높은 온도에서 잘 자라는 호열성(好熱性, thermophilic) 곰팡이, 산도 5 이하의 산성 조건에서 잘 자라는 호산성(好酸性, acidophilic) 세균, 높은 삼투압 환경에서 생장하는 호삼투(好滲透, osmophilic) 세균, 생장에 산소를 요구하는 호기성(好氣性, aerobic) 생물, 그늘에서 잘 자라는 호음성(好陰性, shade-loving) 식물, 빛의 자극이 있어야 발아하는 호광성(好光性, photoblastic) 종자, 생장에 높은 농도의 염분이 필요한 호염성(好鹽性, halophilic) 생물, 불난 자리에서 자라는 호화성(好火性, pyrophilic) 균류 등을 용례로 들 수 있다.

240

혼(混)

混은 '섞을 혼'으로 읽으며, 섞다·뒤섞이다·합치다·헷갈리다 등의 뜻으로 쓰인다. 混(혼)은 氵(=水, 물 수)와 昆(만 곤)이 결합한 모습이다. 그래서 混(혼)은 '물살이 거세다'가 본뜻인데, 거센 물살로 인해 뒤섞이고 결합한다는 뜻으로 확장 사용되었다. 동자로 掍(섞일 혼)이 있지만 거의 쓰이지 않는다. 혼동(混同)·혼란(混亂)·혼용(混用)·혼잡(混雜)·혼합(混合) 등의 일상어가 있다.

미생물을 키우는 방법 중에 혼합배양(混合培養), 오염의 한 유형으로 잡균혼입(雜菌混入), 명명법 중에 혼동명(混同名, nomen confusum), 두 가지 이상의 용액을 섞으면 혼합액(混合液), 두 가지 이상의 기름을 섞은 혼합유(混合油), 디프테리아·백일해·파상풍을 예방하는 혼합백신(混合vaccine), 두 가지 이상의 병원체에 의하여 동일 부위가 동시에 감염되는 혼합감염(混合感染), 혈액·고름·세균 따위가 혼합되어 혼탁해진 혼탁뇨(混濁尿), 각막에 이상이 생겨 안개가 낀 것처럼 흐리게 보이는 각막혼탁(角膜混濁), 식물이 독립영양과 종속영양의 둘 다를 취하는 혼합영양(混合營養), 여러 종류의 나무로 이루어진 혼성림(混成林)·혼효림(混淆林)·혼교림(混交林)이 있다.

농업 용어에도 많은 용례가 있다. 한 곳에 두 가지 이상의 작물을 키우면 혼작(混作), 한 밭에 심는 두 가지 이상의 작물이나 목초의 씨를 미리 섞어서 심는 혼파(混播), 한 곳에 두 가지 이상의 작물을 심으면 혼식(混植), 쌀과 잡곡을 함께 먹으면 혼식(混食), 두 종류 이상이 혼합된 농약이나 거름을 뿌리면 혼용살포(混用撒布), 여러 종류의 부유 물질이 함유되어 있는 흐린 빛깔의 혼탁과즙(混濁果汁), 그리고 혼합식용유(混合食用油)·주정혼합박(酒精混合粕)·혼합방목(混合放牧)·혼합분유(混合粉乳)·혼합비료(混合肥料)·혼합사료(混合飼料)·혼합건초(混合乾草)·혼합농업(混合農業) 등이 있다.

241

환(環)

環은 '고리 환'으로 읽으며, 시각적이든 공간적이든 고리를 뜻한다. 環(환)은 玉(구슬 옥)과 瞏(놀라서볼 경)이 결합한 모습이다. 瞏자는 본래 웃옷[衣, 옷 의]의 중간에 매달려 있는 동그란 옥을 부러운 듯 바라보는 눈[目]을 그린 것이었다. 여기에 玉자를 더해 그 뜻을 강조하여 고리 모양의 옥을 확실히 표현하였다. 후에 그 뜻이 확장되면서 고리·사방·주위 등의 뜻으로 쓰인다. 環은 중국어 간체자로 环으로 쓴다.

환경(環境, environment)과 관련하여 환경영향평가(環境影響評價)·환경공해(環境公害)·환경기준(環境基準)·환경농업(環境農業)·환경독성(環境毒性)·환경등급(環境等級)·환경보전(環境保全)·환경복원(環境復元)·환경부하(環境負荷)·친환경농업(親環境農業) 등 대단히 많다. 순환(循環, circulation)과 관련하여 의학에서 순환계(循環系)·순환기내과(循環器內科)·순환부전(循環不全)·순환기계질환(循環器系疾患)·순환혈액량(循環血液量)·순환진료(循環診療)·체외순환(體外循環) 등이 있다. 생태학에서 생물순환(生物循環)·질소순환(窒素循環)·영양염류순환(營養鹽類循環)·탄소순환(炭素循環) 등이 있다.

동물학에서 지렁이 몸의 환대(環帶, clitellum), 갯지렁이류·지렁이류·거머리류를 합하여 환형동물(環形動物, annelid), 폐쇄순환계(閉鎖循環系, closed circulatory system)와 개방순환계(開放循環系, open circulatory system) 등의 용어가 있다.

균류학에서 곰팡이가 한 세대를 겪으면서 생활하는 방식을 생활환(生活環, life cycle)이라고 한다. 풀밭에 동그랗게 자라나는 버섯 무리를 균환(菌環, fairy ring) 또는 균륜(菌輪)이라고 한다. 버섯의 갓에 생긴 겹둥근무늬, 곰팡이 감염으로 인해 병든 식물의 잎에 생기는 겹둥근무늬를 환문(環紋, zonate)이라고 하며, 곰팡이가 분생포자를 형성하면서 남는 흔적이 고리 모양인 경우에도 환문(環紋, annellation)이라고 한다.

242

활(活)

活은 '살 활'로 읽으며, 살다·살아 있다·살아남다·태어나다·살리다 등을 뜻한다. 活(활)은 氵(=水, 물 수)와 舌(혀 설)이 결합한 모습이다. 舌자는 뱀의 혓바닥을 그린 것으로 '혀'라는 뜻이 있다. 그래서 活자는 혀[舌]에 수분[水]이 있다는 의미에서 '살아 있다'를 뜻하게 된 것으로 해석하곤 한다. 그러나 본래 舌자가 아닌 '원활하다'라는 뜻을 가진 '氏+口(괄)'자가 쓰였었다. 이것은 '물의 흐름이 원활하다'라는 뜻이다. 여기서 말하는 물의 흐름이라는 것은 몸속의 혈액이 원활히 움직이고 있다는 뜻으로서 살아 있음을 나타낸다.

활성산소(活性酸素, reactive oxygen species, ROS)와 비활성기체(非活性氣體, noble gases)를 비롯하여 활성오니생물(活性汚泥生物)·활성억제물질(活性抑制物質)·활성돌연변이주(活性突然變異株)·생리활성물질(生理活性物質)·활성오니(活性汚泥)·활성탄(活性炭) 등에서는 活이 reactive, active, acting의 의미이다. 불활성화(不活性化)는 바이러스가 감염력을 잃는 일(inactivation), 효소가 촉매작용의 활성을 잃는 일(denaturation), 독성물질이 독성을 잃는 일(denaturation)을 포함한다. 활력(活力)은 살아 움직이는 힘으로서 활력저하(活力低下)·정자활력(精子活力)·수목활력도(樹木活力度) 등이 있다.

활동(活動)은 국립국어원 『표준국어대사전』에 '동물이나 식물이 생명현상을 유지하기 위하여 행동이나 작용을 활발히 함'으로 풀이되어 있다. '동물이나 식물'은 '생물'로 바꾸고, '활발히'는 빼는 것이 옳아 보인다. 여기서 活은 '활발하다'가 아니라 '살아 있다'는 의미이기 때문이다. 섭식활동(攝食活動)·배설활동(排泄活動)·대사활동(代謝活動)·일주기활동(日週期活動) 등이 있다. 기타 용례를 나열하면, 부착생활(附着生活)·접목활착(椄木活着)·폐활량(肺活量)·재활의학(再活醫學)·우수재활용(雨水再活用)·생활폐기물(生活廢棄物) 등이 있다.

243

활(滑)

滑은 '미끄러울 활'로 읽으며, 미끄럽다・매끈하다・반드럽다・부드럽다・교활하다 등을 뜻한다. 滑(활)은 氵(=水, 물 수)와 骨(뼈 골)이 결합한 모습이다. 骨은 발음요소로만 쓰였는데, 猾(교활할 활)의 경우도 마찬가지다. 물의 본질[骨, 뼈대]은 미끄러움이요, 개[犭=犬]의 본질은 교활함이란 해석도 있다.

미끄러움을 뜻하는 滑(활)은 윤활유(潤滑油)・원활(圓滑)・활강(滑降)・활공(滑空)・활차(滑車)・활주로(滑走路) 등의 일상어가 있다. 활석(滑石, talc, talcum)은 마그네슘으로 이루어진 규산염 광물로서 베이비파우더의 재료이다. 의학에서 활막염(滑膜炎, synovitis)은 관절이나 힘줄의 윤활막(潤滑膜, synovial membrane)에 생기는 염증이다. 활액초(滑液鞘, synovial fluid, synovia)는 관절의 윤활막에서 분비되는 끈끈한 액체로서 관절 안에서의 마찰을 줄여 주며 관절 연골에 영양을 공급한다. 여기서 鞘는 균초(菌鞘)에 쓰인 '鞘'보다는 세균협막(細菌莢膜)에 쓰인 '莢膜'의 뜻에 가깝다[☞ 59쪽, 235쪽]. 평활근(平滑筋, smooth muscle)은 내장이나 혈관 따위의 벽에 있는, 가로무늬가 없는 근육으로서 민무늬 근육으로도 부른다.

활면소포체(滑面小胞體, smooth endoplasmic reticulum)는 막의 표면이 리보솜과 결합되어 있지 않은 소포체이다. 활주세균(滑走細菌, gliding bacteria)은 고형 물질의 표면을 미끄러지듯이 활주하는 운동 형식을 가진 세균이다. 활주운동(滑走運動, gliding motility)은 활주세균・남세균・규조류・원생생물에서 볼 수 있다. 활주세균병(滑走細菌病, myxobacterial disease, flavobacteriosis)은 어류 양식업에서 큰 문제를 일으키는 병원체인 활주세균에 의해 발생하는 질병이다. 곰팡이 포자나 식물 꽃가루의 표면에 돌기나 무늬가 없는 상태를 평활(平滑, glabrous, smooth)이라고 한다.

244

횡(橫)

橫은 '가로 횡'으로 읽으며, 가로·옆·곁 등을 뜻한다. 橫(횡)은 木(나무 목)과 黃(누를 황)이 결합한 모습이다. 黃자는 패옥을 두른 황제를 그린 것이지만 여기에서는 발음 역할만 하고 있다. 橫자는 본래 대문을 걸어 잠그는 '빗장'을 가리키는 글자였다. 옛날 대문은 우측에서 좌측으로 빗장을 당겨 문을 걸어 잠그는 방식이었기 때문에 橫자는 후에 '가로'라는 뜻을 갖게 되었다.

의학에서 사용되는 전문용어를 살펴보자. 배와 가슴을 나누는 횡격막(橫膈膜, thoracic diaphragm), 골절선이 뼈의 긴 축과 직각을 이루는 횡골절(橫骨折), 가로무늬가 있는 근섬유로 이루어진 횡문근(橫紋筋, striated muscle), 항문에 있는 횡문괄약근(橫紋括約筋), 목에 있는 경횡정맥(頸橫靜脈), 배의 양옆에 가로놓여 있는 복횡근(腹橫筋), 가로방향으로 고랑이 나타나서 빨래판손톱으로도 불리는 조갑횡구증(爪甲橫溝症, Beau's lines), 척추뼈에서 옆쪽으로 뻗은 척추횡돌기(脊椎橫突起) 등 용례가 대단히 많다.

생명과학에서 세균이나 짚신벌레처럼 세포가 분열할 때 가로로 갈라지는 횡분열(橫分裂), 식물이 햇빛에 직각을 이루는 횡광성(橫光性) 또는 횡일성(橫日性), 중력에 직각을 이루는 횡굴성(橫屈性) 또는 횡지성(橫地性), 곰팡이 포자에서 가로방향의 횡격벽(橫隔壁), 시료 제작의 한 방법으로 횡단절편(橫斷切片) 등이 있다.

橫에 상대하는 縱(세로 종)이 있다. 종단-횡단(縱斷-橫斷)을 비롯하여 대응 단어가 많다. 인체의 양쪽 허파를 둘러싸는 가슴막 사이의 종격(縱膈, mediastinum), 척추동물의 창자 또는 지렁이 따위에 있는 종주근(縱走筋, longitudinal muscle), 편모충류처럼 세포가 분열할 때 세로로 갈라지는 종분열(縱分裂, longitudinal division), 곰팡이 포자에서 세로방향의 종격벽(縱隔壁, longiseptum) 등이 있다.

245

효(酵)

酵는 '삭힐 효'로 읽으며, 삭히다·(술을)괴다·삭다·발효하다 등을 뜻한다. 酵(효)는 酉(닭 유)와 孝(효도 효)가 결합한 모습이다. 고대 한자에서 술을 뜻하는 글자는 酉(유)였는데, 밑이 뾰족한 항아리를 그렸다. 당시 술은 빚는 항아리는 밑이 뾰족해야 발효에서 생기는 침전물을 모으기 편했다. 酉자가 부수로 쓰이면 '술'과 관련된 의미를 전달한다. 孝자는 효도한다는 뜻이 있지만, 여기서는 발음 역할만 한다.

일상어이든 학술용어이든 효모·발효·효소라는 세 단어에서 파생된 단어 이외에는 용례를 거의 찾을 수 없을 정도이다. 이들 단어의 핵심은 발효(醱酵, fermentation)이다. 발효[酵]를 일으키는 근본[母]은 효모(酵母, yeast)이고, 발효[酵]를 일으키는 요소[素]는 효소(酵素, enzyme)이기 때문이다.

발효에는 알코올발효·섯산발효·초산발효를 3대 발효라고 하는데, 알코올발효의 산물인 술이 酵(효)의 핵심적인 글자이다. 곡류나 과실 따위를 발효시켜서 만든 발효주(醱酵酒, fermented liquor), 젖산균(=유산균)이 당류를 분해하여 젖산(=유산)이 생기는 유산발효(乳酸醱酵, lactic acid fermentation), 아세트산균에 의하여 에탄올이 산화되어 아세트산이 생기는 초산발효(醋酸醱酵, acetic acid fermentation), 발효시켜 만든 발효차(醱酵茶, fermented tea) 등의 용례가 있다.

한편, 醱(발)은 '술괼 발'로 읽는다. '괴다'는 '술·간장·식초 따위가 발효하여 거품이 일다'는 뜻이다. 그러니 발효는 원래 술에 적용되는 알코올발효를 이르는 단어이지만, 어떤 유형의 발효이든 두루 쓰인다. 그런데, 재배 중의 수박이나 참외가 생리장애로 속이 물러지면서 에틸아세테이트(ethylacetate)와 아세트알데하이드(acetaldehyde)가 생성되는 피해가 발생하기도 한다. 이를 발효과(醱酵果)라고 부르지만, 진정한 발효가 아니므로 용어의 정당성에 대한 논란이 있다.

246

후(朽)

朽는 '썩을 후'로 읽으며, 썩다·쇠하다·소멸하다·늙다 등을 뜻한다. 朽(후)는 木(나무 목)과 丂(숨내쉴 고)가 결합한 모습이다. 丂자는 원래 '구부러진 물건'을 뜻하는 상형문자였는데, 사람에게 쓰일 경우에는 '기를 뻗지 못하고 막혀서 숨을 몰아 내쉬는 상태'를 의미한다. 丂자는 단독으로는 쓰이지 않아 이미 죽은 글자이지만 考(고)·巧(교) 같은 글자의 발음에 남아 있으므로 낯이 익다.

노후시설(老朽施設)은 오래되어 낡은 시설을 뜻한다. 여러 해 동안 벼농사를 계속하여 수용성 무기염류가 부족해진 논을 노후화답(老朽化畓)이라 하며, 추락답(秋落畓)과 같은 뜻이다.

곰팡이에 의해 나무가 썩는 것을 부후(腐朽), 썩은 나무는 부후목(腐朽木)이라고 한다. 썩는 부위에 따라 크게 심재부후(心材腐朽, heartwood decay)와 변재부후(邊材腐朽, sapwood decay)로 나눈다. 썩는 방식에 따라 백색부후(白色腐朽, white rot)와 갈색부후(褐色腐朽, brown rot)로 대별되지만, 해면상부후(海綿狀腐朽, spongy rot)와 공상부후(孔狀腐朽, pocket rot)도 있다. 기둥처럼 습하지 않은 나무가 썩는 것을 건부후(乾腐朽, dry rot)라고 한다. 습한 목재 표면이 자낭균류에 의해 부분적으로 썩는 것을 연부후(軟腐朽, soft rot)라고 한다. 나무가 부후균 공격에 견디는 특성을 내후성(耐朽性)이라고 한다. 이와 같은 미생물에 의한 경우와 달리, 공학에서 내후성(耐朽性)은 자연 상태에서의 견딤으로서 朽는 weathering이란 의미이다.

나무는 곰팡이에 의해 썩으면 나무의 본질적 물성이 서서히 떨어진다. 朽木糞牆(후목분장)이나 死且不朽(사차불후)처럼 朽는 '가치가 서서히 떨어지지만 본질은 남아 있음'을 의미하여, '한 순간에 깨지고 망가져서 본질을 잃어버림'을 의미하는 敗와 뚜렷이 구분된다[☞ 218쪽]. 그래서 썩어 문드러짐을 후패(朽敗)라고 한다.

247

후(後)

後는 '뒤 후'로 읽으며, 뒤·다음·곁·장래 등을 뜻하여 시간과 공간을 모두 아우르는 글자이다. 後(후)는 彳(조금걸을 척)과 幺(작을 요)와 夂(뒤쳐올 치)가 결합한 글자로서 길을 갈 때에 걸음이 더뎌 뒤쳐진다는 데서 '뒤'의 뜻을 나타낸다. 독후감(讀後感)·오후(午後)·향후(向後)·후반전(後半戰)·후진국(後進國) 등의 일상어가 있다.

생명과학에서 후(後)가 들어가는 용어는 무척 많다. 죽은 후에 몸이 굳으며 뻣뻣해지는 사후경직(死後硬直, rigor mortis), 원형질에 상대하여 후형질(後形質, metaplasm), 자손을 의미하는 후대(後代, progeny, offspring), 일부 곰팡이에서 형성되는 후담자기(後擔子器, metabasidium), 유주포자 중에 형성되는 후방편모(後方鞭毛, posterior flagellum), 세포분열의 후기(後期, anaphase), 양조에서 숙성과정을 이르는 후발효(後醱酵, post-fermentation)가 있다.

한편, 원생동물에 상대하여 후생동물(後生動物, metazoa), 논란 속에 표류하는 후성유전(後成遺傳, epigenetics), 과일이나 종자가 수확된 뒤에 익어 가는 후숙(後熟, after-ripening), 후숙 과정에서 당도가 증가하는 후숙당화(後熟糖化, senescent sweetening), 농작물이나 가축의 육종 프로그램에서 후대의 형질을 계속 검정하는 후대검정(後代檢定, progeny test), 그루갈이할 때 후에 심는 후작물(後作物), 벼를 벤 후에 심는 답후작(畓後作) 등이 있다.

한의학에서 後(후)는 공간적 '선(先)-후(後)'와 시간적 '전(前)-후(後)'에도 쓰이지만 때로는 항문이나 대변을 의미하기도 한다. 後(후)는 중국의 간체자에서 后(임금 후)로 통합되었다. 흥미롭게도 원래 后(후)는 사람이 몸을 쭉 펴고 있는 모양을 나타낸 尸(주검 시)의 변형인 𠂆와 소리를 나타내는 동시에 구멍을 뜻하는 口(구)로 이루어져서 사람의 몸 뒤에 있는 구멍인 똥구멍을 가리키는 글자였다.

248

휴(休)

休는 '쉴 휴'로 읽으며, 쉬다·멈추다·그만두다 등을 뜻한다. 休(휴)는 人(사람 인)과 木(나무 목)이 결합한 모습으로서 사람이 나무에 기대서 쉬고 있는 모습을 나타낸다. 쉼은 멈춤과 사직으로 뜻이 확대되었다. 한편, 休(휴)와 朽(후)는 중국어 발음이 같으며, 원래 같은 글자였다가 '쉬다'와 '썩다'의 의미로 나뉘어졌다는 학설도 수긍이 간다. 쉼과 썩음은 공통분모가 있기 때문이다.

休(휴)가 들어가는 생명과학 용어를 들어보자. 휴면(休眠, dormancy)은 생물의 활동 또는 생장이 일시적으로 정지되는 것을 말한다. 휴면타파(休眠打破, dormancy breaking)와 휴면종자(休眠種子, dormant seed)를 비롯하여 휴면세포(休眠細胞)·휴면포자(休眠胞子)·휴면유도(休眠誘導)·휴면체(休眠體)·휴면기(休眠期)·휴면아(休眠芽)·휴면지(休眠枝)·자발휴면(自發休眠)·타발휴면(他發休眠)·의사휴면(擬似休眠) 등 여러 용어가 있다. 세포주기에는 세포분열이 중단되는 휴지기(休止期)가 있다. 자연휴식년제(自然休息年制)는 자연 생태계를 보전하기 위해 훼손 우려가 있는 지역을 지정해 일정 기간 출입을 통제하는 제도이다. 자연휴양림(自然休養林)은 국민의 정서함양과 보건휴양 및 산림교육 등을 위하여 조성한 산림을 말한다.

농업에도 休(휴)가 들어가는 용어가 많다. 휴한농법(休閑農法)은 특정한 농지를 한두 해 묵혀두어 지력을 회복한 후에 농사를 짓는 농법으로 휴경농법(休耕農法)이라고도 한다. 휴경농지(休耕農地)란 매년 5차에 걸쳐 실시하는 작물재배면적 조사에서 1년 이상 계속 작물을 재배하지 않고 있는 것으로 조사된 농지이다. 휴면 중인 가지를 이용한 번식법으로 휴면지삽목(休眠枝揷木)과 휴면지접목(休眠枝接木)이 있다. 의학에도 휴식통증(休息痛症)·휴양병원(休養病院)·휴양치료(休養治療)·휴지기탈모(休止期脫毛) 등의 용어가 있다.

249

흡(吸)

吸은 '마실 흡'으로 읽으며, 마시다・빨아들이다・(숨을)들이쉬다 등을 뜻한다. 吸(흡)은 口(입 구)와 及(미칠 급)이 결합한 모습이다. 及자는 떠나는 사람을 뒤에서 붙잡는 모습을 그린 것으로 '미치다'나 '다다르다'라는 뜻을 갖고 있다. 숨을 들이마시는 것은 공기를 몸속까지 다다르게 하는 것이다. 여기에 口자를 결합한 吸(흡)은 '숨을 들여 마셔서 끌어당김'을 표현하였다.

과학용어로 쓰이는 吸(흡)은 대체로 '빨아들이다'는 의미이다. 호흡(呼吸)은 숨을 내불고[呼] 빨아들임[吸]이다. 호흡기관(呼吸器官)・호흡계수(呼吸係數)・호흡기질(呼吸基質)・호흡열(呼吸熱)・호기성호흡(好氣性呼吸)・무기호흡(無氣呼吸)・유산소호흡(有酸素呼吸)・질산호흡(窒酸呼吸)・혐기호흡(嫌氣呼吸) 등이 있다. 흡수(吸收)는 빨아들여 가지고 있음이다. 흡습(吸濕)은 습기를 빨아들임이다. 흡인력(吸引力)은 빨아들이거나 끌어당기는 힘이다. 흡수(吸水)는 물을 빨아들임이다. 흡혈(吸血)은 피를 빨아들임이다. 흡착(吸着)은 빨아들여 붙임이다. 흡음(吸音)은 소리를 빨아들임이다. 흡열(吸熱)은 열을 빨아들임이다. 흡광(吸光)은 빛을 빨아들임이다.

곰팡이가 숙주식물로부터 양분을 빨아들이도록 균사의 일부가 분화되기도 하는데, 이를 흡기(吸器, appressorium)라고 한다[☞ 32쪽]. 편형동물의 일종으로서 간디스토마로 알려진 기생충을 이제는 간흡충(肝吸蟲)으로 부른다. 구침으로 식물의 즙액을 빨아먹는 흡즙성해충(吸汁性害蟲)은 흡수구해충(吸收口害蟲)으로도 부른다. 패류를 중간숙주로 감염되는 주혈흡충증(住血吸蟲症, schistosomiasis)은 몇 종류의 주혈흡충(住血吸蟲)에 의한 질병이다. 오징어나 빨판상어는 접시 모양의 흡반(吸盤, 빨판, sucker)을 가지고 있다. 벼룩・빈대・이・모기・흡혈박쥐・거머리 따위는 흡혈동물(吸血動物, bloodsucker)이다.

250

희(稀)

稀는 '드물 희'로 읽으며, 드물다·성기다·묽다 등을 뜻한다. 稀(희)는 禾(벼 화)와 希(바랄 희)가 결합한 모습이다. 본래 稀(희)는 '벼[禾]의 싹이 드문드문하다'는 뜻을 나타내기 위한 글자였다. 차츰 뜻이 확장되면서 '드물다'는 기본뜻을 갖게 되었다. 希(희)는 爻(사귈 효)와 巾(수건 건)이 결합한 모습으로서 천[巾]에 새긴 자수[爻]를 나타낸 것이다. 자수가 새겨진 비싼 천을 갖고 싶어하는 것은 '바라다·동경하다'라는 뜻이다. 또한 자수가 새겨진 천은 비싸서 흔하지 않으므로 '드물다'라는 뜻도 생겼다. 나중에 '드물다'는 稀(희)로 분리되었다. 한편, 일본어에서는 '드물다'는 뜻으로 希(희)를 쓴다.

일상어인 희귀(稀貴)·희미(稀微)·희박(稀薄) 등을 통해 이러한 뜻을 충분히 알 수 있다. 과학용어에서는 희귀종(稀貴種)·희소성(稀少性)·희토류(稀土類) 등에서는 '드물다'의 의미로 쓰인다. 희석(稀釋, dilution)과 관련하여, 항생물질 효력은 희석검정법(稀釋檢定法), 폐수 정화 후에 희석방류(稀釋放流), 세균을 키우는 희석배양법(稀釋培養法), 농약 살포를 위한 희석배율(稀釋倍率), 과도한 생리식염수 투여에 따른 희석산증(稀釋酸症), 가축의 인공수정을 위한 희석정액(稀釋精液), 도료의 점성을 낮추는 희석제(稀釋劑) 등 용례가 많다. 稀釋은 일본어 신자체에서 希釈, 중국어 간체자에서 稀释으로 쓴다.

稀(희)가 '묽다'는 의미로서 접두어로 쓰인 용례도 있다. 희염산(稀鹽酸)·희초산(稀硝酸)·희황산(稀黃酸)·희인산(稀燐酸)·희질산(稀窒酸)·희주정(稀酒精) 등은 주로 관련업계에서 사용되는 용어들이다. 稀(희)가 '드물다'는 의미로 쓰인 용례로는 희토류원소(稀土類元素)·희소원소(稀少元素)·희가스(稀gas)·희금속(稀金屬)·희유금속(稀有金屬) 등이 있다. 의학에서도 희귀난치병(稀貴難治病)·희귀질환(稀貴疾患)·희박뇨증(稀薄尿症) 등이 있다.

250 / 희(稀)